天津科技创新
策略与思考

赵绘存 著

天津社会科学院出版社

图书在版编目（CIP）数据

天津科技创新策略与思考 / 赵绘存著. -- 天津 ：
天津社会科学院出版社，2023.10
ISBN 978-7-5563-0909-2

Ⅰ．①天… Ⅱ．①赵… Ⅲ．①技术革新－研究－天津
Ⅳ．①F124.3

中国国家版本馆 CIP 数据核字(2023)第 161615 号

天津科技创新策略与思考
TIANJIN KEJI CHUANGXIN CELUE YU SIKAO
选题策划： 柳　晔
责任编辑： 柳　晔
责任校对： 王　丽
装帧设计： 高馨月
出版发行： 天津社会科学院出版社
地　　址： 天津市南开区迎水道 7 号
邮　　编： 300191
电　　话： (022) 23360165
印　　刷： 北京建宏印刷有限公司
开　　本： 787×1092　　1/16
印　　张： 16.75
字　　数： 290 千字
版　　次： 2023 年 10 月第 1 版　　2023 年 10 月第 1 次印刷
定　　价： 78.00 元

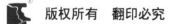

前　言

当前,纵观全球,新一轮科技革命和产业变革突飞猛进,重大科技创新成果产业化周期不断缩短,大数据、人工智能、元宇宙等科技产业前沿赛道蓬勃发展,并加速向经济社会各领域融合渗透、持续扩张,不断重塑经济社会新格局。同时,面临后疫情冲击、全球地缘形势多变的复杂国际环境,全球科技创新要素流动性降低,确定性与不确定性交织,挑战百年未有。

回顾国内,我国科技创新速度突飞猛进,一大批重大原创新成果脱颖而出,从自主创新到高水平科技自立自强稳步推进。全国各个省市持续推出创新举措、创新招法。天津,作为北方经济的重镇,中国工业的重要发祥地之一,长期以来,高度重视科技创新的发展。新时期新阶段,围绕天津科技创新发展,聚焦区域协同、创新要素支撑、发展生态优化,提升天津科技创新体系能级,值得深入思考。

从国际科创名城发展经验来看,城市的高质量发展不仅要与全球科技创新同频共振,与城市群发展相辅相成,更要充分发挥区域平台、科技、企业、人才等要素资源禀赋,锚定新产业、新赛道持续发力。笔者尝试对天津城市科技创新发展进行了思考,并以"形势—区域—产业—要素—赛道"为主线,从九个章节切入,系统分析天津科技创新的新形势,京津冀科技创新的新特征,梳理总结科技园区、重大平台、优质企业成长发展经验、规律,深入探讨城市区域层面科技、市场、金融等资源耦合、协同创新招法,挖掘未来科技创新前沿赛道。

本书在编写过程中,笔者得到了同事们的大力支持。许优美、王振华专门负责人才章节撰写(20千字),陈金梅参与了金融章节撰写工作(5千字),任立业参与了平台章节撰写工作(6千字),马莉莎、齐浩宇、范玉秀参与了园区章节文字撰写工作(20千字),李小芬、金鹿、马虎兆对全书的撰写给予了指导,在此表示感谢。

我相信本书的出版,将为天津科技管理工作者准确把握科技创新规律,精准发挥科技创新优势,高质量开展科技创新工作,提供一定的工作支撑和决策参考。但受限于研究水平能力以及掌握资料的程度,书中难免有不当之处,欢迎各位读者给予批评指正。

2023 年 6 月 30 日

目　录

第一章
形势篇

习近平总书记指出:"我们正面对着推进科技创新的重要历史机遇,机不可失,时不再来,必须紧紧抓住。"主动顺应新一轮科技革命和产业变革,顺势而为、乘势而上,是开辟发展新领域、新赛道,不断塑造发展新动能、新优势的战略路径选择。

本章节从创新部署、创新本质、创新空间、创新主体、创新影响等五个维度阐述了全球科技创新所面临的新形势、新变化,从创新方位、创新格局、创新需求、创新功能、创新机制等五个维度阐述了国内科技创新的新形势、新变化,从创新经济基础、优势与机遇、问题与挑战等方面厘清了天津科技创新的新形势、新变化。

新形势、新变化要求天津在科技创新方面要有新理念、新设计、新战略、新举措。本章节立足于天津科技创新争先进位、担当作为的实际,提出了天津面对复杂的国际创新形势,要精准狙击确定性与不确定性,加快完善与科技创新同频共振的顶层规划部署,加快系统布局与城市功能定位相辅相成的科技创新举措,加快优化与高质量发展一脉相承的科技创新生态,加快探索支撑国家科技创新战略力量蓬勃发展的有组织科研体系,加快形成具有鲜明中国式现代化特征的科技创新政策和制度环境。

一、全球科技创新形势

"天下大势之所趋,非人力之所能移也。"全球科技创新趋势亦是如此。一个城市乃至一个国家的科技创新与发展要放在全球的科技创新大势中去考量,要善于主动顺应新一轮科技革命和产业变革,方能抓住机遇,借势发展。

(一) 从创新部署上看,国际科技竞争态势正日趋激烈

当前,世界百年之大变局与后疫情时代叠加,新一轮科技革命和产业变革纵深发展,国际力量对比正在发生深刻调整,经济全球化遭遇逆流,全球产业链、供应链进入重塑调整期。全球大国都将发展目标聚焦在新一轮科技革命和产业变革之中,努力增加科技创新投资,加速前沿技术发展以及应用布局,希望通过科技创新来抢占未来经济的增长点,赢得未来科技经济发展的先机和主动权。如,在 5G 领域,2020 年美国先后签署《2019 年安全和可信通信网络法》《宽带数据法》《2020 年安全 5G 及以后法案》推动美国网络基础设施建设,韩国《2020 年科技和 ICT 研发综合计划》明确提出扩大"5G+"战略投入;在人工智能领域,韩国推出《以人工智能强国为目标的人工智能半导体产业发展战略》,德国《国家工业战略 2030》文本中 10 次提起人工智能,重新修订《人工智能战略》,把资助金额从 30 亿欧元增加到 50 亿欧元。法国推出"法国复兴"计划,其中将投入 4000 万欧元用于支持中小企业开发机器人设备、强现实和虚拟现实软件及硬件等未来工业技术;在数据经济领域,德国启动"研究数据行动计划",支持在科学领域建设数据基础设施和数据能力。英国研究与创新基金(UKRI)产业战略挑战基金安排 1.47 亿英镑,鼓励研究数字技术在制造业中应用;在生命健康领域,美国出台《2020—2030 年国家流感疫苗现代化战略》,强化自主掌握流感疫苗的研发、制造。韩国中小风险企业部宣布联合其他部门推进"K-无接触全球创新风

险 100"项目,集中孵化非接触技术领域中小风险企业。在能源领域,日本出台《能源基本计划》第六版,将氢能定位为一种新资源。韩国发布了《氢能经济活性化路线图》、2020 年德国政府发布《国家氢能战略》。此外,未来技术探索上,美国以科技立法的形式出台《无尽前沿法案》,在机构设置上对国家科学基金会(NSF)进行改造,新增技术理事会,同时将国家科学基金会更名为国家科学技术基金会(NTSF),将在五年内获得 1000 亿美元拨款,推进人工智能与机器学习、量子计算和信息系统、先进通信技术等未来技术的研发。

(二)从创新本质看,科技创新的短周期与强技术并行

得益于知识累积、技术赋能、设备提升等多重因素影响,一个重要变化是,全球科技创新进入空前密集活跃期,科学技术新发现、新发明呈现非线性、爆发式增长,直接转化为生产力和经济效益的周期大为缩短。20 世纪初,需要 20—30 年,20 世纪六七十年代激光与半导体从发现到应用只不过用了 2—3 年,而现在信息产品更新换代只有 10 个月左右。随着"研发平台""网络众包""极客"等新研发模式层出不穷,多主体、重协同、高效率成为新时代科技创新的关键指征,将技术研发创新周期缩短到了前所未有的新高度。另一个重要变化是颠覆性创新与应用不断涌现,新组织、新模式、新产业对于技术的依存度显著上升,技术成为企业生存的黄金法宝,越来越多的企业凭借其独特的技术优势迅速成为细分领域独角兽或是头部企业。特别的,以人工智能、数据算力、区块链等为代表的新技术正深刻改变创新的范式和内容,随着资本的涌入,商业模式的布局,催生了平台经济、数字经济、元宇宙等超大体量业态的经济体,形成了全球经济发展的新增长力量。新技术的扩散效应开始显现,技术影响时代发展愈发凸显,逐渐开始引领社会经济发展的新潮流,整个社会加速进入一个强技术路径依赖社会,新技术正在改变着人们对于传统生活方式的认知。

(三)从创新空间上看,科技创新的中心开始发生调整

全球区域经济发展不平衡加剧,发达国家不再是科技创新活跃区域的唯一集散地,科技创新活跃区域在新兴经济体开始出现。从既往数据看,据《美国科学与工程指标》系列研究报告披露,2000 年至 2015 年,美国在全球研发投入中的占比已由 37%降至 26%,欧盟也由 25%降至 20%,而同期中国从 1.5%上升至21%。2018 年,中国研发总投入已逼近美国总量,日本、德国紧随其后,分别占全球研发总投入 8%、7%。法国、韩国、英国研发总投入体量相当。2019 年,全球

研发绩效美国最突出（2019年占全球研发的27%），其次是中国（22%）、日本（7%）、德国（6%）和韩国（4%）。从这个角度看，过去的20年，以美国、欧洲为代表的发达国家的科技创新研发优势犹在，但以中国为代表的新兴经济体正成为新的科技创新活化地带。随之，全球科技创新中心的版图也悄然发生变化，多极化散在发展开始成为一种新的趋势，并初具规模。正如《全球科技创新中心发展指数2022》所言，全球科技创新中心分布呈现出欧洲、北美和亚太三足鼎立格局，未来10年时间里，北美、东亚、欧盟三个世界科技中心三足鼎立之势有望日趋强化，主导全球创新格局。

（四）从创新参与主体看，科技创新要素正在发生变化

科技革命与产业变革正推动生产要素从传统意义上的劳动力、土地、资本等加速转变为智力资源、知识资源、数据资源等。从科技人才上讲，新学科、新领域、新经济的快速崛起，对既有的人才结构和人才数量提出了新挑战。特别是以人工智能、区块链等为代表的新产业不断发展，相应的新科技人才需求正在急剧扩容，正成为推动原有产业人才结构变革调整的重要生力军；从科技资本上讲，科技资本投资前置开始加速，越来越多的科技资本开始关注重大的科技创新成果、开始关注创业早期的项目、开始关注新经济业态，并且科技投资已经不是传统投资公司的专利，越来越多的行业龙头企业开始通过投资的模式，布局热门创新赛道，拓展其自身产业生态，既有京东、阿里、腾讯等平台公司的布局，也有韦尔股份、水晶光电的优质制造企业的布局；从科技企业上讲，成长周期开始缩短。以新经济、新业态为代表的科技企业借助互联网、大数据等新一代信息技术，根植于强大的市场，推动消费级产品短时间内形成爆点，形成强大的资金收益流，进而实现指数级、爆发式增长。过去形成一个百亿规模的企业，可能需要十几年甚至几十年的时间，现在培育一家独角兽企业，可能最短2至3年的时间就可以实现。除此之外，数据作为科技创新的新要素，开始走上历史舞台，并迅速扩散到经济、工业生产、社会生活的方方面面，基于数据管理、应用、开发的新经济、新业态在国家或是区域未来经济中所占的比重将持续增加，正深刻影响整个经济产业生态。

（五）从创新的影响上看，科技创新诱发社会深刻变革

科技创新深刻变革将对社会发展形成新一轮冲击，科技就业、科技安全极具代表性，将成为未来城市治理不可忽视的重要考量因素。一是科技创新诱发社

会就业结构性失衡。主要表现为两个方面。一个方面,技术对人工替代所带来的就业结构性调整。近五年,全球与智能制造业有关的产业以每年 10%～15% 的速度在增长,生产性服务业、服务贸易等战略性新兴服务业则以 15%～20% 左右的速度在增长,而包括大数据、云计算、人工智能、互联网在内的颠覆性数字产业则以每年 25% 左右的速度增长。以人工智能为代表的新技术与实体经济融合步伐逐渐加快的背景下,部分职业被取代已经成为必然趋势,而新职业窗口在酝酿中加速成长。从某种程度上讲,如果对结构性失业缺乏足够的引导,将不可避免的导致新旧职业之间发生冲突,冲击社会稳定性。另一个方面,颠覆性技术对传统产业产生"归零效应"会导致的阵发性就业结构失衡。面向未来,量子信息、合成生物学、基因编辑、人工智能、元宇宙等一些重大颠覆性技术的出现,传统的工艺和制程将面临淘汰,产业的消失并不是因为技术的竞争而是因为技术的赛道已经发生重大的变化,由此将对传统产业产生"归零效应",诱发产业深度调整,直接冲击就业,对社会的波及程度更为剧烈。二是技术发展本身带来社会治理问题,大数据、工业互联网、云计算,这些数据背后是对数据的管理和对数据诱发的风险的防控,随着社会智能化程度的提高,个人衣食住行多个方面都需要个人信息的收集,个人的信息会在多个终端、多个企业中存储,个人信息的安全性风险的曝光程度将大增,个人信息的暴露会给个人生活、就业带来很多社会问题。如何科学防范、有效管理和保护用户的个人隐私将会成为一个非常严峻的社会问题。

二、国内科技创新形势

(一)从创新方位上看,国内国际双循环格局下的创新

创新要明确方位,保持战略的清醒和创新定力。一是中国开始以全球重要经济体参与全球科技创新。从经济基础上看,党的二十大报告指出:国内生产总值从五十四万亿元增长到一百一十四万亿元,中国经济总量占世界经济的比重达百分之十八点五,提高七点二个百分点,稳居世界第二位。二是中国是站在创新型国家行列的大国科技创新。从科技创新质量上看,党的二十大报告指出:我国基础研究和原始创新不断加强,一些关键核心技术实现突破,战略性新兴产业发展壮大,进入创新型国家行列。具体的标志是,"全社会研发经费支出从一万亿元增加到二万八千亿元,居世界第二位,研发人员总量居世界首位"。另据《2022 自然指数年度榜单》披露,中国 2021 年科研产出增长 14.4%,是前 10 名

中涨幅最大的国家。世界知识产权组织发布《2022 年全球创新指数报告》显示，中国在创新领域的全球排名继续攀升，从 2021 年的第 12 位升至全球第 11 位。三是中国科技是全人类共享创新，汇聚全球科技创新力量。当前，中国已经与 160 多个国家和地区建立科技合作关系，签订 110 多个政府间科技合作协定，高铁、菌草、新冠疫苗等创新成果已经为世界人民共享，成为中国最亮眼的名片。2022 年全国实际使用外资金额 12326.8 亿元人民币，按可比口径同比增长 6.3%，折合 1891.3 亿美元，增长 8%。但也要看到，中美关系的不确定性，逆全球化抬头和西方国家大搞单边主义、保护主义，肆意打压中国科技企业，借疫情对中国"甩锅"推责，人为拉起国家间的"技术铁幕"，相比于历史上的时期，科技创新资源的全球化流动将不同程度地受到撕裂，创新资源的流动成本将大幅上升，创新的难度将不断攀升。这意味着今后 5 至 10 年，中国科技创新发展更要树牢树稳国内大循环的基石，不断开拓国内国际双循环的发展格局。

(二)从创新格局上看,创新版图在调整中不断地强化

中国科技创新版图布局越来越清晰。一是国家区域性战略科技力量平台加快建设，具有代表性的就是综合性国家科学中心，依托北京怀柔科学城、上海张江科学城、合肥滨湖科学城、深圳光明科学城，正大力建设北京怀柔综合性国家科学中心、上海张江综合性国家科学中心、合肥综合性国家科学中心、深圳综合性国家科学中心。通过四个综合性国家科学中心建设，将加快推进创新高地和创新平台建设，组织开展核心技术攻关和重大科技基础设施建设，不断强化国家战略科技力量。二是国家区域性创新园区建设，比较有代表性的是国家自主创新试验区建设，从 2009 年，北京中关村国家自主创新示范区首个国家自主创新示范区开始，目前，国家自主创新示范区数量已达到 23 个，涉及全国 60 个城市、覆盖 66 个国家高新区，构成了中国区域科技创新的重要增长极。三是国家区域性重点领域创新高地建设。比较有代表性的是新一代人工智能创新发展试验区、国家级车联网先导区等。从北京国家新一代人工智能创新发展试验区建设 (2019 年)到哈尔滨国家新一代人工智能创新发展试验区获批(2021 年)，围绕京津冀协同发展、长江经济带发展、粤港澳大湾区建设、长江三角洲区域一体化发展等重大区域发展战略，兼顾东中西部及东北地区协同发展，先后布局 18 个国家新一代人工智能创新发展试验区，推动人工智能成为区域创新发展的重要力量。

(三) 从创新需求上看,科技自立自强已经成为主旋律

创新需求已经发生根本性改变。过去很长一段时间,中国处在"要素驱动""效率驱动"发展阶段,依托综合成本优势和超大规模市场优势,维持了较长时期的强劲增长,建立了较为完善的科技创新体系、产业体系和人才教育培训体系,取得了一批重要科学发现和重大原创技术,但主要创新模式仍然是技术跟踪模仿、商业模式创新,在核心零部件、核心软件、关键材料、关键检测设备等方面还存在短板。当前,面对错综复杂的国际环境和"卡脖子"问题,加快建设现代化产业体系,科技自立自强的创新需求呼声愈烈。党和国家始终强调"坚持创新在我国现代化建设全局中的核心地位,把科技自立自强作为国家发展的战略支撑",丰富和深化了对科技创新规律的认识,将科技自立自强的重要性提上了历史的新高度,为中国加快建设科技强国提供了科学指导。党的二十大以来,将教育、科技、人才三位一体考虑,并作为"全面建设社会主义现代化国家的基础性、战略性支撑"进行统筹布局,为科技自立自强提供了战略支撑。伴随着中国在越来越多的科技创新领域从过去的技术追赶和模仿创新向自主导航、科技自强的方向加速转变。在这种大背景下,更需要科技创新高标准靶向科技自立自强,更需要科技创新上有新工作着眼点和着力点。诸如,如何撬动我国科研体制从"为追赶服务"向"为自立自强服务",可以作为科技创新体制机制突破的重要关注方向。

(四) 从创新功能上看,创新策源能力建设持续性加码

相比于历史上其他时期,中国科技创新发展更强调系统性创新策源能力建设。当前,创新策源能力建设的一个标志性特征就是国之重器建设,这也是为了满足大科学时代发展之需。有数据统计,1950 年以前仅有一项诺贝尔奖与重大科研设施有关,1970 年以后这一比例上升到 40%,1990 年以后,这一比例上升到 48%。重大科研设施已经成为重大原创成果、关键核心技术突破的撒手锏。中国围绕科研设施建设做了大量的部署。如,牵头组织国际大科学计划。《积极牵头组织国际大科学计划和大科学工程方案》(2018),明确了中国牵头组织国际大科学计划和大科学工程面向 2020 年、2035 年以及 21 世纪中叶的"三步走"发展目标。又如,推动国家重大科技基础设施建设的文件《国家重大科技基础设施建设"十三五"规划》中提出到 2020 年,重大科技基础设施投入运行和在建设施总量 55 个左右,基本覆盖重点学科领域和事关科技长远发展的关键领域。

还有,推动"新基建"作为国家科技创新发展的新赛道。2020 年,国家发改委首次明确"新基建"范围,大力在全国推动"新基建"。创新策源能力建设的另一个标志性特征就是推动企业、园区走向创新策源的前沿。党的十八大以来,国家出台一系列支持引导行业领军企业和掌握关键核心技术的专精特新企业强化创新能力的文件,2022 年,专门出台《关于推进国有企业打造原创技术策源地的指导意见》,明确指出"推进国有企业打造原创技术策源地,要把准战略方向,围绕事关国家安全、产业核心竞争力、民生改善的重大战略任务,加强原创技术供给,超前布局前沿技术和颠覆性技术。"2023 年初,中共中央、国务院印发《质量强国建设纲要》,指出依托国家级新区、国家高新技术产业开发区、自由贸易试验区等,打造技术、质量、管理创新策源地。

(五)从创新机制上看,制度破冰与政策创新备受关注

随着科技领域不断深化改革,体制机制创新成为持续释放科技创新活力的重要举措。从《关于深化体制机制改革加快实施创新驱动发展战略的若干意见》到《关于实行以增加知识价值为导向分配政策的若干意见》再到《赋予科研人员职务科技成果所有权或长期使用权试点实施方案》等系列化改革举措,中国科技创新进行了大刀阔斧的改革,取得了显著成效。一是从省市层面形成了改革创新浪潮,各个省市纷纷创新政策、创新招法,打造政策洼地和试验田。其中,深圳创新性地把科研项目的立项权交给企业,即"在制订科技计划和攻关项目时,充分征求企业和科研机构意见,并邀请国际科学家、创新企业家、风险投资家参与项目遴选"。广州率先实行新型研发机构使用"负面清单",上海通过"一所(院)一策"原则,探索试点"三不一综合"(不定行政级别,不定编制,不受岗位设置和工资总额限制,实行综合预算管理)等新体制、新机制,加快培育能够承接国家重大创新任务的国家实验室、高水平创新机构等国家战略科技力量。二是从创新主体层面,催生了新型研发机构和"双创"企业的大发展。一方面,新型研发机构开始大量涌现。2019 年,中华人民共和国科学技术部制定并发布《关于促进新型研发机构发展的指导意见》,明确了新型研发机构的定义、条件和发展原则,以及系列支持举措,为新型研发机构加速发展指明了方向。江苏省产业技术研究院、中国科学院深圳先进技术研究院等"四不像"新型研发机构成长为全国新型研发机构的排头兵。另一方面,高校科技成果转化日益活跃,围绕科技成果转化、科技成果权益分配、科技成果创新创业的相关政策纷至沓来,众创空间、孵化器、大学科技园如雨后春笋,中国大地掀起了双创浪潮。

三、天津科技创新形势

(一)天津科技创新的经济基础

城市创新发展离不开强大的经济发展支撑。回顾天津近十年发展,对于深刻认识天津科技创新发展具有重要的意义。

1. 从天津经济走向上看,天津正逐步步入高质量发展快车道

近十年,从 GDP 上看,天津经济整体上呈现出向上攀升的状态,其中从 2012 年到 2017 年是天津 GDP 攀升相对较快的 5 年。2017 年以后,天津经济开始主动挤水分,调整结构向高质量发展要效益,GDP 增速放缓。虽然 2020 年突发疫情,但天津 GDP 始终维持在万亿以上水平,并保持增长的态势,展示了天津经济的良好韧性。2022 年,天津的 GDP 总量为 16311.34 亿元,排在全国第 11 位。

2. 从天津经济结构上看,天津走向了以第三产业为主引擎的新局面

2014 年开始,为应对传统产业发展乏力等问题,天津开始实施万企转型升级行动计划,通过技术创新、智能化改造等举措积极推动传统产业生产制造环节高端化发展。2017 年,天津加快调整产业结构,整个"十三五"期间,石化、冶金、轻纺三大传统产业比重从 44.6%(2017 年)下降到 35%(2020 年),市域内钢铁产能由 2539 万吨压减到 1505 万吨,污染物排放总量下降 40% 以上,"钢铁围城"基本破解。"园区围城"治理基本完成,累计完成 246 个园区治理。近五年来,天津第三产业按下了加速键,三次产业结构从 1.2:40.8:58.0(2017),调整为 1.7:37.02:61.30(2022),第三产业增加值 9999.26 亿元,接近万亿元水平,第三产业逐渐成长为天津经济的重要生力军。

3. 从天津经济主体上看,天津民营经济发展日趋活跃

多年来,天津高度重视市场主体的培育工作,顶层设计上出台了科技型中小企业培育相关政策,并于 2019 年启动实施《天津市创新型企业领军计划》,建立"雏鹰—瞪羚—科技领军"企业梯度扶持体系;在政策支持上,出台了各种重点科技计划、促进中小企业发展、中小微企业贷款风险补偿、万企转型升级、技能人才培训等政策,为民营经济和中小企业健康快速发展创造了宽松的外部环境。天津民营经济和中小企业依靠转型升级和自主创新,脱胎换骨、华丽转身,在规模效益、社会贡献、创业创新、增加就业等方面均取得突破性进展,成为支撑天津经济高质量发展的重要力量。天津新增民营市场主体由 2013 年的 3.03 万户快速增长到 2021 年的 26.58 万户,数量增加八倍之多。证监局数据显示,2022 年,天津 70 家 A 股上市公司前三季度实现营业收入 7618.17 亿元,与去年同期基本持平,归属于上市公司股东净利润 1358.01 亿元,同比增长 50.93%,全年上市公司总市值规模动态保持在 1.1 万亿元以上。民营经济快速发展,为天津经济发展注入了源泉活水。

4. 从天津经济创新投入上看,天津全社会研发投入强度保持高位水平

近年来,天津高度重视科技研发,据《2021 年全国科技经费投入统计公报》显示,天津 2021 年度研究与试验发展(R&D)经费达 574.3 亿元,全社会研发投入强度(R&D/GDP)达 3.66%,仅次于北京、上海,居全国第 3 位。天津积极落实企业研发投入后补助、研发费用加计扣除、高新技术企业培育等惠企政策,引导创新资源向企业集聚,强化企业创新主体地位。2021 年,天津企业 R&D 经费净增长超 45 亿元,同比增长 12.5%。其中,享受研发投入后补助的规上企业 R&D 经费增速达到 31.9%,规上高新技术企业 R&D 投入增速达到 16%。

(二)天津科技创新优势与机遇

1. 从创新能级上讲,天津区域科技创新正经历了由量变到质变的过程,正处在创新累积增强新阶段

天津进入"全球创新集群百强榜"①和全球科研城市 50 强。从《中国区域科技创新评价报告 2022》上看,天津综合科技创新水平重回全国三甲行列。一是区域整体创新质量突飞猛进。天津高度重视激励创新发展,据《2021 年天津市知识产权发展状况》白皮书披露,截至 2021 年底,有效发明专利突破 4.3 万件,每万人口发明专利拥有量达到 31.3 件,高价值专利达到 1.7 万件。二是区域整体创新活跃度显著提升。2018 年技术合同成交额 725 亿元,相当于"十三五"初期的 12.4 倍,并且市级科技成果属于国际领先水平 94 项,达到国际先进水平 262 项。2021 年,登记技术合同达到 12560 项,交易额达到 1321.8 亿元,一批跟跑和并跑技术优势已经形成。三是区域创新对接国家重大战略需求正在释放。2018 年重大科技基础设施和创新平台建设取得历史性突破。大型地震工程模拟研究设施获批立项;2019 年国家级合成生物技术创新中心、国家先进计算产业创新中心落户天津;2022 年天津重大创新平台持续加速,新一代超级计算中心、先进操作系统创新中心等"国之重器"加快建设,6 家海河实验室投入运行。

---

① 数据来源:《全球创新指数报告 2019》和 2018 自然发布"自然指数-科研城市"研究。

2. 从创新格局上讲,天津区域科技创新已进入格局调整优化的关键雏形期

一是京津冀协同发展的区域性红利正在释放,天津正迎来京津冀体制协同、产业协同、资本协同、技术协同、管理协同、信息协同、观念协同以及文化协同的红利。以天津科技创新主体增幅为例,2018 年,京津冀协同发展重要承接平台滨海新区全年新增科技型中小企业 3235 家,占天津的 41%,北辰、武清分别为689 家、792 家,分别占天津的 8.7% 和 10%,接近天津的 60%。2022 年,仅滨海—中关村科技园、宝坻—京津中关村科技城,就已经累计注册企业 5080 家,发展势头之猛,可见一斑。二是中心城区科教资源向环城区域迁移。天津高校资源,逐步由市内六区向外部迁移,形成了环城四区高校布局,如北辰(河北工业大学)、西青(天津理工大学、天津师范大学、天津工业大学、天津城建大学、天津农学院)、津南(南开大学、天津大学、天津职业技术师范大学)。三是环京津冀创新一体化进程提速。从区域合作上看,"通武廊""静沧廊""京东黄金走廊"等京津冀区域微中心一体化进程提速。其中,"通武廊"开展"小京津冀"改革试验,在社会管理、司法行政等领域已经签署实施 90 余项合作协议。"静沧廊"签署《关于深化静沧廊(3+5)协同发展战略合作框架协议》等文件,在规划编制、综合交通、产业发展、生态环境、公共服务、工作机制 6 个方面开展务实合作。从区域自身上看,2023 年,天津市武清区人民政府明确提出建设京津产业新城,提升创新载体能级,打造京津冀双向桥头堡。环京津冀周边区域的加速发展,正逐步成为支撑"天津—北京—雄安"金三角创新发展的潜在力量。

3. 从创新热点上讲,天津区域科技创新已经处在多极点的科技园区引领期

一是科技园区空间格局初步形成。随着《天津市工业布局规划 2022—2035》印发,明确形成"两带集聚、双城优化、智谷升级、组团联动"的产业空间结构,打造"中国信谷""北方声谷""生物制造谷""细胞谷"等一批创新园区新地标。二是科技创新园区新赛道加快布局。科技园区作为创业孵化、科技服务、公共研发等功能完备的独立科技创新单元,已经成为各区创新资源汇聚地。2019 年,天津围绕高校释放创新动力,转化高校资源为创新内生动力,先后建成中国民航大学科技园、天津科技大学科技园等 12 家市级大学科技园,孵化企业700 余家,初期形成产值逾 3 亿元。2021 年,天津提出未来五年突出重点产业和重点项目向特定空间聚集的基本定位,瞄准新主体、新功能、新服务、新基建、新治理的"五新"发展方向,坚持绿色安全发展要求,建设 30 家高品质、高能级的主题园区。2023 年天津围绕发挥高教资源优势,提升园区创新策源能力,高标准谋划天开高教科技园。

4.从创新引擎上讲,天津区域创新动能培育阵列正在加速形成

一是规模化创新平台阵列。以中央驻津院所和分支机构为代表,涌现出了新一代运载火箭技术、芯片技术、人工合成淀粉等一批标志性原创成果。二是"四不像"新型研发机构。创建了清华高端装备研究院、天津(滨海)人工智能创新中心等一批产业技术研究院,以产业技术研究院催生区域产业集聚。以清华天津电子院为例,截至2022年5月,清华电子院累计培育瞪羚企业4家、雏鹰企业11家、国家高新技术企业11家、国家科技型中小企业17家,挖掘清华大学各类成果转化项目118个,落地孵化企业43家。三是高成长科技创新企业。天津大力推动高成长企业梯度培育,通过科技型企业身份评价和多指标企业综合评价,促进各类创新要素向企业集聚,企业创新主体地位持续增强。2022年,天津雏鹰、瞪羚、科技领军(培育)企业分别达到5600家、440家、300家,国家高新技术企业、国家科技型中小企业均突破1万家,万家企业法人中高新技术企业超260家,稳居全国前三。

(三)天津科技创新问题与挑战

1.从战略设计讲,需要细化落实科技创新区域顶层设计和统筹式布局

自2000年提出"工业东移战略"以来,天津形成了以滨海新区为区域创新龙头的发展格局。2014年以天津国家自主创新示范区建设为契机,天津开始谋篇布局国家自主创新示范区分园,推动国家自主创新示范区由华苑等重点片区向全域布局发展。2020年,天津"十四五"规划纲要提出了"津城""滨城"双城发展格局,并把"双城"写入《天津市国土空间总体规划(2021—2035年)》,在全域创新基础之上突出两个重点板块。综上,可以看出20年来,天津科技空间发展战略已经实现了由重点集聚向全域化发展再向双城联动发展的"分—统—分"格局,力求在天津全域创新高原上塑造创新高峰。如何在津城、滨城塑造创新增长极?天开高教科创园可以看作是双城联动的先行之笔,如何以全域打造一域,如何以一域支撑服务全域,天开高教科创园深层次的创新设计与统筹布局也呼之欲出,亟须落细落实"双城"格局下大极核、多中心、多层级、多节点的网络型城市创新结构布局。

2.从区域联动讲,需要加快建设有效承接、服务京津冀创新发展的战略力量

深度贯彻落实习近平总书记在京津冀考察时提出的"打造京津冀自主创新重要源头和原始创新主要策源地"的要求,其关键在于天津要加快提升自身承载能力和服务能级。虽然从技术合同成交额看,北京流向津冀的占流向京外技术合同成交额的比重为持续攀升,但据历年《北京技术市场统计年报》数据统计分析后发现,2013—2020 年北京流向河北的技术合同始终高于天津。以 2020 年数据为例,流向河北省技术合同 3170 项,成交额 192.7 亿元;流向天津技术合同 1863 项,成交额 154.3 亿元。并且,天津始终是北京重要的技术来源地。2013—2018 年,北京吸纳天津的技术合同成交额始终居于全国前五位。综上所述,京津冀协同发展走走实之际,京津"虹吸效应"尚未有效破解,天津疏解北京非首都功能的承载能力和服务京津冀协同发展的能级提升迫在眉睫。

3. 从要素资源上讲,需要进一步提升创新要素的支撑能力

第一,科技创新人才竞争空前激烈,抢人大战的烽火已经烧到了二线乃至三线城市。马太效应之下,全国各地的优秀人才大量涌入珠三角、长三角、粤港澳地区。从全国范围看,一定时期内人才的供给是有限的。这意味着,天津不仅在引进人才需要拿出更大的手笔,留住人才也需要拿出更有力的举措。第二,企业创新主体规模偏小,这似乎成为长期困扰天津创新发展的难题之一。多年来天津高度重视创新主体培育,出台了系列化举措,取得了一定的成效。但回顾龙头领军企业发展现状,从 2018 年中国企业联合会、中国企业家协会发布的"中国企业 500 强"数据看,天津 7 家企业上榜,接近北京的 1/14,江苏的 1/7,上海的 1/4,河北的 1/3。再到 2022 年,天津 6 家企业上榜,接近北京的 1/14,江苏的 1/7,上海的 1/5,河北的 1/4。从数据中可以看出,五年的发展,天津优质创新主体的数量相对稳定,与上海、河北的差距在扩大,未来还需加大力气,做好优质创新主体的培育。

4. 从改革创新上讲,需要进一步释放科技创新体制机制政策活力

天津是中国改革开放的先行地区,先后获批中国(天津)自由贸易试验区(2014 年获批)、天津国家自主创新示范区(2015 年获批)、天津(西青)车联网先导区(2019)、天津(滨海新区)国家人工智能创新应用先导区(2021 年)、国际消费中心城市(2021)、智能建造试点城市(2022 年)等系列化的试点先行区,与其他省市相比,天津在多个维度具备了突出的体制改革和政策先行优势。但从实际上看,天津政策优势和制度创新的举措和力度距离国家层面的要求还有一定差距。如何通过改革和政策先行先试,持续汇聚创新资源、持续激发创新资源的活力、持续凝聚发展的磅礴伟力,需要以全球创新的视野广度,立足天津创新发展深度,超前谋划部署,在制度和政策设计过程中形成一批灵魂型政策先导区和示范区。

（四）天津科技创新主要着力点

从党的十八大到党的二十大,教育与科技、人才的整体性思考持续加强,加快建设教育强国、科技强国、人才强国成为当前及今后的重大战略举措。从国家机构改革的精神看,未来天津科技管理部门要进一步强化抓战略、抓规划、抓政策、抓服务。牢牢坚持科技是第一生产力,人才是第一资源,创新是第一动力,对科技创新进行全局谋划和系统部署。2023 年,天津政府工作报告明确提出要建设高质量发展的社会主义现代化大都市。用"新步伐、新成果、新台阶、新提升"深度诠释了天津社会主义现代化大都市的宏伟蓝图,并科学布局了"实施京津冀协同发展纵深推进行动""实施制造业高质量发展行动""实施科教兴市人才强市行动"等十大行动。时不我待,美好愿景转化为实景离不开科技的有力支撑,需要更大的创新勇气、更大的创新魄力、更大的创新举措,以前瞻性、引领性、突破性、特色性发力,系统性布局天津科技创新。在此,提出五个需要重点考虑的方面。

第一,未来 5 至 10 年,如何更科学应对未来形势和现实需求? 关键要做好符合新时代科技创新特点的顶层设计。一是要与科技创新交叉融合加速演进的特点相适应。从全球视野深度把握国际科技创新趋势,既要主动顺应科技创新的节奏和特点,更要强化科技创新前瞻性布局,率先对类脑智能、合成生物、空天深海等天津基础优势突出的未来前沿领域强化布局,抢占创新赛道。二是与科技创新组织模式变革相适应,传统组织模式难以适应新时代创新的要求,新科研组织和范式的成长需要新的创新政策环境。一方面,数字化科研,要加快发展基于大数据、云计算为代表的数据科研和智能科研基础设施以及以互联网+为代表的协同创新科研模式;另一方面,有组织科研,要加快布局新组织模式,总结天津太阳能车的新型组织模式经验,将新型举国体制持续转化为天津的生动实践。三是要与科技创新的历史方位相适应,要立足中国科技创新的历史方位,围绕构建以国内大循环为主体、国内国际双循环相互促进的新发展格局,做好创新文章。

第二,未来 5 至 10 年,如何强化支撑国家战略需求能力? 关键是推动天津科技创新系统性发力,全面提升天津创新能级。一是围绕国家重大战略需求,系统分析天津科技创新能够主动对接国家重大战略需求的方向和发力点,精准施策,加快组建一批企业创新联合体、高校创新联合体、产教融合联合体,形成联合体集群,聚焦国家战略需求,突破一批行业共性的"卡脖子"技术,形成一批代表国际水平的原创性成果;二是坚持"四个面向",做大做强天津重点创新平台,超前谋划布局国家重点实验室、工程技术中心等重点创新平台阵列,推动创新平台上台阶、上水平,在智能科技、生物医药、新能源新材料等领域扩大创新平台朋友圈,形成全球化创新生态链、生态圈。

第三,未来 5 至 10 年,如何发挥区域协同发展重要作用?关键在于找准城市定位,做强城市定位。一是要在京津冀协同发展战略背景下,从城市群角度,谋划天津科技创新。京津冀 13 个城市,区位、资源、禀赋各有不同,天津作为京津双城和京津创新主轴的关键节点城市,要在创新策源能力建设上凝练新招法、新举措。二是要在天津未来建设社会主义现代化大都市蓝图中谋划天津科技创新,加快建立现代化的经济体系,打好产业基础高级化、产业链现代化的攻坚战,推动制造业高端化、智能化、绿色化发展。下一步,需全力推动"现代化"与"科技"的深度融合,借助科技力量,提升城市经济发展的韧性。三是要在天津功能定位中,谋划天津科技创新。国家赋予了天津"全国先进制造研发基地""北方国际航运核心区""金融创新运营示范区""改革开放先行区"的定位,"一基地三区"对科技要素提出了不同层次的需求,围绕其建设,科学高效的政府引导和市场化汇聚创新要素资源,加速形成交织融合、联动发展的局面。

第四,未来 5 至 10 年,如何支撑城市高质量发展?关键在于坚持发展统领,强优势、补短板、优结构。一是底盘导向。要充分利用天津科技创新现有的基础和优势,在存量资源中挖掘增量、在增量资源中挖掘质量,做强做优天津优势创新资源。二是瓶颈导向。要明确是哪个环节制约了天津科技创新的高质量发展,是政策端、市场端,还是高校端、企业端,都要对标先进地区和省市,结合自身的发展实际,进行系统的研究与梳理,找问题,破题而为。三是结构导向。要明确天津科技创新与天津高质量发展背后的结构关系,持续优化天津科技创新的产业结构,充分尊重市场创新主体的创新路径自主决策与选择,形成大中小企业融通发展的生态雨林。

第五,未来 5 至 10 年,如何打造优质的政策环境?关键在于全面深化改革,创新体制机制。从政策制定趋势看,创新型政策已经成为政策主旋律。从政策生命周期来看,政策更新速度越来越快,"政策洼地"维持越来越难,挑战越来越大。从政策执行来看,自 2022 年国家提出"科技政策落实年"以来,政策落实正成为各个省市比拼创新环境的关键抓手。天津创新型政策的设计出发点,既要充分考虑政策本身的创新性和突破性,善于做政策的"加法"和"减法",又要充分论证政策实施落地的实际难度和潜在堵点,在制定政策的时候就要谋求打通政策落地的最后一公里。具体讲,一是要在政策的"新"上下功夫,加快出台与新经济、新业态相匹配的科技创新政策,为新经济创新发展提供制度性保障。二是要在政策的"芯"上下功夫,要出台与科技政策相辅相成的实质性改革举措,为政策高效实施提供良好的政策制度环境。三是要在政策的"心"上下功夫,抓好政策的落实落地,用好用足。在天津重点区、功能区、科技园区实现在国家、市级、区级三个层面的政策集成落地,打造若干个科技政策的创新示范区和先行先试区。

　　党的二十大报告擘画了中国式现代化的发展蓝图,对区域协调发展作出了更加长远、更加系统的战略部署,强调推进京津冀协同发展,为京津冀协同发展的未来指明了前进方向,注入了强劲动力。9年来,京津冀协同发展走深走实,天津作为京津冀中的重要城市,如何更深度融入和服务京津冀协同创新发展,在区域共同体中同频共振,贡献天津之力,天津之为,是未来5-10年天津优先考虑的重要议题。

　　本章节从技术创新的角度出发,以发明专利为主要研究对象,从宏观层面详细分析京津冀全面创新的规律和趋势,从中观层面详细分析了京津冀制造业协同创新的空间特征和联动趋势,再从微观机器人领域,重点分析了该领域技术创新的网络特征和潜在合作方向,形成了京津冀科技创新的三层扫描。

　　本章节研究发现,京津、京冀、津冀之间创新领域相似度不断升高。京津冀制造业创新格局正在由京津双城向石家庄—保定—廊坊—北京—天津—唐山—秦皇岛制造业创新发展带的多中心格局发展。京津冀机器人产业展现出了协同和多元的双重特征。并从京津冀创新协同发展的角度,在政策设计、成果转化、创新联动和竞争力塑造等方面提出京津冀协同发展的对策建议。

随着内生增长理论、新经济地理学等区域创新理论不断发展,区域趋同或趋异已经成为区域创新领域所讨论的一个重要议题,区域创新之间存在关联现象已经成为学术界的共识。京津冀科技创新,从区域创新的角度来看,是否有其独特的创新发展规律? 京津冀之间存在什么样的创新关联? 是否存在创新联动发展的异质性? 这为天津深度融入京津冀提出了理论与实践思考。

围绕京津冀创新开展研究,有助于解决:第一,当区域创新发展上升为国家战略后,思考京津冀发展的规律和内在属性。第二,在区域创新发展过程中,探讨区域内组成城市之间是否存在相似的创新路径依赖? 特别是在区域发展中典型的以某一个省市为核心的区域创新格局中,这种路径依赖是否会向核心城市发生偏倚? 未来应该采取何种策略使得区域创新和发展更加合理高效?

专利,作为贯穿于产业创新过程的重要科技成果,反映了技术的发展态势,是研究技术创新和产业变革的主要和有效数据资源,其受到了各国专家学者的青睐,并将其作为一个独立或重要指标用于研究区域、创新、产业之间的关系。为此,本章节研究过程中以专利作为切入点,系统分析京津冀全领域、重点领域(制造业)、细分领域(机器人)的协同创新现状、问题,并提出对策建议。

一、京津冀全领域协同创新

以国家知识产权局 2000 年至 2015 年京津冀地区发明专利作为数据来源。以发明专利作为数据源,有两点考虑:一方面,发明专利的技术含量相对最高,更有利于衡量京津冀原始创新能力。另一方面,考虑到专利从申请到公开大概有 18 个月的滞后期,采用专利授权量可能会引起信息失真,因此在计量数据的时候以发明专利申请量为计算依据,统计京津冀当年发明专利申请量以及专利分类信息,并以京津冀各个省市的统计年鉴作为参照,计算万人发明专利量,作为重要研究面板数据。

本小节主要包括四个方面:(1)通过京津冀发明专利和万人发明专利变化以及专利倍数结构性变化,构建京津冀区域创新能力变化图;(2)抽取各个省市排名前十位的专利 IPC 分类号作为技术创新领域,研究京津冀区域内部创新领域变化关系;(3)对于京津冀各个省市专利 IPC 分类号的异同,构建京津冀技术领域合作发展图表,并随机选取两个技术领域,分析京津冀三省市创新发展趋势是否存在一些共性特征;(4)通过专利 IPC 分类号与产业的对应关系,参考《Linking Technology Areas to Industrial Sectors》报告,将技术领域发展关系转换成产业关联,探究京津冀产业间的路径依赖,提出京津冀科技创新发展策略。

(一)京津冀区域创新整体分析

以 2000 年至 2015 年历年专利申请量与京津冀三省市人口统计(万人)的比值作为基础数据,计算京津冀三省市的专利申请量变化图和万人专利申请量变化趋势图。从图 2-1 中可以看出,从专利申请总量变化上看,2000 年至 2015年,京津冀三省市专利总量差距开始逐步拉大,在 2009 年以后,从曲线的变化斜率上看,创新差距表现得更加明显,北京遥遥领先天津与河北。从万人发明专利申请指标上看,从 2000 年到 2015 年整体上与发明专利申请总量表现出相似的变化趋势,即 2009 年以后,京津冀区域万人专利总量上看,京津之间仍然是不断放大的趋势。可以看出京津冀作为一个区域创新整体来度量,区域间创新发展的落差是非常明显的。

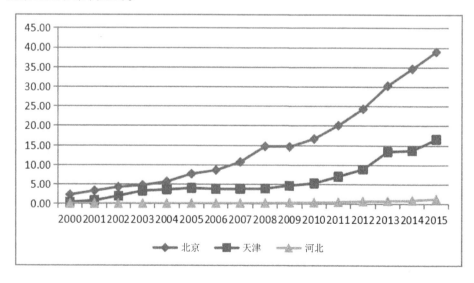

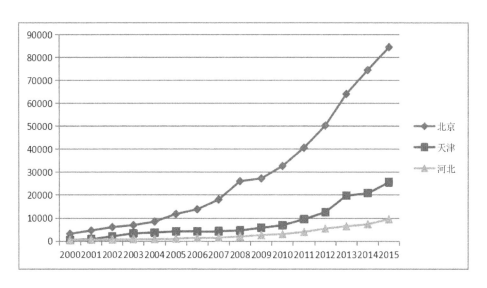

图2-1　京津冀区域发明专利申请量(左)和万人发明专利申请量(右)变化图

为了深入研究京津冀之间相对创新差异变化的趋势,本节对京津冀之间万人发明专利申请量进行了两两比较研究,绘制2000年至2005年间河北—天津,天津—北京,河北—北京万人发明专利申请量倍数关系图(图2-2),从图中可以看出,河北—天津近年来万人发明专利申请量倍数变化幅度不大,天津—北京,河北—北京自2009年以来都有所上升,说明在相对创新变化上,河北—北京,天津—北京之间的差异在缩小,京津冀之间的相对差异呈现放缓的趋势,但天津与河北之间对于整体相对差异放缓的贡献度不是很大。

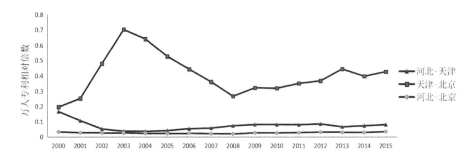

图2-2　京津冀地区万人发明专利申请量相对倍数分析

(二)京津冀区域内部创新分析

以 IPC 分类号代表技术创新领域,研究京津冀区域每个省市内部创新情况,本节对京津冀三地技术创新领域进行分析,分析对象为 2000 年至 2015 年各省市发明专利排名前 10 位专利 IPC 分类号。参照图 2-1 与图 2-2 反映的各个时间段信息,文中以 3 年为一个时间节点,对 2000 年至 2015 年时间段进行切片处理。以河北省为例(表 2-1),对河北省创新领域的内部差异进行测度(暂不考虑前十名专利 IPC 分类号的变化),绘制出以 IPC 分类号为基础的创新领域变化差异图,从图 2-3 中可以看出 2009 年以前,河北省科技创新领域出现一家独大情况(A61K,对应制药行业),以并在 2003 年出现一个最大峰后,开始逐年缩小,2009 年以后,各个内部创新差异开始出现平稳化发展,前十创新领域创新差异变得非常不明显。采用相同的数据处理方式,计算天津和北京的数据,考虑到原始数据过多的因素,此处天津和北京仅给出相应的创新领域变化图(图 2-4、图 2-5)。从图 2-4 中可以看出天津在技术创新领域内部差异在 2009 年波动比较大,前三个领域波动比较剧烈,创新差异程度在 2006 年出现最高值,此时最凸显的三个领域是(A61K,C09D 和 A23L,分别对应制药、基础化学和食品饮料行业),随后各个创新领域呈现出逐步缩小的态势。从图 2-5 可以看出,北京呈现出截然相反的发展态势,2009 年之前,北京内部创新差异保持平稳,2009 年以后,北京内部创新差异开始呈现出差距不断扩大的趋势。通过比对 IPC 分类号发现,北京内部创新差异的扩大得益于 G06F(对应行业分类办公用品和电脑)和 H04L(对应行业分类信号传递,通讯)两个行业的爆发式增长。这进一步反映了京津冀区域发展过程中各个区域之间创新力量发展态势的不平衡,北京的优势创新领域逐渐突出,天津和河北的技术创新领域则朝向大而全的方向发展,这一点也可以从河北优势创新领域(A61K,对应制药行业)占历年专利比例的下滑看出端倪。

表 2-1 河北省 IPC 分类号前十名统计表

2000 年			2003 年			2006 年		
IPC	数量	占比	IPC	数量	占比	IPC	数量	占年比
A61K	105	0.208	A61K	184	0.221	A61K	263	0.189
A23L	27	0.053	A23L	32	0.038	A23L	67	0.048
A01N	17	0.034	A01N	26	0.031	A01N	21	0.015
A01G	13	0.026	C04B	20	0.024	C07D	20	0.014
A61N	12	0.024	G06F	13	0.016	G06F	19	0.014
G06F	11	0.022	C02F	11	0.013	C02F	18	0.013
C04B	9	0.018	C07C	11	0.013	C04B	18	0.013
C09K	8	0.016	G01N	11	0.013	C12N	18	0.013
B01D	7	0.014	C12N	10	0.012	F16L	17	0.012
C08L	7	0.014	B23K	9	0.011	C07C	16	0.011
2009 年			2012 年			2015 年		
IPC	数量	占比	IPC	数量	占比	IPC	数量	占比
A61K	244	0.092	A61K	324	0.059	A61K	538	0.056
A23L	69	0.026	G01N	174	0.032	G01N	287	0.030
G01N	56	0.021	H01L	146	0.027	C22C	205	0.021
C04B	46	0.017	G01R	99	0.018	C04B	181	0.019
G06F	45	0.017	C04B	80	0.015	A23L	176	0.018
B01D	43	0.016	B01D	77	0.014	B01D	154	0.016
C07C	41	0.015	A23L	76	0.014	C02F	154	0.016
C07D	38	0.014	C07D	76	0.014	C07D	139	0.015
H01L	35	0.013	C07C	72	0.013	G06F	139	0.015
B23K	33	0.012	C02F	70	0.013	H01L	132	0.014

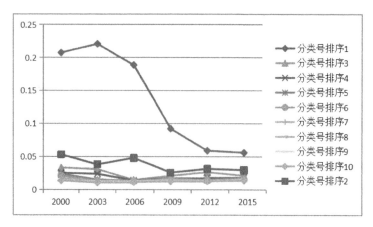

图 2-3　河北省发明专利 IPC 分类号排名前十变化图

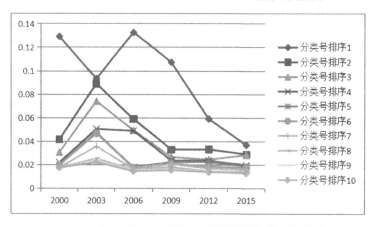

图 2-4　天津市发明专利 IPC 分类号排名前十变化图

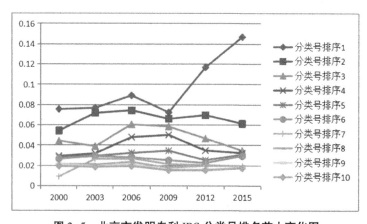

图 2-5　北京市发明专利 IPC 分类号排名前十变化图

(三)京津冀区域之间创新分析

京津冀作为一个区域整体,本小节通过发明专利创新领域来研究本区域间的创新关系。对三个省市排名前十位的专利 IPC 分类号做横向的两两或三地比较研究,将技术创新领域相同的一组分类号记为 1,根据相同组的多少进行逐年统计,形成表 2-2。从表中可以看出,2009 年以前,河北—北京的创新领域趋同数量要明显高于天津—北京,天津—河北,2009 年以后,随着京津冀协同的发展,北京—河北,北京—天津,天津—河北的创新领域趋同数量明显增强,河北—天津之间的变化更为明显。这反映出随着京津冀区域创新走向协同,区域间的联系更加紧密。

表 2-2　京津冀三省市创新领域统计表

年份/对象	2000	2003	2006	2009	2012	2015
河北—北京	4	4	2	4	4	3
天津—北京	3	1	2	4	4	3
河北—天津	3	2	4	5	5	6
京津冀三地	1	1	1	2	2	2

围绕创新领域,本小节随机选取 A61K(制药),G01N(测量仪器),研究京津冀三个省市的变化趋势,通过专利占专利总量的变化来进行表征。从图 2-6 中可以看出在 2006 年以前京津冀产业变化协同性比较差,2006 年以后产业变化方向基本上趋于一致,但从变化幅度上看北京<天津<河北,北京的技术创新变化相对稳定,天津、河北的产业创新发展变化比较明显。

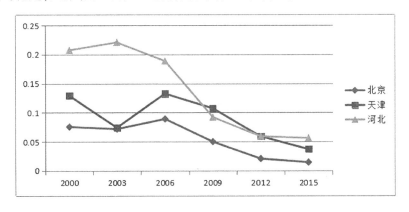

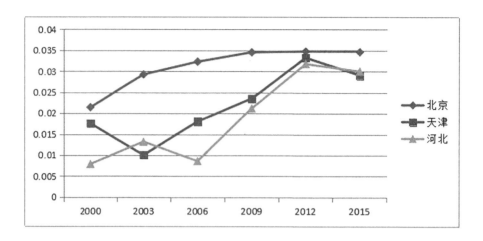

图 2-6　京津冀技术创新领域变化图,A61K(左),G01N(右)

　　技术领域趋同数量增加和技术领域变化趋势相似情况下是否存在产业领域趋同现象？本节借助专利分类号开展挖掘,参考 *Linking Technology Areas to Industrial Sectors* 报告中产业与技术领域之间的对应关系确定技术领域与产业之间的对应关系,深度研判京津冀三地产业的发展趋势(表2-3)。从表中可以看出,京津冀产业创新领域转化到产业的角度河北—北京,天津—北京,河北—天津之间的产业发展相似性还是有所不同。河北—北京之间,主要是办公仪器与电脑、测量仪器和制药等行业之间的协同发展;天津—北京之间,则经历了有基础化学、制药领域向办公仪器与电脑、测量仪器方向的转变;天津和河北之间,则更多的传统行业的相似,如基础化学、制药领域和食品饮料领域,同时产业相似领域开始增加,逐渐向办公仪器与电脑、测量仪器等行业迁移。

表 2-3 京津冀三地产业发展趋势

年份	2000		2003		2006		2009		2012		2015	
	IPC	行业	IPC	行业	IPC	行业	IPC	行业	IPC	行业	IPC	行业
河北—北京	A61K	制药	A61K	制药	A61K	制药	A61K	制药	A61K	制药	G01N	测量仪器
	G06F	办公仪器与电脑	G06F	办公仪器与电脑	G06F	办公仪器与电脑	G06F	办公仪器与电脑	G01N	测量仪器	G06F	办公仪器与电脑
	A23L	食品饮料	C12N	制药			G01N	测量仪器	H01L	电子元件	H01L	电子元件
	B01D	非特定用途机械	G01N	测量仪器			H01L	电子元件	G01R	测量仪器		
天津—北京	A61K	制药	A61K	制药	A61K	制药	A61K	制药	A61K	制药	G06F	办公仪器与电脑
	C07C	基础化学			G01N	测量仪器	B01J	基础化学	G01N	测量仪器	G01N	测量仪器
	G01N	测量仪器					C12N	非金属矿产品	G06F	办公仪器与电脑	H04N	电视和无线电接收器
							G01N	测量仪器	B01J	基础化学		视听电子
河北—天津	A61K	制药	A61K	制药	A61K	制药	A61K	制药	A61K	制药	A61K	制药
	A01N	农药、农药产品	A23L	食品饮料	A23L	食品饮料	C07C	基础化学	G01N	测量仪器	G01N	测量仪器
	C08L	基础化学			C02F	基础化学	C07D	制药	C07D	制药	G06F	办公仪器与电脑
					C07C	基础化学	B01D	非特定用途机械	A23L	食品饮料	A23L	食品饮料
					G01N	测量仪器	C02F	基础化学	C02F	基础化学		
											B01D	非特定用途机械

(四)京津冀协同创新对策建议

通过专利申请量及相对倍数变化并结合专利结构变化对京津冀区域创新进行分析,本小节认为京津冀之间存在着明显的以北京为中心的创新和产业路径依赖效应,研究得出以下结论:

1. 京津冀区域创新能力的演进

从整体上讲,2000年至2015年,京津冀区域正经历着三地区创新能力差异不断扩大过程,差异扩大不仅表现在专利申请量上,同时也表现在万人专利申请量上。随后分析研究发现,河北、天津与北京相比在基于万人专利倍数的相对创新能力差距在逐渐缩小,但河北和天津相对差距变化并不明显。

2. 京津冀区域内部创新能力比较

天津和河北自2009年以后,内部创新在技术领域上呈现均衡化发展,各个技术领域之间的差距越来越小,新兴技术领域快速发展,原有优势领域优势正逐渐消失;北京则呈现截然不同的差异化发展趋势原有优势领域保持了优势方向,并在发展过程中得到了持续强化,进一步拉大了与其他领域的距离,差异化发展趋势明朗。

3. 京津冀区域间创新协同性

京津冀创新领域从2009年开始,区域间相同领域开始增加,保持相对高位水平,从单一技术领域的发展上看,随机选择的两个领域研究表明,京津冀三地在2006年前变化趋势不同,2006年以后变化趋势相似,但北京的变化更加缓和,天津和河北相对变化更大。从产业变化而言,天津和河北之间更多的是保持基础化学、食品饮料方面的产业相似性,天津与北京以及河北与北京则表现出与北京相似的产业结构发展,如天津与北京产业发展过程中,原先共有的基础化学领域消失,取而代之的是北京的优势产业——电视和无线电接收器和视听电子。河北则对应的是与北京共有的制药产业的消失,取而代之的是电子元器件。北京在京津冀产业更迭发展中起了重要的引领作用。

基于上述结论,提出发展的对策建议:

1. 加强顶层设计,强化资源有序投放

要高度重视缩小京津冀之间不断拉大的绝对创新差距。政府在制定相应创新政策的时候,一定要立足于三地产业发展的实际,通盘考虑,实行差异化的政策,着力破除制约创新要素自由流动的显隐性壁垒,深化系统集成改革,实现创新的协同化发展。

2. 立足各地资源禀赋,协同有序发展

针对河北与北京,天津与北京,河北与天津在创新领域的相似性,重点组织形成一批跨省市产业联盟、研发中心或技术平台,通过研发联动,共谋发展的思

路,打造京津冀特色创新集群,提升京津冀创新能力,培育京津冀创新品牌。

3. 推动产业疏解,强化产业协同升级

在当前疏解北京非首都功能资源的大背景前提下,要充分考虑京津冀产业发展的阶段性特点,制定产业发展线路图,以产业链延链、展链、强链为原则,有计划地推动产业按照最合理和最优的线路发展。

二、京津冀制造业协同创新

党的二十大以来,协同创新正成为京津冀协同发展的主旋律和城市群壮大的有力支撑。高水平的京津冀推动协同创新,产业创新突破是关键,制造业创新备受关注。从《中国制造2025》出台,到长三角、粤港澳区域层面文件的出台,再到各个省市制造业"十四五"规划的出台,均把制造业高质量发展放到更加突出的位置,提出加快构建市场竞争力强、可持续的现代产业体系。京津冀制造业产业发展具有良好的现实基础,北京有制造业高端研发的优势,天津提出了制造业立市和建设全国先进制造研发基地的定位,河北建设产业转型升级试验区的现实需求,从制造业角度出发,探究京津冀协同创新发展演进趋势,总结规律是需要认真研究的重要理论、实践与政策课题。

上一小节从京津冀层面开展专利研究,揭示了京津冀区域创新存在产业创新路径依赖。本小节是在上述研究基础上的持续深化,从更具体的领域、更精细的层面发现创新规律,指导创新实践。研究以京津冀制造业创新资源禀赋、发展阶段的差异化为基础,突出北京、天津、河北在创新资源发展层面的关联性和变化趋势,找出其变化的规律性特点。具体而言,本小节力求在京津冀制造业协同创新层面进行深入探索:京津冀制造业在创新层面是否有其鲜明的区域化特征,制造业创新是否仍在延续京津双城的格局?京津冀制造业创新转移趋势如何,是资源禀赋效应还是梯度临近效应主导?京津冀制造业创新技术转移和技术合作发展如何?本小节试图对上面的问题做一个回答,以近十年京津冀制造业创新资源的空间变化为切入点,从省市层面、领域层面两个维度,系统地分析了三地13个城市之间制造业创新资源的变化特点和趋势,并为京津冀制造业协同创新发展提供高质量的对策建议。

(一)京津冀制造业创新的空间总体特征

京津冀制造业创新的整体变化情况可以采用制造业发明专利申请量的变化趋势来表征,绘制京津冀制造业发明专利申请量年度变化图(图2-7)。从图中

可以看出,2010 年至 2020 年北京、河北省两地制造业发明专利申请量一直处于持续攀升,2019 年北京制造业发明专利年度申请量突破 10 万件,河北省接近 2 万件。天津制造业发明专利申请量呈现出波动趋势,2010 年至 2016 年一直保持增长,2016 年以后,天津制造业发明专利申请量开始下滑,并维持在 2 万件左右,呈现出倒"U"型结构特征。进一步观察河北省制造业发明专利申请量在下辖 11 个地级市的情况,对 11 个地级市的制造业发明专利年度申请量也同样做了统计,并整合在图 2-7 中(由于河北专利体量相对于京津比较少,在绘制柱形图时以河北内部城市为标准),从图中可以看出,石家庄、唐山、保定、秦皇岛、廊坊等地 2019 年制造业发明专利年度申请量超过 2000 件,为河北省重点制造业创新重点区域,邯郸、沧州、邢台、承德、张家口、衡水等地制造业发明专利年度产出相对比较低。总体上看,尽管京津冀发展过程中存在向核心城市过度集中(主要为北京、天津)的问题,但从制造业创新上看,河北省呈现出比较明显的追赶之势,石家庄—保定—廊坊—北京—天津—唐山—秦皇岛制造业创新发展带这种多中心的格局正在形成。

年份	石家庄	唐山	邯郸	保定	沧州	邢台	廊坊	承德	张家口	衡水	秦皇岛
2010	742	342	268	446	105	86	287	84	41	99	327
2011	970	530	351	713	160	91	332	77	65	89	391
2012	1211	714	538	942	193	156	354	114	87	145	643
2013	1434	736	630	1405	265	170	346	95	175	140	651
2014	1690	880	653	1228	269	224	535	101	322	213	719
2015	2245	1024	905	1389	457	423	707	194	301	283	929
2016	2725	1429	904	1799	624	767	854	262	302	343	1269
2017	3295	1892	1027	2263	507	616	1270	344	336	446	1467
2018	4164	2325	1553	2436	842	802	2079	393	495	375	2059
2019	4817	2437	1288	2349	860	774	2022	415	405	520	2138
2020	4567	2300	1520	1956	900	731	1669	397	491	488	1560

图 2-7　京津冀制造业年度发明专利申请量(a)

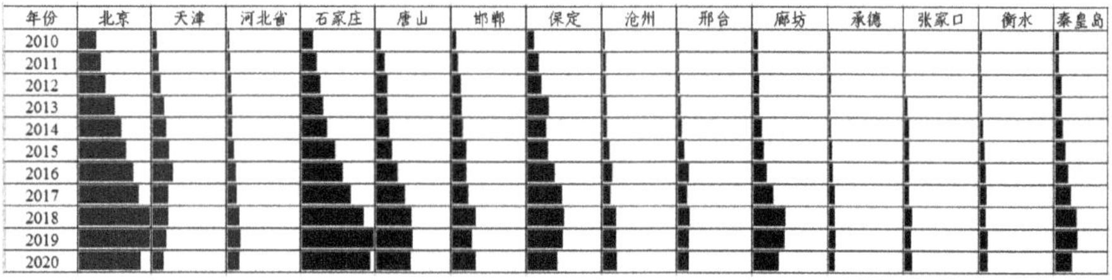

图 2-7　京津冀制造业年度发明专利申请量变化图(b)
(京津冀与河北省内部采取两个作图标准,柱形图仅代表趋势)

京津冀制造业创新发展的过程中,研究京津冀各个城市的制造业主导产业变化趋势,如表 2-4 所示。从表中可以看出,京津冀制造业创新发展呈现出结构性变化特征,一是城市制造业重点行业持续稳定性发展,以北京、保定、唐山、沧州、衡水为代表,北京制造业中 C39(计算机、通信和其他电子设备制造业)和 C40(仪器仪表制造业)一直处于行业优势地位,C26(化学原料和化学制品制造业)和 C38(电气机械和器材制造业)则呈现出波动变化趋势;保定以 C26(化学原料和化学制品制造业)、C38(电气机械和器材制造业)和 C34(通用设备制造业)为主导;唐山以 C34(通用设备制造业)、C35(专用设备制造业)和 C33(金属制品制造业)为主导。二是城市制造业结构性调整比较大,涉及天津,石家庄、邢台、承德、张家口等城市,天津制造业中行业变化最大,由 C26(化学原料和化学制品制造业)、C27(医药制造业)、C38(电气机械和器材制造业)转变为 C39(计算机、通信和其他电子设备制造业)、C40(仪器仪表制造业)和 C34(通用设备制造业);石家庄 C27(医药制造业)、C26(化学原料和化学制品制造业)等医药相关产业创新比重开始下调,C40(仪器仪表制造业)产业开始上升。三是京津冀城市制造业结构性趋同开始出现,产业有向北京趋同的趋势,如 2010 年,北京与天津排名前三制造业细分行业相同项仅为 1 项,到 2020 年时,增加到 2 项;2010 年北京与石家庄排名前三制造业细分行业相同项仅为 1 项,到 2020 年时,增加到 3 项,廊坊、邯郸、承德、秦皇岛也表现出相似的现象,开始与北京的优势产业有交集;具体到石家庄—保定—廊坊—北京—天津—唐山—秦皇岛制造业创新发展带来看,在 C35(专用设备制造业)、C39(计算机、通信和其他电子设备制造业)等产业有共性发展基础,C26(化学原料和化学制品制造业)、C33(金属制品业)等产业有错位发展需求。

表 2-4 京津冀城市重点制造业细分行业年度变化表

城市	2010	2011	2012	2013	2014	2015	2016	2017	2018	2019	2020
北京	C39	C39	C39	C39	C39	C39	C39	C39	C39	C39	C39
	C26	C26	C40	C40	C40	C40	C40	C40	C40	C40	C40
	C40	C40	C26	C26	C38	C38	C26	C26	C38	C38	C35
天津	C26	C26	C26	C34	C34	C34	C34	C34	C34	C39	C39
	C27	C27	C34	C26	C26	C26	C26	C40	C40	C40	C40
	C38	C34	C40	C40	C35	C35	C40	C26	C26	C34	C34
石家庄	C27	C26	C27	C26	C26	C26	C40	C26	C40	C40	C40
	C26	C27	C26	C27	C27	C27	C26	C40	C26	C26	C35
	C40	C34	C40	C40	C40	C40	C27	C34	C35	C35	C39

续表

城市	2010	2011	2012	2013	2014	2015	2016	2017	2018	2019	2020
唐山	C34	C34	C34	C34	C34	C31/32	C35	C34	C34	C34	C34
	C35	C26	C26	C35	C33	C34	C31/32	C35	C35	C35	C35
	C33	C33	C35	C31/32	C35	C35	C34	C31/32	C40	C33	C33
邯郸	C34	C34	C34	C34	C34	C34	C34	C34	C34	C34	C34
	C31/32	C26	C31/32	C40	C38	C33	C35	C35	C38	C35	C35
	C33	C33	C40	C35	C35	C38	C38	C38	C35	C26	C40
保定	C38	C38	C34	C34	C34	C34	C34	C26	C26	C26	C34
	C34	C40	C40	C36	C40	C38	C26	C38	C36	C34	C38
	C26	C26	C26	C38	C36	C40	C38	C40	C38	C38	C39
沧州	C34	C26	C26	C26	C26	C26	C26	C26	C34	C35	C34
	C35	C27	C38	C35	C33	C35	C34	C34	C26	C34	C35
	C26	C33	C34	C34	C35	C34	C35	C35	C35	C33	C26
邢台	C26	C34	C26	C31/32	C34	C31/32	C34	C35	C26	C34	C34
	C27	C26	C34	C26	C35	C27	C35	C34	C34	C26	C35
	C31/32	C27	C31/32	C30	C31/32	C34	C38	C26	C35	C35	C38
廊坊	C34	C34	C34	C35	C35	C34	C34	C34	C39	C39	C34
	C35	C26	C26	C34	C34	C35	C38	C35	C34	C35	C39
	C27	C35	C35	C26	C26	C26	C35	C39	C35	C34	C40
承德	C14	C31/32	C31/32	C27	C31/32	C31/32	C31/32	C31/32	C31/32	C39	C34
	C26	C35	C35	C31/32	C27	C26	C34	C35	C34	C40	C35
	C27	C34	C14	C26	C14	C34	C26	C26	C35	C34	C31/32

城市	2010	2011	2012	2013	2014	2015	2016	2017	2018	2019	2020
	C34	C26	C34	C35	C33	C38	C34	C38	C34	C34	C35
张家口	C35	C34	C35	C34	C34	C34	C40	C30	C35	C35	C34
	C31/32	C33	C26	C33	C35	C14	C30	C35	C38	C38	C38
	C26	C26	C26	C26	C26	C26	C26	C26	C34	C26	C34
衡水	C35	C34	C34	C33	C34	C34	C33	C34	C26	C35	C35
	C34	C38	C35	C34	C38	C27	C35	C34	C33	C35	C26
	C31/32	C31/32	C31/32	C34	C34	C31/32	C34	C34	C34	C34	C34
秦皇岛	C34	C34	C34	C31/32	C31/32	C34	C31/32	C35	C35	C40	C35
	C35	C35	C40	C35	C40	C35	C35	C40	C40	C35	C39

(二)京津冀制造业创新的空间转移特征

京津冀制造业区域创新转移,主要是指京津冀制造业创新资源总量在京津冀内部各个省市之间的相对变化情况,其测度借用份额测度的方法。如果城市制造业发明专利申请量在 t 时期和 t+1 时期的份额(占同年度京津冀制造业发明专利申请总量)分别为 Si_t 和 Si_{t+1},如果 $Si_t > Si_{t+1}$,那么表明该城市制造业创新在京津冀各个城市中是呈现出转移趋势的,反之,则表现为集聚趋势。从图 2-8 中可以看出,北京在京津冀制造业发明专利申请量占三地制造业发明专利申请总量的比重在 2010 年至 2016 年间逐渐下降,而后逐渐上升,形成明显的"U"型结构,这表明北京经历了由制造业创新转移向制造业再度集聚转变,同时从申请人结构构成上看,2010 年、2019 年首末两年,北京制造业发明专利申请中企业申请占比由 50.69%上升到 68.10%,从侧面反映出北京制造业在发展过程中企业创新能力明显提升。天津则表现出不同的趋势,2010 年至 2016 年,天津制造业发明专利申请量占三地制造业发明专利申请总量比重逐年上升,2016 年达到最高,而后开始下降并趋于稳定,形成明显的倒"U"型结构,表明天津制造业由承接制造业创新转移的集聚区开始向制造业创新转移的输出地转变,这与同时期天津主动挤水分、污染企业关停治理以及制造业转型升级的阶段性特征是相吻合的。河北省整体上呈现逐渐上升的态势,处于制造业创新转移承接的状态,具体到河北省地级市层面,石家庄制造业发明专利申请量在整个河北省处于龙头地位,到 2019 年,接近整个河北省的 1/3,形成明显的龙头优势,唐山、廊坊、秦皇岛三地也呈现出明显的上升趋势,保定虽然与唐山和秦皇岛相比在数量上有一定的优势,但近 10 年保定制造业发明专利申请量处于波动状态,专利申请数量没有出现明显的上升。沧州、邢台、承德、张家口、衡水等地尽管增长比较明显,但整体上占比依然偏少,单个城市年度制造业发明专利数量不及区域制造业发明专利总量的 2%。总的来讲,京津冀制造业创新的承接和转移主要发生在北京、天津、石家庄、唐山、廊坊和秦皇岛等城市。

年份	北京	天津	河北省	石家庄	唐山	邯郸	保定	沧州	邢台	廊坊	承德	张家口	衡水	秦皇岛
2010	0.738	0.180	0.082	0.021	0.010	0.008	0.013	0.003	0.002	0.008	0.002	0.001	0.003	0.009
2011	0.721	0.195	0.084	0.022	0.012	0.008	0.016	0.004	0.002	0.007	0.002	0.001	0.002	0.009
2012	0.707	0.202	0.091	0.022	0.013	0.010	0.017	0.003	0.003	0.006	0.003	0.002	0.003	0.011
2013	0.686	0.233	0.080	0.019	0.010	0.008	0.019	0.004	0.004	0.007	0.002	0.002	0.002	0.009
2014	0.701	0.220	0.079	0.019	0.012	0.009	0.014	0.003	0.003	0.006	0.001	0.004	0.002	0.008
2015	0.680	0.232	0.088	0.022	0.010	0.009	0.014	0.005	0.004	0.007	0.002	0.003	0.003	0.009
2016	0.665	0.240	0.095	0.023	0.012	0.008	0.015	0.005	0.004	0.009	0.002	0.003	0.003	0.011
2017	0.702	0.187	0.111	0.027	0.016	0.010	0.016	0.004	0.005	0.010	0.003	0.003	0.004	0.012
2018	0.716	0.159	0.125	0.030	0.016	0.011	0.017	0.006	0.006	0.015	0.003	0.004	0.003	0.015
2019	0.727	0.144	0.129	0.034	0.017	0.009	0.017	0.006	0.006	0.014	0.003	0.003	0.004	0.015
2020	0.733	0.129	0.138	0.038	0.019	0.013	0.016	0.007	0.006	0.014	0.003	0.004	0.004	0.013

图 2-8 京津冀各省市制造业发明专利申请量占区域总量比(a)

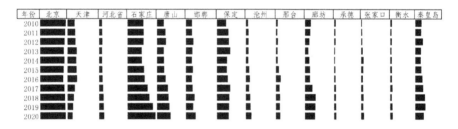

图 2-8 京津冀各省市制造业发明专利申请量占区域总量年度变化(b)
(京津冀与河北省内部采取两个作图标准)

京津冀制造业创新区域转移现象的存在反映出了京津冀每个城市的相对变化趋势,但这种创新转移现象背后创新的来源既源自京津冀各个城市之间的技术输入输出,又源自京津冀外部创新资源的迁移以及各个城市本身产业的成长。为深入观察京津冀主要城市制造业各个城市之间的技术输入输出情况,以京津冀地区的发明专利技术转让数据进行测度,如图 2-9 所示。从图中可以看出,2010~2020 年,北京—天津和北京—河北之间整体上发明专利技术转让呈现出先增加后减少的态势,呈现出倒"U"的结构性特征,其中北京—河北之间的发明专利技术转让量整体上要高于北京—天津的发明专利技术转让量。天津—河北

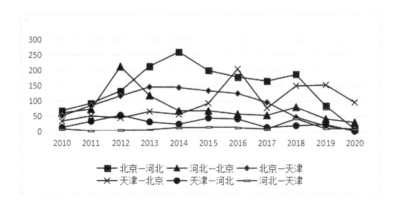

图 2-9　京津冀制造业发明专利技术转让图

之间发明专利技术转让则显得不活跃,2018 年最高峰值仅在 50 件左右,在研究阶段处于一个波动状态。

　　为了进一步分析京津冀制造业区域间的技术输入输出流动方向,对通过北京—天津、天津—北京、北京—河北、河北—北京、天津—河北,河北—天津等六个维度,双向对技术转让的方向和强度进行判断。从图 2-10 中可以看出,京冀之间,北京向河北的制造业发明专利技术转让强度在 2012 年之前要弱于河北向北京的制造业发明专利技术转让强度,2012 年之后,北京向河北的制造业发明专利技术转让强度开始增强。京津之间,北京与天津之间的制造业发明专利技术转让则表现向相反的情况,2016 年以前,北京向天津的制造业发明专利技术转让强度远高于天津向北京的制造业发明专利技术转让强度;2016 年以后,天

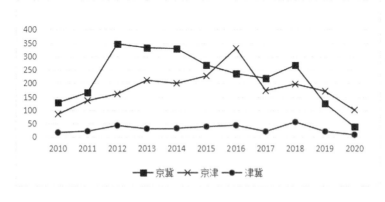

图 2-10　京津冀制造业单项发明专利技术转让图

津向北京的制造业发明专利转让强度开始强于北京向天津的制造业发明专利技术转让强度。津冀之间,除 2018 年以外,天津向河北的制造业发明技术转让强度要明显大于河北向天津的发明专利技术转让强度。综合来讲,京津冀制造业协同发展过程中,北京、天津更多地承担了制造业技术输出方的角色,河北更多地承担制造业技术输入方的角色。

在技术流动方向的基础之上,按国民经济行业中制造业细分行业分类统计,选取专利数量前三的制造业细分行业绘制技术转让表,形成表 2-5。从表中可以看出,2010~2020 年,京津冀之间的制造业细分领域流入与流出略有不同,从京冀来看,北京流向河北方向,制造业创新技术转让主要是以通用设备制造业、化学原料制造业和非金属矿物制造业方向进行转移;河北流向北京方向,电气机械和器材制造业和仪器仪表制造业以及专用设备制造业为主要技术转让领域。从京津来看,北京流向天津方向,制造业创新转让主要是计算机、通信和其他电子制造业、化学原料和化学制品制造业以及仪器仪表制造业;天津流向北京方向,计算机、通信和其他电子制造业,专用设备制造业以及仪器仪表制造业。从津冀来看,天津流向河北方向,化学原料和化学制品制造业、通用设备制造业、电气机械和器材制造业;河北流向天津方向,通用设备制造业,电气机械和器材制造业,计算机、通信和其他电子制造业。从整体上看,可以发现,京津在计算机、通信和其他电子制造业上有优势,北京正在不断积聚津冀两地的专用设备制造业,河北正不断承接京津两地的化学原料和化学制品制造业和通用设备制造业。

表 2-5 京津冀制造业细分行业流动方向

流动方向	国民经济行业分类代码及释义		流动方向	国民经济行业分类代码及释义	
北京—河北	C34	通用设备制造业	河北—北京	C38	电气机械和器材制造业
	C26	化学原料和化学制品制造业		C40	仪器仪表制造业
	C30	非金属矿物制造业		C35	专用设备制造业
北京—天津	C39	计算机、通信和其他电子制造业	天津—北京	C39	计算机、通信和其他电子制造业
	C26	化学原料和化学制品制造业		C35	专用设备制造业
	C40	仪器仪表制造业		C40	仪器仪表制造业

流动方向	国民经济行业分类代码及释义		流动方向	国民经济行业分类代码及释义	
天津—河北	C26	化学原料和化学制品制造业	河北—天津	C34	通用设备制造业
	C34	通用设备制造业		C38	电气机械和器材制造业
	C38	电气机械和器材制造业		C39	计算机、通信和其他电子制造业

（三）京津冀制造业创新合作的网络特征

除了京津冀制造业创新技术转移,京津冀之间也存在创新技术合作。技术创新合作主要是指两地的创新资源之间开展研发合作的过程,与技术转移转让不同的是,前者强调了参与成员之间技术的转移,后者强调了参与成员之间的共同协作,共同分享创新成果,相对于前者而言,后者的合作稳定性更强,以共同申请制造业发明专利为表征。为此,通过发明专利中两个或两个以上单位在属地上的划分,构建京津冀城市间技术合作图(图2-11),重点分析京津冀在制造业创新合作的特点和规律。从图2-11中可以看出,2010—2020年,京津冀制造业发明专利申请合作的数量均处于持续上升状态,这也说明京津冀协同发展过程中,三地制造业的创新发展协同效应比较明显。从整体上讲,北京—天津,北京—河北之间制造业发明专利申请合作在2010—2020年期间,要远远强于天津—河北之间的合作;从年度上讲,2017年作为一个分界点,2017年及以后,北京—河北之间的制造业发明专利申请合作数量开始强于北京—天津之间的制造

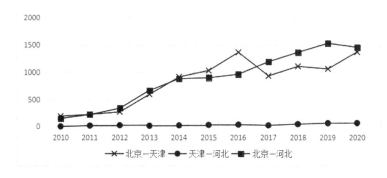

图2-11　京津冀制造业发明专利申请技术合作图

业发明专利申请合作数量。此外,对标图 2-10,可以看出,从专利总量上看,京津冀之间的技术合作要明显大于京津冀之间技术转移,技术合作正成为京津冀制造业创新发展的主导型趋势。

在京津冀制造业发明专利申请技术合作的趋势上,进一步研究京津两地与河北省 11 个地市之间合作区域化关系,为此,对京津两地与 11 个省市之间的制造业发明专利申请合作数量按照分别占北京—河北,天津—河北合作专利总量的顺序进行排序,形成表 2-6。从表 2-6 中可以看出,北京—河北与天津—河北之间的制造业发明专利申请合作表现出不同的区域结构性特点,北京—河北之间的制造业发明专利申请合作更多地集中在石家庄、保定、廊坊、邯郸等地,上述地区自身也是制造业发明专利申请比较多的区域(图 2-7 所示),特别是北京—石家庄之间的合作,接近了整个北京—河北制造业发明专利申请合作的一半,从地理上讲,二者之间的地理距离相对于沧州、承德而言要远很多,也侧面反映出了制造业区域创新的资源禀赋在合作过程中起到了主要的作用;同时在天津—河北制造业发明专利申请之间则更多地表现为临近效应,保定、廊坊、唐山、秦皇岛等地的合作发明专利申请总量占到了 64.3%,尽管天津—石家庄之间合作发明专利申请占到了 17.40%,既没有形成明显的优势,又远远低于北京—石家庄之间的专利申请合作比例。

表 2-6 京津冀制造业创新专利合作比例情况

河北省	承德	衡水	沧州	秦皇岛	邢台	张家口	唐山	邯郸	廊坊	保定	石家庄
北京	1.87%	2.21%	3.05%	3.10%	3.91%	3.94%	4.50%	6.39%	8.37%	17.75%	44.91%
天津	2.36%	1.18%	6.19%	16.22%	0.88%	5.90%	13.57%	1.77%	12.68%	21.83%	17.40%

在京津冀制造业创新发明专利合作申请的基础之上,对于京津冀制造业发明专利的重点合作领域进行详细的分析,选取合作总量国民分类代码排名前三的行业进行分析形成表 2-7。从表 2-7 中可以看出,京津冀之间的发明专利技术申请合作表现出比较强的技术区域趋同性,仪器仪表制造业为京津冀三地制造业创新合作的共同细分行业,北京—天津和北京—河北剩余两个领域均为电气机械和器材制造业,计算机、通信和其他电子制造业,这说明了北京在这两个行业合作上有明显的主导优势,反观天津—河北之间的合作则聚焦在专用设备制造业和通用设备制造业。此外,对标表 2-4,北京-河北、北京—天津的合作领域与北京的优势领域一致,天津—河北的合作领域与天津的有两个重合,这说明

合作过程中具有明显的资源路径依赖。

表 2-7　京津冀制造业发明专利申请合作表

合作领域		国民分类代码及释义
北京—河北	C40	仪器仪表制造业
	C38	电气机械和器材制造业
	C39	计算机、通信和其他电子制造业
北京—天津	C40	仪器仪表制造业
	C39	计算机、通信和其他电子制造业
	C38	电气机械和器材制造业
天津—河北	C35	专用设备制造业
	C40	仪器仪表制造业
	C34	通用设备制造业

（四）京津冀制造业创新发展的对策建议

1. 研究结论

本小节从专利的角度对京津冀制造业创新情况进行了研究，研究认为：

（1）京津冀制造业创新格局开始发生新变化

2010 年至 2020 年期间，京冀制造业发明专利申请总量处于持续上升状态，具体到河北省内部各个省市，石家庄、保定、廊坊、秦皇岛等城市制造业的快速发展，天津在制造业发明专利申请呈现出明显的倒"U"型结构特征，以京津双城创新格局正在向京津冀多中心城市格局演变，石家庄、唐山等河北省地级城市开始加快发展，石家庄—保定—廊坊—北京—天津—唐山—秦皇岛制造业创新发展带正在形成。从各个城市制造业细分行业创新发展情况上来看，京津冀制造业行业创新演进呈现出三种不同的特征，既有城市产业稳定性持续发展，又有城市产业结构性大幅度变迁，更有北京、天津、石家庄等城市优势制造业细分行业呈现出趋同性发展的现象，在石家庄—保定—廊坊—北京—天津—唐山—秦皇岛制造业创新发展带上，优势产业错位与联系发展共存。

（2）京津冀制造业相对创新转移过程

2010 年至 2020 年，北京经历了由制造业创新转移到制造业创新再集聚的过程;天津经历了由制造业创新集聚到制造业创新转移的过程;河北则一直处于制造业创新不断集聚的过程,在河北省内部创新集聚并不均衡,石家庄、唐山、廊坊、秦皇岛等地制造业创新集聚比较明显。京津冀制造业内部创新转移过程中,京津、京冀的制造业创新转型形成明显的倒"U"型机构,京津、京冀之间的技术转移要明显强于津冀的技术转移情况,再具体到流向上而言,京津之间,2016年是分界线,之前北京向天津技术转移强,之后天津向北京技术转移强,京冀则是以2012年为分界线,但变化趋势与京津相反。就京冀和津冀而言,河北则一直作为技术转移的承接方,再具体到细分领域而言,计算机、通信和其他电子制造业将是京津技术转移的重点,津冀两地的专用设备制造业向京转移比较多,河北承接了京津两地更多的化学原料和化学制品制造业和通用设备制造业转移。

(3)京津冀制造业创新技术合作

京津冀制造业创新技术合作要明显强于京津冀制造业创新技术转移,并且与技术转移发展趋势不同,在发明专利申请数量上,技术合作专利占据明显优势,在发明专利申请发展趋势上,京津冀技术合作强度随着时间的推移呈现出明显的上升趋势。再具体到合作区域,京津、京冀之间的技术合作要远远大于津冀之间的技术合作,北京与津冀两地城市间的合作更多的是基于城市间的资源禀赋,而津冀之间的合作,更多地表现出了地理邻近效应,主要发生在天津周边城市,如廊坊、保定、唐山和秦皇岛等地。在技术合作的细分行业上,北京—河北以及北京—天津的合作重点行业相同,河北—天津合作领域存在行业差异。此外,在合作过程中,资源路径依赖比较明显,两个城市合作的过程中,合作的领域更多地依赖于制造业资源丰富的城市所涉及的技术优势领域。

2.研究建议

(1)强化科创引领,构建京津冀制造业创新网络

当前京津冀协同发展不断走深走实的大背景下,北京在京津冀制造业创新中一直处于龙头引领地位。要发挥北京制造业创新对津冀的辐射带动作用,聚焦共性核心技术,联合三地开展揭榜挂帅、赛马制等新型科研组织模式,汇聚全国创新资源,开展"卡脖子"技术联合攻关,服务京津冀制造业发展。

(2)强化主体培育,加快打造标志性产业集群

聚焦京津冀三地共有优势产业,充分发挥北京在制造业创新中的龙头引领优势,如聚焦计算机、通信和其他电子制造业、生物医药制造业、专用设备制造业等制造业细分领域,加快推动以创新链、产业链、供应链建设为发力点的京津冀制造业产业链群工程,培育跨区域的产业集群,打造世界级的产业集群。

（3）强化区域联动,打造京津冀创新发展带

推动津冀在制造业细分领域趋同城市间深度合作,提升津冀两地合作创新规模与效率。如,在京津冀城市群中加快推动北京、天津、石家庄、保定、廊坊、唐山、秦皇岛等七个城市政策联动,构建一体化的制造业高质量创新支持政策体系,开展"石家庄—保定—廊坊—北京—天津—唐山—秦皇岛"制造业发展带建设。

三、京津冀机器人协同创新

"机器人革命"有望成为"新一轮科技革命"的一个切入点和重要增长点,将影响全球制造业格局,其研发、制造、应用是衡量一个区域科技创新和高端制造业水平的重要标志。目前,中国机器人应用仍处于快速发展阶段,渗透率不到日韩等发达国家的 1/10,未来随着渗透率提升和应用领域拓宽,中国机器人需求将持续上升。据权威机构预测,到 2024 年,中国机器人市场总规模将达到 251 亿美元,市场前景广阔。

2015 年 11 月召开的世界机器人大会上,习近平总书记和李克强总理针对机器人产业发展做出重要批示,习近平总书记表示将机器人和智能制造纳入了国家科技创新的优先重点领域,将推动机器人科技研发和产业化进程。2016 年 4 月,工信部、国家发改委、财政部联合印发《机器人产业发展规划(2016—2020年)》。随后,广州、深圳、上海、南京等四十余个省市提出了支持机器人产业发展的政策或规划。2021 年国家层面出台《"十四五"机器人产业发展规划》,2023 年 1 月,工业和信息化部等 17 个部门联合印发《机器人+应用行动方案》,指出到 2025 年制造业机器人密度较 2020 年实现翻番。机器人产业正在中国崛起,京津冀机器人产业作为全国机器人产业的重要创新区域,如能从京津冀协同创新共同体的高度对国产机器人进行基础研究联合攻关,关键技术协同创新,产业领域互补发展,将不失为打造全国机器人产业高地的一个机会,对于京津冀区域智能化水平提升影响深远。

(一)京津冀机器人专利资源发展趋势比较

从发展趋势上看,京津冀三地机器人产业整体上处于快速发展上升趋势,北京发展速度比较快,在年度专利申请量上遥遥领先,天津和河北省发展速度较为接近。从专利数量上看,北京拥有的专利申请总量最多,4024 件,其次是天津,1264 件,然后是河北,816 件。从发展阶段上看,参照《产业专利分析报告(第 19

册)：工业机器人》中关于机器人产业阶段划分标准,北京机器人产业横跨感知机器人阶段和智能机器人阶段,河北和天津机器人产业发展则在智能机器人阶段开始起步(图2-12)。北京机器人专利首次出现在1986年,北京市广渠门外双井北京齿轮总厂申请的自适应通用柔性机械手;其次是河北省东北重型机械学院秦皇岛分校于1990年申请的并联多环机器人。天津出最晚,1992年天津开发区新兴技术公司申请的机器人表演系统。

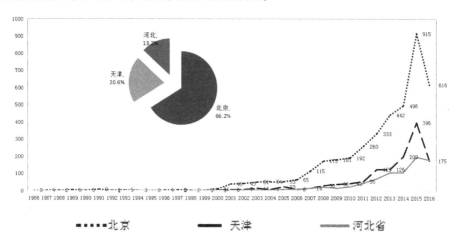

图2-12 京津冀三地机器人专利申请趋势图

(二)京津冀机器人专利资源分布比较分析

对于特定领域的专利申请人进行专利统计分析,能够研判该领域的核心技术的归属与分布情况。分别统计京津冀专利申请量排名前十位的专利申请人及专利数量(表2-8),从表中可以看出,一是京津冀机器人产业专利资源高度集中,排名前十位专利申请人专利拥有量分别占据了对应省(市)整体专利45%左右的份额,二是京津冀专利高度集中在科研院所,北京排名前十位专利权人中,科研院所机构席位比例高达80%,天津占到60%,河北省偏低,但燕山大学专利拥有量接近于其他9家申请人专利总量之和,达到整个河北省专利总量的21.2%,呈现出一家独大的状态。三是京津冀专利资源呈现梯度结构,北京、天津、河北的专利申请呈现多样化的状态,特别是河北前十名专利申请人中自然人、企业各占30%的份额。

表2-8　京津冀前十位专利申请人排序

北京		天津		河北	
专利申请人	数量	专利申请人	数量	专利申请人	数量
清华大学	370	天津大学	153	燕山大学	173
国家电网公司	295	河北工业大学	139	褚宏鹏	34
北京航空航天大学	290	天津理工大学	65	河北联合大学	27
北京理工大学	246	天津工业大学	56	华北电力大学(保定)	27
北京工业大学	203	天津职业技术师范大学	46	徐洪军	27
中国科学院自动化研究所	160	乐视致新天津电子科技有限公司	42	张学衡	19
北京邮电大学	72	南开大学	29	唐山开诚电控设备集团	18
北京交通大学	71	天津智通机器人有限公司	16	长城汽车股份有限公司	15
北京光年无限科技有限公司	70	天紫环保投资控股有限公司	14	河北科技大学	13
华北电力大学	63	乐金电子(天津)电器有限公司	13	北华航天工业学院	13
占所在省(市)样本专利45.7%		45.3%		44.9%	

（采用地址检索,河北工业大学暂列入天津考虑）

　　为了进一步研究当前京津冀协同创新网络发展情况,本小节通过对前十位的专利申请人进行分析的基础之上,重点选取清华大学、天津大学和燕山大学的专利合作申请情况和转移情况进行代表性分析研究(图2-13)。整体上看,三所高校的机器人专利技术合作研发或转移转化效率相对比较低,大部分专利权处于高校持有状态,一方面可能与专利申请主要集中在近三年有关,另一方面也反映出产业承接和技术转移之间的渠道不畅。具体来看,清华大学的专利合作和技术转移比较多,共计89件,专利合作申请主要以北京市资源为主,专利技术转移主要面向江苏(在该地区建有清华无锡应用技术研究院)和湖北,京津间共涉及5件专利转移,占清华大学技术转移总量的9.3%;天津大学的专利合作申请和技术转移相对较少,共计7件,专利合作申请主要以天津和安徽两大省份为主,专利技术转移主要面向天津、江苏和山东。燕山大学的合作申请和技术转移相对较少,共计9件,合作主要面向江苏和北京,技术转移主要面向京冀地区,津冀两地间的合作与交流不足,同时清华大学、天津大学和燕山大学的专利资源辐射京津冀地区呈现递减效应,清华大学和天津大学的技术向京津冀以外地区扩散效应要明显强于京津冀地区。

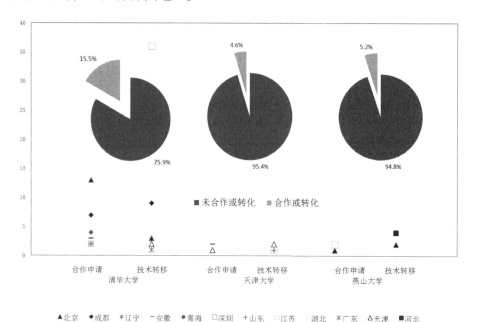

图2-13 清华大学、天津大学和燕山大学专利申请与转让情况图

(三)京津冀机器人重点专利技术领域分析

通过对 IPC 分类号研究,可以反映专利研究领域热点和焦点。IPC 分类号的统计频次反映出其所代表技术的广泛性和重要性。将京津冀机器人样本数据专利按照 IPC 分类号小类进行整体统计,有助于对京津冀机器人发展态势进行准确的把握,为区域间技术协同创新提供重要参考(表2-9)。在表2-9的基础之上,对京津冀技术领域分布进行归类分析,绘制京津冀三地前十位分类号的共性与差异性分布图(图2-14)。结合表2-9和图2-14,并对各个领域专利文献进行研读,京津冀三地机器人技术领域分布呈现出三大特点:一是京津冀三地机器人产业共性分布在机器人的操作系统,如机械手(B25J)、机器人控制系统或调节系统(G05B、G05D)、机器人驱动系统(B62D),焊接机器人机器控制系统(B23K)等领域,二是在京津冀区域间双边合作方面,京津在手术机器人领域,如

诊断;外科;鉴定(A61B)领域有合作的空间;京冀在机器人电力系统电路巡检、维护等领域(H02G)有合作空间,津冀合作领域较多,在服务领域与工业生产运输装配领域,如家居保洁(A47L)、康复理疗(A61H)、存储、运输和装配(B65G)。三是京津冀各个区域又有自己的特色,北京在数字传输、导航测量等机器人控制系统和视觉识别系统领域有自己的优势(G06F 和 G01C),同时在工业清洁领域具有一定的实力(D08B),天津在海洋工程领域水下救援、监控等领域具有一定优势(B63C),河北在城市清洁领域如下水道清洁、吸泥(E03F)有一定的优势,同时在电路巡检、布线和除冰机器人(H02G)等方面有一定的优势。

表 2-9　京津冀前十位 IPC 分类号排序

北京		天津		河北	
分类号	释义	分类号	释义	分类号	释义
B25J	机械手;装有操纵装置的容器	B25J	机械手;装有操纵装置的容器	B25J	机械手;装有操纵装置的容器
B62D	机动车;挂车	B62D	机动车;挂车	B23K	钎焊或脱焊;焊接;用钎焊或焊接方法包覆或镀敷;局部加热切割,如火焰切割;用激光束加工
G05D	非电变量的控制或调节系统	B23K	钎焊或脱焊;焊接;用钎焊或焊接方法包覆或镀敷;局部加热切割,如火焰切割;用激光束加工	B62D	机动车;挂车
G05B	一般的控制或调节系统;这种系统的功能单元;用于这种系统或单元的监视或测试装置	A61B	诊断;外科;鉴定	H02G	电缆或电线的安装,或光电组合电缆或电线的安装
B23K	钎焊或脱焊;焊接;用钎焊或焊接方法包覆或镀敷;局部加热切割,如火焰切割;用激光束加工	A47L	家庭的洗涤或清扫	A61H	理疗装置,例如用于寻找或刺激体内反射点的装置;人工呼吸;按摩;用于特殊治疗或保健目的或人体特殊部位的洗浴装置

北京		天津		河北	
分类号	释义	分类号	释义	分类号	释义
A61B	诊断;外科;鉴定	G05B	一般的控制或调节系统;这种系统的功能单元;用于这种系统或单元的监视或测试装置	A47L	家庭的洗涤或清扫
G06F	电数字数据处理	G05D	非电变量的控制或调节系统	B65G	运输或贮存装置,例如装载或倾斜用输送机;车间输送机系统;气动管道输送机
G01C	测量距离、水准或者方位;勘测;导航;陀螺仪;摄影测量学或视频测量学	B65G	运输或贮存装置,例如装载或倾斜用输送机;车间输送机系统;气动管道输送机	G05B	一般的控制或调节系统;这种系统的功能单元;用于这种系统或单元的监视或测试装置
B08B	一般清洁;一般污垢的防除	A61H	理疗装置,例如用于寻找或刺激体内反射点的装置;人工呼吸;按摩;用于特殊治疗或保健目的或人体特殊部位的洗浴装置	G05D	非电变量的控制或调节系统
H02G	电缆或电线的安装,或光电组合电缆或电线的安装	B63C	船只下水,拖出或进干船坞;水中救生;用于水下居住或作业的设备;用于打捞或搜索水下目标的装置	E03F	下水道,污水井

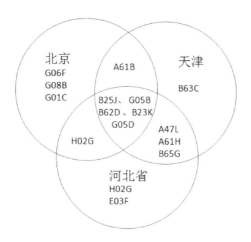

图 2-14 京津冀机器人技术领域分布图

（四）京津冀机器人专利技术演进趋势分析

通过对京津冀机器人产业领域的发展趋势研判,有利于更深入地了解京津冀机器人产业的创新现状与未来发展脉络,此处以 IPC 专利分类号为基础,对京津冀每年的专利申请量排名前三位分类号进行统计分析,统计 2006 年至 2016 年 10 年间,京津冀机器人技术领域变化演进趋势(表 2-10)。

表 2-10 京津冀机器人技术领域演进趋势分析

年份/区域		2006	2007	2008	2009	2010	2011	2012	2013	2014	2015	2016
北京		B25	B25J	B25J	B25J	B25	B25	B25J	B25	B25J	B25J	B25J
		(313)	(26)	(44)	(79)	(48)	(57)	(77)	(98)	(78)	(173)	(188)
		B62D	B62D	B62D	B62D	B62	B62	B62D	B62	B62D	B62D	B62D
		(4)	(11)	(24)	(16)	(18)	(29)	(31)	(51)	(42)	(67)	(36)
		G05D	G05B	G05D	G05D	G05	G05	G05D	G05	G05B	G05B	G05D
		(2)	(5)	(10)	(4)	(15)	(17)	(23)	(18)	(38)	(54)	(31)
河北		B25J	B25J	B25J	B25J	B25J	B25	B23K	B25	B25J	B25J	B25J
		(3)	(9)	(9)	(3)	(5)	(10)	(15)	(34)	(11)	(37)	(72)
		G01B	B08B	G01L	H01L	B23K	B23K	B25J	B23K	B23K	H02G	B62D
		(2)	(2)	(3)	(2)	(3)	(6)	(12)	(4)	(10)	(31)	(14)
		A61H	G01L	B23K	B23K	B62D	B62D	A61H	B62D	B62D	B23K	B23K
		(1)	(2)	(2)	(1)	(2)	(2)	(5)	(4)	(10)	(17)	(13)

年份/区域	2006	2007	2008	2009	2010	2011	2012	2013	2014	2015	2016
	B25J (3)	G09B (4)	A61B (8)	B25J (8)	B23K (7)	B25 (12)	B25J (33)	B25 (24)	B25J (45)	B25J (89)	B25J (39)
天津	G05B (2)	B29C (2)	B25J (5)	B23K (3)	B25J (5)	B62D (7)	B23K (11)	B62 (12)	B62D (22)	B62D (31)	B23K (17)
	H02P (1)	H02P (2)	A61H (3)	A61B (3)	A61B (5)	A61B (6)	A47L (10)	B23K (8)	A61B (10)	A47L (25)	B62D (11)

从图 2-14 中可以看出,以机械手(B25J)为代表的机器人研发领域是京津冀三地研发关键性共性技术,贯穿于 2006 年至 2016 年,并且在三地的研发过程中该领域专利技术不断得到加强,专利数量成体上呈现出上升趋势,该技术为京津冀地区的优势领域,在未来的发展过程中应会得到进一步的强化。研究发现北京地区的研究力量比较稳定,以机械手(B25J)和机器人驱动系统(B62D,主要以 B62D57/00 为主),同时围绕机器人控制系统(G05B 和 G05D),形成了相对完善的机器人研发创新网络,奠定了北京在京津冀人型机器人、操作系统等机器人关键核心技术领域的先进地位;天津和河北的研究变化比较大,天津除了机器手(B25J)研发之外,主要是围绕机器人驱动系统(B62D)、工业机器人焊接系统(B23K)、外科手术机器人系统(A61B)三个方面,同时 2012 年以后出现了家庭洗涤和清扫方面的服务型机器人系统(A47L)。河北除了机械手(B25J)研发之外,主要是围绕机器人驱动系统(B62D)、工业机器人焊接系统(B23K),2012 年和 2015 年分别涌现出康复训练领域机器人系统(A61H)和电网线路维护工业服务机器人系统(H02G)。这也从一定程度上间接反映了北京地区机器人产业格局比较稳定,天津和河北地区机器人产业格局多元,并且产业格局中受政策和重大项目引入影响明显。

(五)京津冀机器人高质量发展对策与建议

1.主要结论

一是京津冀机器人产业发展迅速,三地整体机器人专利申请量呈现出逐年上升的态势,但三地增速以河北、天津、北京为序,呈现逐渐增强态势,特别是在 2011 年以后,得益于国家和区域产业政策,三地专利申请量上升速度明显加快。二是京津冀机器人产业技术发展水平不平衡。北京作为三地机器人技术最早的发源地而言,其专利技术资源优势比较明显,主要表现为专利的拥有数量占三地总量的 66.2%。同时专利的构成涵盖机器人主要部件(机器手)、控制系统和操纵系统三大核心板块,天津和河北省则反映出了制造产业的特征,在机器手和焊接两大方面发展迅速,同时在医疗手术器械、康复设备、工业服务机器人等方面表现出一定的特色。三是京津冀机器人产业技术区域间转移转化薄弱。从技术领域上看,京津冀机器人产业发展有很多共性的领域,如机器手、机器人控制系统或调节系统、机器人驱动系统,焊接机器人机器控制系统等领域,但从区域合作上看,京津冀主要集中在自身区域的合作和面向江苏、成都、山东等省市的合作,京津、京冀合作不足,津冀合作乏力,特别是北京技术溢出,京津两地享受的资源红利明显处于劣势。四是京津冀机器人产业技术更多地集中在高校和科研院所。从排名前十的专利申请人看,京津冀三地科研院所占据了区域大量的创新专利资源,作为市场创新主体的企业表现明显不足,并且这一现象从河北、天津、北京方向上看呈现出非常明显的递增效应。五是京津冀机器人产业未来发展特色鲜明。北京在机器人系统系开发及高端研发上将继续占有非常重要的主动性地位,天津和河北在机器人系统开发上将呈现出比较多元化的发展方向,更加与两地产业的现状相结合,特别是两地的制造研发型产业。预计未来 5 年至 10 年,北京将继续发挥其在机器人研究领域的优势,天津和河北将在机器人的产业化和应用方面有重大的突破。

2. 对策建议

机器人产业的发展,既要立足京津冀,又要跳出京津冀;既要看到三地资源优势所在,又要看到三地合作嵌合度不高,资源外溢明显,产学研用联盟不紧密,合作方向不明确等现实问题。此外,还要兼顾全国乃至全球机器人产业的发展方向。建议京津冀要在技术上进行破题,要以技术合作作为机器人产业京津冀联动发展的关键点,通过技术链合作,延展产业链,做好服务链,形成产业发展网,塑造综合生态圈。

(1)围绕京津冀共性技术,发展跨区域产业集群

探索京津冀机器人协作平台建设的新路径,使研发单位和企业由自由研发生产转变成目标明确、分工协作、重点突破的协同创新模式,提升机器人产业发展水平。围绕共性机器人技术,如工业焊接机器人领域,打造京津冀"焊接机器人产业集群""特种应用领域服务机器人产业集群"等产业集群。符合条件的集群,可以登记为企业法人,按规定享受企业研发费用加计扣除政策,支持其承担京津冀科技计划项目。探索建立以北京作为技术创新输出、天津机器人产业先

进研发制造,推动河北省机器人产业应用转型升级的集群生态体系。

(2)围绕京津技术对接,提升天津既有技术优势

北京具备机器人核心技术研发生产雄厚的资源协作优势,中国十大机器人研发机构,一半在北京。京津之间,更多的是技术承接和产业承接,大力推进京津研究院所、大专院校与机器人产业紧密结合,鼓励、延揽北京科研所在津建立分支机构或技术转移机构,推进科技成果在津转化或产业化。重点针对机械手、手术外科机器人、工业焊接机器人等领域搭建京津技术需求对接平台,合作共建一批重点实验室或工程中心,提升天津机器人在控制系统和视觉系统等数控系统方面的优势,加快京津机器人技术的联动对接。

(3)围绕津冀技术合作,加强产业技术协同创新

天津和河北省在机器人领域的共性领域颇多,除上述领域,在装卸机器人、工业和家居清洁机器人以及康复机器人领域是有很大的潜在合作空间。建议双方共同设立机器人重点领域研发基金,共同推进清洁领域、康复领域机器人产业发展。同时,推动两地机器人创新产品市场应用互动,共同建立机器人认证采信制度,鼓励机器人产品进入两地政府采购首台(套)重大技术装备补贴范畴。

(4)立足天津产业发展,全力培养特色产业体系

对接天津先进制造研发优势,一方面,深入推进天津支柱产业企业实施“机器换人”,逐步形成两三个机器人行业应用示范基地。扶持现有机器人整机、零部件和系统集成企业做大做强,培育一批在关键环节和关键零部件领域具有竞争优势的企业,逐步形成整机和配套企业协同发展的良性格局。同时,聚焦深海深蓝、健康医疗、家庭看护等领域机器人研发,培育一批创新型企业,壮大产业集群规模。另一方面,着力推进武清区、经济技术开发区和临港经济区等地机器人产业基地建设,加强与国外机器人研究机构、企业交流合作,争取国际智能机器人产业优质企业、项目资源落户。

(5)放眼全球产业发展,构筑知识产权保护体系

跟踪、梳理国内外机器人领域的技术、专利和标准,提早布局新一代智能机器人技术。加快推动京津冀机器人产业的标准化进程,建立“标准—专利—商标”三位一体知识产权网络。鼓励京津冀机器人产业联盟深化产业专利协同运用,加快实现产业知识产权联盟,构建机器人专利池,打通机器人产业协同发展通道。同时,加速推动京津冀三地制定机器人企业技术提升行动,鼓励机器人企业围绕自身发展优势,加强技术研发,优化企业产品专利布局,提升知识产权保护能力。

第三章
产业篇

　　习近平总书记多次提出"要围绕产业链部署创新链、围绕创新链布局产业链",强调"促进创新链和产业链精准对接""提高产业链创新链协同水平""促进产业链创新链深度融合"。这些重要论述从理论和实践层面揭示了创新链与产业链的关系及其互动规律,为城市实现经济高质量发展指明了战略方向。

　　天津是现代工业文明发祥地,新中国工业的摇篮,诞生了飞鸽自行车、海鸥手表、北京电视机、牡丹缝纫机等一百多个"第一"。2020年,天津在《天津市国民经济和社会发展第十四个五年规划和二〇三五年远景目标纲要》中明确提出了"制造业立市"的重大战略性举措,"制造业立市"大幕拉开。

　　本章节着眼于天津制造业立市大局,从天津先进制造业发展着手,到全国先进制造研发基地建设,再到天津首位度产业信创产业集群创新发展,形成了从宏观到中观到微观的研究脉络,分析了天津制造业发展的重要机遇、重要的出发点,提出做好高端专家智库的支撑,推动国家层面和兄弟省市层面横纵有效衔接,提升先进制造研发"智造"驱动、"创造"驱动、"网造"驱动、"众造"驱动的四大能力,培育"争""恒""源""金""魂"五大特征引领的产业集群的建议。

一、天津先进制造业发展 SWOT 分析

党的十八大以来,以习近平同志为核心的党中央着眼推动经济高质量发展,对"加快建设制造强国,加快发展先进制造业"作出重要部署。天津全面贯彻落实国家战略部署,在制造业高质量发展"十四五"规划明确提出"要加快建设制造强市,打造人工智能先锋城市和全国领先的信创产业基地,成为国家制造业高质量发展示范区"。2023 年 2 月,天津积极组织编制《制造业高质量发展行动方案》,加快建设全国先进制造研发基地。

当前,中国加快构建以国内大循环为主体、国内国际双循环相互促进的新发展格局,为制造业发展创造了难得的发展空间。天津要抓住先进制造业高质量发展的"空间窗口",加快制造业转型升级,推动先进制造研发基地建设再上新台阶应成为"十四五"乃至中长期发展的重要议题。

(一)天津先进制造业发展优势研究

1.先进制造业正逐步形成层次化体系化的政策布局

围绕先进制造研发基地建设,天津形成了以创新升级引领和成本优化的政策体系格局。具体地讲,一是"互联网+先进制造业"政策体系,包括《关于深化"互联网+先进制造业"发展工业互联网的实施意见》等;二是"人工智能+先进制造业"政策体系,智能科技产业"1+10"行动计划以及天津"制造十条"等政策;三是"数字+先进制造业"政策体系,包括《天津市促进数字经济发展行动方案(2019—2023 年)》等政策文件;四是"降成本+先进制造业"政策体系,包括《进一步推进供给侧结构性改革降低实体经济企业成本政策措施》等政策。

2.先进制造业呈现出结构不断优化的良好发展态势

天津先进制造业产业规模处于全国前列,2018 年天津工业增加值在全国第

四位,位于深圳、上海、苏州之后。"十三五"期间,工业增加值年均增长 3.6%。智能科技产业成为引领产业转型升级的重要引擎,营业收入占全市规模以上工业和限额以上信息服务业比重达到 23.5%。"十四五"期间,产业创新体系加快建设。2021 年,天津制造业增加值占地区生产总值比重为 24.1%,12 条重点产业链工业增加值增长 9.6%。国家科技型中小企业、市级雏鹰企业、市级瞪羚企业分别达到 9196 家、4974 家和 378 家。2022 年底,据天津市工业和信息化局数据披露,全市拥有 151 家国家级创新平台,建成 77 家国家级企业技术中心,累计培育国家级单项冠军 28 家、国家专精特新"小巨人"194 家。

3. 智能制造应用活跃,智能与制造业领域融合广泛

2018 至 2019 年间,天津出台了智能制造十项补贴政策,包含 22 类资金补贴。天津软件协会数据统计显示,截至 2022 年 9 月底,天津两化(信息化和工业化)融合发展指数大幅提升,达到 107.2,高出全国平均水平 6.6 个百分点,较 2021 年底提升一个位次,居全国第 7 位。工业关键工序数控化率达到 61.5%,居全国第 3 位;数字化研发设计工具普及率达到 85.2%,居全国第 5 位;关键业务环节全面数字化普及率达 59.5%,居全国第 6 位。另据"2019 世界智能制造中心城市潜力榜"显示:从产业分布看,天津智能制造企业广泛分布在制造业的 26 个行业大类中,优于北京(15 个),武汉(16 个);并且天津电气机械和器材制造业、通用设备制造业、专用设备制造业以及计算机通信和其他电子设备制造业等行业大类的企业数量占比均超过 10%,合计占比近六成(58.0%)。特别是近两年,天津智能制造更是涌现出了智能驾驶、智慧港口等一大批重大的应用场景。

4. 先进制造业产业发展生态呈现出不断向好态势

围绕金融支撑先进制造业发展,天津设立了 200 亿的海河产业基金、智能科技产业引导基金、智能科技企业发展引导基金等,在滨海新区也设立了总规模 300 亿元的智能科技产业母基金和集成电路设计产业促进专项资金。制定了新一代人工智能、生物医药、新能源、新材料产业三年行动计划,实施 246 项重点项目,总投资近 3000 亿元。围绕人才供给服务先进制造业发展,2019 年,继"海河英才"行动计划之后,天津推出了"海河工匠"建设项目。年均开展技能培训 30 万人次,截至 2021 年 8 月,累计认定 432 家企业培训中心,建成 18 个国家级高技能人才培训基地和 25 个市级高技能人才培训基地、30 个国家级技能大师工作室和 57 个市级技能大师工作室,评选了 20 名"海河工匠"、299 名"天津市技术能手"。

(二)天津先进制造业发展劣势研究

1. 新政策续接与现有政策落地"两难"问题

一方面,人工智能、互联网、区块链与制造业的加速渗透融合,5G、量子通信、数字孪生、区块链等前沿技术正在冲击制造业的边界深度和广度,对于政府服务人员当好"店小二",制定科学前瞻的先进制造业产业政策提出了极大的挑战;另一方面,天津现行先进制造业政策在落地环节还存在薄弱的现象,调研走访发现,60%以上的企业对于政策的细节还不够了解,对于如何申领政策更是无从下手。

2. 产业创新链条断、短、缺现象依然存在

医药领域,天津生物医药企业一千六百余家,但在生物抗体药领域,整个研制链条中哺乳类细胞大规模培养中试平台建设还存在空位。智能科技领域,现有产业联盟中核心龙头企业数量一般3—4家,产业链短,产业链内部联系松散,企业之间技术衔接不紧密,产业上游和下游配套缺失,需要借助长三角和珠三角产业配套。先进材料制造领域,产品转型升级慢,高附加值材料少,在工信部颁布的《重点新材料首批应用示范指导目录(2018版)》中所提及的17种先进钢铁材料,天津钢铁企业自主生产的占比较少。

3. 产业升级需求渴望与现实发展双重困境

先进制造企业智能制造覆盖范围还不尽如人意,仍有大量企业处在工业1.0、2.0和3.0不同的阶段,既面临着渴求向工业4.0甚至更高层级转型发展技术需求和服务需求,但又面临着对先进制造升级路径不清晰的困扰。企业顾虑重重,无法找到有效的系统解决方案,担心费时费力的投入会收不到效果。特别是天津本土尚缺乏符合《智能制造系统解决方案供应商规范条件》的优质企业,对于企业的各种诉求难于进行系统性解答,难以支撑当前天津转型升级发展的产业需求。

4. 新型研发机构根植性差和优势龙头企业匮乏

新型研发机构技术供给与企业现实技术需求的最后一公里问题尚未打通,主要表现为技术向本地企业转移对接困难,既缺乏有效渠道无法与天津企业建立联系的市场开拓困局,又有技术的高端与天津企业现行技术之间存在断层的问题,并且天津产业技术研究院大部分依托于大学和研究机构,新培育孵化企业

数量比较少,还没有形成集群化、规模化的优势。同时,天津先进制造业领军企业匮乏,截至 2022 年底,天津已形成 28 家国家级单项冠军企业,但与北京(57家)、江苏(186 家)等省市相比还有很大的差距。

5.人才、金融等创新要素供给有待强化

一方面,先进制造人才缺口比较严重。调研显示,30%以上的企业缺乏研发人才,16%以上的企业缺乏技术工人,其中 100%的机器人企业人才获取比较困难。90%以上企业认为天津的人才政策不具备优势,有必要优化完善政策体系[①],并且天津接近半数企业技术中心尚未建立深度的产学研合作关系,柔性引智、用智观念不强。另一方面,除财政主导资金外,天津先进制造业融资不活跃。如 2022 年,天津无缘中国"双创"金融发展综合十强城市,仅在金融资源供给和金融政策供给两个细分领域分别位列全国第 9 位。此外,调研发现,天津科技担保公司少、业务面窄,科技风险补偿落实不到位、不及时,制造企业转型升级和发展过程中往往因为资质不够难于被金融机构认可,形成"望梅难止渴"的现象,很难获取金融机构的贷款。

6.先进制造文化生态有待增强

世界品牌实验室发布 2019 年中国 500 最具价值品牌,天津先进制造企业无一入选前 100 强。《中国"智能+"社会发展指数报告 2019》显示,天津综合排名在全国位列第 10 位,但在细分领域智能制造领域位列第 4 位,"智能+"社会治理领域显得比较薄弱,尚未进入前 10 位。并且天津智能制造有影响力的会议仅为"世界智能大会",相关的先进制造业文化相对单一,"智能+"的制造业文化氛围与天津当前智能制造领域发展的强劲态势形成了鲜明的不匹配。

(三)天津先进制造业发展机会研究

1.全国先进制造产业发展前景广阔

全国先进制造业整体进入高速发展期。第一,先进制造业整体发展环境向好。党的十八大以来,全国层面先进制造业整体发展形势可期,一是制造业发展质量稳步提升,先进制造业集群培育工作扎实开展。二是制造强国建设重点任务加快推进。三是网络强国建设取得扎实进展。四是两化深度融合明显加快,形成央地协同示范带动作用。五是行业发展环境不断优化,从国家到地方,支持

---

① 数据来自:课题组调研问卷(336 份)。

先进制造业加快发展的政策,密集化出台。第二,先进制造业前沿业态发展可期。据中国信息通信研究院发表《2022 年中国数字经济发展白皮书》显示,2021年中国数字经济规模已近 45.5 万亿元,十年来保持年均 15.9%的增速。数字经济高速发展的背后,是制造业智能化不断转型升级的身影。特别在国家层面,对未来智能前沿科技的持续投入,更是会催生新一轮的先进制造发展浪潮。如2019 年 8 月,中华人民共和国科学技术部印发的《国家新一代人工智能创新发展试验区建设工作指引》通知中明确提出到 2023 年,布局建设 20 个左右试验区,创新一批切实有效的政策工具,形成一批人工智能与经济社会发展深度融合的典型模式,积累一批可复制可推广的经验做法,打造一批具有重大引领带动作用的人工智能创新高地。不到短短三间时间(2021 年底),获科技部支持建设的国家新一代人工智能创新发展试验区已增至 18 个。这无疑为未来先进制造的发展形成厚重的区域以及市场基础。第三,先进制造业链式发展已经成为共识。2018 年 4 月,湘潭市在湖南全省首推"链长制",推进区域产业高质量发展;2018年 7 月,湖南印发《省委、省政府领导同志联系工业新兴优势产业链分工方案》,2019 年 2 月,辽宁盘锦市通过"链长制"的推进,实现了新旧动能的有序转换,筑牢了产业发展根基。2019 年 8 月,浙江省商务厅发布了《浙江省商务厅关于开展开发区产业链"链长制"试点进一步推进开发区创新提升工作的意见》。2019年 11 月,《广西重点产业集群及产业链群链长工作机制实施方案》开始实施。越来越多的城市将产业链的发展作为未来工作的重要部署。2020 年 5 月,天津开展产业链、供应链、资金链"接链"专项行动计划启动;2021 年 6 月,天津推出产业链链长制工作方案,全面推动 12 条重点产业链发展。

2. 京津冀先进制造业联动发展动能正在加速形成

京津冀协同发展的区域性红利正在释放,天津正迎来京津冀协同在体制协同、产业协同、资本协同、技术协同、管理协同、信息协同、观念协同以及文化协同的红利。以天津科技创新主体增幅为例,2018 年,京津冀协同发展重要承接平台滨海新区全年新增科技型中小企业 3235 家,占天津的 41%,北辰、武清分别为689 家、792 家,分别占天津的 8.7%和 10%,接近天津的 60%。具体到重要承接载体,据《天津日报》报道,截至 2023 年 2 月,在滨海中关村科技园注册的 4053家企业中,七成以上都是科技型企业,主要涉及生命大健康、智能科技、新能源新材料等重点领域。据统计,近 4 年来,滨海中关村国家高新技术企业年复合增长率为 126%,国家科技型中小企业年复合增长率达 121%。

3.天津先进制造业数字、数据等要素支撑能力明显提升

天津高度重视数据和算力等要素资源集聚发展,持续提升对制造业的支撑能力。一是先进制造业算力支撑能力显著提升,天津正成为全国重要的算力中心。天津拥有国家超算天津中心、曙光信息、天津飞腾、天津麒麟等专注于智能计算基础软硬件研发创新的单位,先进计算与关键软件(信创)海河实验室加速发展。飞腾、麒麟、曙光、360、南大通用等龙头信创企业覆盖"芯片—操作系统-数据库—中间件—信息安全"技术生态和产业生态稳固发展,腾讯微信、金山云办公、用友、金蝶等众多应用软件纷纷加入国产基础软硬件生态应用圈;曙光信息连续蝉联中国高性能计算机 TOP100 排行榜市场份额第一。随着浪潮、紫光云等企业的陆续迁入,天津的智能计算相关产业体系逐步完善,智能计算服务设备的设计生产能力、智能算力服务资源居国内前列,同时完成了基础软硬件适配,能够为天津乃至全国人工智能的发展提供强大的基础软硬件和服务端"算力"支撑。二是先进制造业的数据资源有效开放,天津数据资源能力正在不断强化。数据资源量不断提升,据第三次世界智能大会披露,天津"数据枢纽"建设成果卓著,已建成的市级信息资源统一共享交换平台和统一开放平台,汇聚了2428 类、47.75 亿条数据,支撑着 22 个业务场景和应用,有效推动了数据资源经济价值和社会效益的不断攀升。不到两年时间,2021 年 1 月,公共数据总量已达 79 亿条,对外开放数据 7003 万条。数据产业不断提升,聚集了"滨海工业云""华为云""阿里云""紫光云""易华录数据湖""腾讯数据中心"等大数据和云计算平台。初步形成以大规模数据采集、数据存储、数据清洗、数据分析与挖掘、数据安全、智能应用为一体的大数据产业链,产业链已聚集超过一百家高新技术企业。数据场景不断拓展,依托中国(天津)自由贸易试验区清关优势,"跨境电商创业新城""跨境电商现代物流中心"等成为国家数字服务出口基地建设试点,多方共同打造的互联网金融新业态,实现了共享共赢的可持续商业模式,形成了天津独特的数字经济发展优势。

(四)天津先进制造业发展挑战研究

1.天津制造业面临百年变局和后疫情时代冲击

从国内外发展环境上看,后疫情时代及复杂的国际环境等外部因素对于先进制造业的发展产生了巨大影响。受疫情的直接影响,运输、销售渠道不畅,成本增加,海外市场发生变化,以出口为主的制造业企业海外市场份额下降,欧美

市场订单流失,急需重新与客户建立信任关系。受疫情的间接影响,一方面,从后疫情时代看,其最大的影响不是在短时间的产业链的卡位和断位,而是对制造业企业所产生的观念性影响,如何科学地应对突发事件的影响,提升企业的生命力,其中一个共识就是提升企业的智能化水平,可以预见的是未来数字化升级将爆发,能否快速提升自身产业的能级,显得十分重要。另一方面,面对烽火四起的国际科技经济竞争,中兴事件涌出,华为事件持续发酵,以美国为代表的部分西方国家以核心技术围堵中国,实施贸易围堵、技术封锁、政策打压等,将严重冲击和破坏全球价值链、产业链、供应链,对中国乃至全球科技发展环境带来了巨大冲击和深刻影响,天津先进制造产业创新发展、企业运营、市场拓展发展也都将受到冲击和影响。

2. 天津制造业对京津冀一体化政策需求迫切

从区域协同发展上看,先进制造业发展的京津冀区域一体化支持政策亟须出台。《长江三角洲区域一体化发展规划纲要》提出制定实施长三角制造业协同发展规划,全面提升制造业发展水平,按照集群化发展方向,打造全国先进制造业集聚区。2019 年 7 月,长三角 G60 科创走廊联席会议联合发布了"七大先进制造业产业地图",共同打造区域分工协作、错位发展图景。《粤港澳大湾区发展规划纲要》指出加快发展先进制造业。以珠海、佛山为龙头建设珠江西岸先进装备制造产业带,以深圳、东莞为核心在珠江东岸打造具有全球影响力和竞争力的电子信息等世界级先进制造业产业集群。相比于上述地区,京津冀尽管也提出要建设世界级先进制造集群,但尚未有三地统一性文件出台,对于产业区域层面合力化发展提出了新挑战。

3. 天津制造业发展能级系统提升面临挑战

从天津自身来讲,天津先进制造业在全国的定位发展充满挑战。从全国区域上讲,天津在制造业门类中比较丰富,拥有 3 家千亿(规上工业总产值)先进制造园区①,但制造业整体水平能级提升有很大空间。据《中国先进制造业城市发展指数》(2019、2020)报告数据显示天津先进制造业水平处于全国第二梯队位置。一方面,与第一梯度还有很大的差距;另一方面,与第二梯队众多城市相比较而言,天津的优势和潜力并不明显,对于未来天津先进制造业的发展增添了不小的压力。再具体到天津各个区,先进制造业水平和结构存在较大差距,主要

---

① 数据来自赛迪顾问智能装备产业研究中心"2020 中国先进制造业百强园区"。

表现在先进制造业创新平台。企业层面,滨海新区优势突出;高校层面,环城四区突出,制造业服务业层面,市内六区突出。并且,部分区域及跨区域产业功能定位存在重叠、协同度低的情况,对培育具有梯度层级的先进制造业产业集群形成了一定的掣肘。

(五)天津先进制造业发展对策建议

天津先进制造业的高质量发展,重在培育先进制造业发展新动能,提升改造传统产业,培育壮大新兴产业,以链式思维为主线,从政策链、产业链、跨域链、创新链、资金链、人才链和文化链切入,抓短板、补断点,优化提升产业生态链条,持续深入推进天津制造业高质量发展,推动先进制造研发由 1.0 版向 3.0 版升级,有效的支撑天津建设全国先进制造研发基地建设,打造"天津智港",支撑人工智能先锋城市建设。

1. 从政策的供给侧和落实端双向发力,释放政策红利涌入产业大田

抓政策链的核心既要抓科学决策也要抓有效落实,从科学决策方面,借鉴德国"政府人员 1/3,专家 1/3,企业 1/3"的科技政策研究体制,加快优化天津先进制造业发展政策,形成合理政策;加快建立对政府相关管理人员智能制造的专业化学习机制,鼓励制造业企业高管人员到政府机构挂职,为科技政策的制定提供行业专业的咨询支撑。从政策落实层面,要多听听企业的声音,多了解企业的感受,多送些"解渴"的政策,从"人找政策"转变为"政策找人",形成科技政策的企业画像,营造"科技政策人员向企业主动汇报"氛围。

2. 提升创新能级,打造产业集群,融入国内国际双循环生态系统

抓创新链的核心在于构建更深层次的创新协作分工体系。加快梳理当前天津产业创新链条中的薄弱环节,探索以产业联盟形式共建公共技术研发平台,共同承担天津重大科技项目的新机制,鼓励产业链上下游企业加强技术的沟通交流与合作,提升产业链的黏性,打造国际化产业集群。加快梳理天津产业链重点企业、外资外贸企业国内外市场供需情况,为企业"出海"搭建新通道;充分发挥天津市服务贸易联席会议统一协调作用和自由贸易试验区建设优势,服务制造业企业,联通国内国际双循环,同时,支持有条件的企业"走出去",开拓国内外市场。

3. "首示范"工程与供应商引进联动,实现需求与供给的有效结合

抓产业链升级,就是释放需求和有效供给的双向联动。一是推动"首示范"

工程,鼓励企业在细分领域探索先进制造示范,对于行业细分领域首个示范项目给予探索性奖励;二是培育智能制造示范区,制定智能制造示范区培育指南,打造一批特色产业园区;三是加快推动北京优质智能制造供应商与天津本地企业的对接,利用天津智能制造转型升级发展的巨型市场缺口优势,疏解吸引一批智能制造供应商来津发展;同时对标天津优势产业链条,精准实施产业链招商,有计划地针对产业链条引进北京先进制造业企业。

4. 探索创新主体的引育新机制,形成创新机构与企业并行并重的格局

抓创新机构培育,就是要提升创新机构的根植性,畅通创新机构与天津企业之间的沟通合作渠道,建立产业技术研究院与科技企业之间的技术交易平台和产业孵化平台,提升产业技术研究院在技术交易和产业孵化方面的能力。抓企业培育,就是要抓企业发展的质量。在天津科企 3.0 基础之上,进一步抓好企业能力提升,一方面建立研发储备金制度,奖补资金采取企业事前备案、政府事后补助的方式,鼓励企业加大研发投入,提高创新能力,同时实施企业技术中心产学研合作消零工程,建立更广泛的产学研合作体系;另一方面完善市场准入监管机制,在重大创新问题活动上,给钱不如给机会,明确"非禁即人"的"负面清单"原则,将创新产品以前置审批为主转为事中事后监管为主。

5. 优化完善创新要素,既要解决企业人的问题又要解决钱袋子问题

抓人才链,解决人才的供给。一方面柔性引智,加大产业技术研究院、高校与企业的产学研深度合作,推动高新技术企业产学研合作消零工程,实现产学研合作的全覆盖;另一方面,曲线引智,探索老龄高层次人才试验区,更大的赋予企业对退休专家返聘、一线工匠大师的引进自主权,对上述人才来津发展给予一定的政策倾斜。抓资金链的核心在于提升制造业的融资准入门槛,落实现有政策。一是优化完善天津银企对接的渠道建设,推动天津"雏鹰—瞪羚—领军"企业数据库与金融机构数据库多库联动。二是加快发展担保机构,优化完善金融机构支持制造业发展的风险补偿机制,降低金融机构风险,鼓励金融机构"敢贷"并且"放心贷"。

6. 厚植先进制造业的文化土壤,宣扬天津先进制造高质量发展文化

抓文化链的核心在于打造特色的制造业文化,借鉴美国"企业家精神"、德国的"工程师文化"、日本的"工匠精神"等,打造天津"科技特派员文化",拓展特派员的选聘范围,加大特派员的支持力度,提升特派员典型案例的宣传,形成天津特派员文化,围绕强技术转移、育专家队伍、建服务网络争创天津科技特派员文化品牌,发挥好世界智能大会作用,向全球宣传天津制造业发展,营造天津制造业高质量发展文化氛围。

二、加快建设全国先进制造研发基地

(一)全国先进制造研发基地建设内涵

天津要打造全国先进制造研发基地,就要瞄准全国产业链的高端,全国价值链的高端,努力成为全国先进制造业可持续发展的重要支点和枢纽。关键要做到"先进""制造""研发"三位一体,形成具有核心竞争力的创新生态系统。具体地讲包括以下三个方面:

技术前沿性与可应用性。先进制造研发是整个基地建设的出发点,技术上体现先进性是其最重要和最根本的特征。一是要把握战略前沿,至少应涉及中国战略性新兴产业的重点领域,进一步讲应瞄着德国提出的工业4.0、智能服务世界或美国提出的国家制造业创新网络。二是要凸显先进技术的研究发明,特别是将其转化为产业的功能,更多是解决先进制造企业当前及未来的技术难题,将研发转化为促进先进制造发展的有机部分和重要支撑。

产业先进性与影响性。先进制造研发基地的主体必须是科技型企业、高新技术产业,或者是采用高新技术改造的传统产业,具有高附加值和经济效益,并且遵循绿色、环保、可持续发展的知识密集型、技术密集型或是资本密集型产业。同时要围绕重点产业形成一些有影响力的企业,企业要在一定时期内对商业或是社会有重大的影响,成为全国创新标杆。

组织先进性与协同性。先进制造研发要全过程体现出创新理念和高效组织模式,包括广泛引用"互联网+"、灵活生产、柔性生产、在线检测、可追溯系统等,从而实现数字化设计、自动化制造、信息化管理、网络化经营。同时,要强调产业链条内协同和跨界协同,先进制造研发资源最大限度地实现流通,形成联系紧密的产业集群和产业品牌。

(二)先进制造研发主要发展趋势特点

发展速度:颠覆性技术层出不穷。颠覆性技术将催生产业的重大变革,成为社会生产力新飞跃的突破口。随着全球制造业回归潮,信息网络、生物科技、清洁能源、新材料与先进制造等正孕育一批具有重大产业变革前景的颠覆性技术。颠覆性技术将不断创造新产品、新需求、新业态,为经济社会发展提供前所未有的驱动力,推动经济格局和产业形态深刻调整,成为创新驱动发展和区域竞争力的关键所在。

发展方向:绿色化、智能化、服务化。欧美的"绿色供应链""低碳革命"、日本的"零排放"等新的产品设计理念不断兴起,"绿色制造"等清洁生产过程日益普及,绿色化发展目标已经成为制造业的共识,未来技术将更加智能化,成为继机械化、电气化、自动化之后的新"工业革命",工业生产以精益化为导向,向更绿色、更轻便、更高效的方向发展。服务机器人、自动驾驶汽车、快递无人机、智能穿戴设备等的普及,将持续提升人类生活质量,提升人的解放程度。

创新形势:社会化、大众化、网络化。技术创新的生态环境已经发生明显改变,协同创新不断深化,创新生活实验室、制造实验室、众筹、众包、众智等多样化新型创新平台和模式不断涌现,科研和创新活动向个性化、开放化、网络化、集群化方向发展,催生越来越多的新型科研机构和组织。以"创客运动"为代表的小微型创新正在全球范围掀起新一轮创新创业热潮,以互联网技术为依托的"软件创业"方兴未艾,由新技术驱动、以极客和创客为重要参与群体的"新硬件时代"正在开启。这些趋势将带来人类科研和创新活动理念及组织模式的深刻变革,激发出前所未有的创新活力。

(三)全国先进制造研发基地建设策略

围绕建设全国先进制造研发基地这一目标,就是要站得高、望得远、走得稳,以高标准、广视角在高平台和高起点上汇集创新要素,实现创新资源的生态化发展,辐射带动全国制造研发的发展。具体地讲,主要有以下几个方面的举措:

1. 打造一个专家智库,赢在规划设计

就是要成立全国先进制造研发基地专家咨询库,广泛采纳政府、企业、科研院所、行业协会专家资源,以天津产业发展为基础,每5年对天津产业、国家产业和国际产业发展动向进行跟踪研究,要充分发挥各个领域专家的作用,为基地的技术创新领域、方向提供智力支撑。

2. 做好横纵两方衔接,精准基地定位

一是纵向规划衔接,要对接《中国制造2025》等国家战略文件,瞄准国家建设制造强国的规划来引领天津先进制造研发基地的建设任务设计,聚焦天津的基础、优势,加强技术创新、成果转化和产业化;二是横向区域衔接,要充分发挥京津冀协同发展的优势,既采取更有力度的举措加强自主创新,又善于借重北京

科技创新中心的作用,快速弥补天津创新力量的不足,发挥产业转化的功能,培育一批拥有自主核心技术的高端产品,打造规模大、数量多的天津品牌,形成高端产业的领军地位。

3. 夯实先进制造研发三大能力,聚焦科技前沿

一是基础研究能力,推进先进制造研发基础设施集群建设,组建一批高水平的国家重点实验室、国家工程实验室等创新平台,争创国家重大科研基础设施项目;二是技术创新能力,推进先进研发制造龙头企业工程中心和技术中心建设,组建广泛的技术创新联盟,搭建共性关键技术研发、制造、创新平台;三是成果转化能力,推动企业专利交易平台建设,鼓励企业将知识产权以转让、许可等方式交易,盘活企业科技存量资源。

4. 实施先进制造研发四重驱动,提升产业水平

一是天津"智造"驱动,深入推进两化融合工程,加快企业信息化技术应用水平和精益生产水平,提升企业信息化采购、生产、销售、管理能力;二是天津"创造"驱动,持续支持企业加大研发投入,走在行业创新前沿。对于企业连续三年研发投入正向增长的企业,除享受研发加计扣除政策外,给予一定的研发补贴;三是天津"网造"驱动,对接国家"互联网+"战略,实施"云制造平台"工程,鼓励企业制造去中心化,发展个性化制造和服务;四是天津"众造"驱动,推动"众筹、众包、众服"平台建设,以科技领军企业撒手锏产品研发项目为试点,实施网络众筹试点,鼓励公众参与研发,加速成果进入企业流动,尽快实现产业化。

5. 培育科技企业五种业态,提升产业能级

一是发展"科技先锋"企业,立足科技型中小企业,开展企业苗圃工程,从企业创业阶段重点培育、挖掘;二是发展"独角兽企业",推动有实力的科技领军企业成长企业向独角兽企业发展;三是发展"平台型企业",推动成熟的大型研发制造企业向平台企业转型,拓展业务增长点,实现二次蝶变;四是推动"生态链"企业培育,通过生态链企业内部裂变,形成"创新菌落";五是培养"产业链节点"企业,围绕产业链发展的关键节点企业,重点扶持,支撑产业链发展,做大产业集群。

6. 优化环境六方着力,助力产业发展

一是创业政策环境,构建普惠性与系统化的创新创业政策,打造服务创新创业的创新政策生态系统;二是政策服务环境,推广一颗印章管审批经验,探索全流程网上商事登记模式;三是产业培育环境,坚持"产业窄化"策略,面向先进制造研发产业链关键节点共性技术,以政府引导、行业共建,企业参与、全球招标的形式,在全球范围内开展技术创新研发项目;四是人才引育环境,全面实施"人才绿卡"制度,加大国外科技人员在科技项目方面的国民待遇;五是信息化环境,进一步加强园区信息化设施优化与建设,提升园区的信息化水平;六是创业文化环境,营造"鼓励创业、宽容失败"的文化氛围,树立"典型",加大对成功创业者的表彰力度和宣传报道。

三、优先培育制造产业集群

(一)制造业集群培育理论思考

2018 年,中国科学院第十九次院士大会,习近平总书记强调:"要突出先导性和支柱性,优先培育和大力发展一批战略性新兴产业集群,构建产业体系新支柱。"2019 年,中央财经委员会第五次会议指出"要打好产业基础高级化、产业链现代化的攻坚战",产业链能力建设提升到了新的战略高度。2020 年 11 月召开的《中共中央关于制定国民经济和社会发展第十四个五年规划和二〇三五年远景目标的建议》明确提出,要提升产业链供应链现代化水平。未来一段时期,提升产业链能级正在成为一个从理论和实务层面都必须要妥善解决的重大问题。

创新型产业集群是产业链相关联企业、研发和服务机构在特定区域集聚,通过分工合作和协同创新,形成具有跨行业跨区域带动作用和国际竞争力的产业组织形态。抓好产业集群培育,在某种程度上讲,就是提升产业链、供应链现代化水平。

自 2013 年科技部出台《创新型产业集群试点认定管理办法》启动创新型产业集群培育工作以来,已在全国布局了 109 个创新型产业集群,包括 48 家创新型产业集群试点(培育)建设单位和 61 家创新型产业集群试点单位。2020 年,科技部火炬中心印发的《关于深入推进创新型产业集群高质量发展的意见》提出,重点建设 100 个国家级创新型产业集群。随后,《创新型产业集群评价指标体系》《创新型产业集群评价指引(试行)》先后出台,创新集群建设在国内掀起新高潮。目前已有超过 90% 的省级政府把创新型产业集群试点建设纳入与科技部的工作会商内容。全国性的创新型产业集群建设全面有序地稳健推进之际,本节尝试结合当前的科技和产业发展,对于创新型产业集群培育提出五点思考。

1. 创新型产业集群发展之"争"

产业集群的发展已经经历了传统的土地"九通一平"税收政策的要素模式,

正经历着基础平台、公共平台的筑巢引凤平台模式,将要迎接的是生态服务模式。这里姑且定义为产业集群 1.0、产业集群 2.0 和产业集群 3.0。

未来创新型产业集群各个区域比什么?要素和平台很容易被模仿和复制,但生态上的差异则往往难以超越,也就是说基于生态服务之争的集群 3.0 版本将是未来产业发展角逐的重点。从构建生态集群的角度,本节认为这四个方面是不容也不能够忽视的,即制度成本、文化成本、产业成本和开放性成本。第一,制度成本,更多的是从政府服务的角度,如市场的公平性,市场准入的便捷性等;第二,文化成本,从社会环境的角度,如浓郁的创新创业文化氛围、舒适宜居的生活文化氛围等;第三,产业成本,从市场的角度出发,如产业人才可获得性难易程度,产业链合程度等;第四,开放性成本,从资源的整合性出发,如参与国际合作的畅通性与有效性,未来开放性将越来越受关注。北京中关村和上海浦东新区在创新生态塑造上走在了国内前列。

2. 创新型产业集群发展之"恒"

创新型产业集群的培育不是一朝一夕,至少是十年甚至百年的工程。这要求在以下三个方面要有所为:第一,集群发展定位要有延续性,要实行精准招商和精准发展,产业的关联性要强,坚决抵制违背初衷,来者不拒、随意填充的发展模式。第二,集群发展过程中政府更迭造成非理性引导要少。亚洲产业集群形成过程中,政府引导起了很大作用,但也要注意政府的更迭对于区域产业重塑的影响。如何将政府更迭过程中对集群发展的非理性影响最小化,是十分有必要的。举一个做得比较好的例子,昆山小核酸产业发展集群,十年如一日,政府书记更换了几届,但集群的发展定位并没有改变,这是十分难得的。第三,相应的政策环境要有延续性,朝令夕改是发展产业的大忌。制定政策要充分考虑产业的特点,政策要保持适当的时间,政策的增减不宜过度、频繁,同时要做政策环境优化的加法而不是限制产业发展的减法。

3. 创新型产业集群发展之"源"

创新型产业集群一定要有一个强有力的"源",具体说就是强大的动力源,体现在自主创新能力、外部兼收并蓄能力、内部整合能力等。企业作为集群发展的主体,就是整个集群创新活力的引爆点。企业业态直接影响集群的发展水平。本节认为有三类企业是一个创新型产业集群不应该缺少的。第一类,新型研发组织,从事的往往是"巴斯德象限"的研究,这个是反映一个集群内部创新活力的重要因素,集群融通创新搞得好不好,可以看集群内各类的新型研发组织发展情况。第二类,产业链关键节点企业,是构筑集群品牌优势和核心竞争力优势所在,是一个集群在国际上有没有话语权的关键,是集群集聚力和吸引力的标志性企业。第三类,企业新业态的瞪羚企业或独角兽企业。这类企业反映了集群与外部环境的交互程度,反映了一个集群开放性创新的能力和水平。如在当前互联网、数据驱动的时代,一个创新型集群内应该有一些与世界最前沿科技相并行最好领跑的优秀企业。

4. 创新型产业集群发展之"金"

创新型产业集群的发展需要金融资本和外部智力,走"金融""智库"的发展道路应该是未来的发展趋势之一。一方面"金融"比较容易理解和接受,产业的发展需要资本的支持,但"金融"的核心是回答一个创新型产业集群是否建立了一个覆盖企业全生命周期的金融服务体系的问题,因为创新型产业集群离不开创新这个本质的特征,就离不开创新的资金投入,在这里新的金融业态和服务方式尤为重要,他们是满足创新需求的关键所在;另一方面"智库",不光是集群所在区域的地方政府,未来的集群发展、集群内企业的发展一定要提高决策的科学性,要向国际或区域高端智库"借智借脑",要站在国际的视野上去谋划未来发展。从这个角度来讲,也要鼓励大型企业在有条件的情况下独立或通过合作创建自身的智库研究机构。

5. 创新型产业集群发展之"魂"

创新型产业集群的发展离不开人才,创新型产业集群竞争的核心实质上是人才的竞争,人才是创新型产业集群发展的灵魂。一个创新型产业集群的人才蓄水池建得如何,直接影响未来的发展的速度与质量。在这里要强调两种人才,一种是具有工匠精神的科技人才,这类人才也是我们在调研中发现各个企业比较需要的,已经成为影响制造企业发展的一个核心瓶颈之一。特别是在中国的先进制造已经进入一个由"中国制造"向"中国智造"和"中国质造"迈进的关键时期,更是需要有一批具有工匠精神的科技人才作为强有力的支撑。另一种是具有企业家精神的管理型人才,要树立和宣传企业家先进典型,弘扬优秀企业家精神,造就优秀企业家队伍,强化年轻一代企业家的培育,让优秀企业家精神代代传承。在地方层面各个省市也在积极行动,如全国各地的"企业家培育工程"。

(二)制造业产业集群培育实践

信息产业作为制造业的重要领域之一,天津滨海高新区是国内较早发展信息产业的园区。目前天津滨海高新区聚集了天津70%的软件企业和50%以上的系统集成企业,集聚了飞腾CPU、麒麟操作系统、曙光、360公司、今日头条等一大批优秀企业,产业特色优势凸显,技术成果不断涌现,成为推进区域乃至天津经济转型发展的重要引擎。以天津滨海高新区信息产业集群作为研究对象,研究对象相对成熟,产业链清晰,同时信息产业作为战略性新兴产业,处于科技创新的前沿,其包含的信创和芯片细分领域代表性强、概念新。此外,笔者于2020年6月以来,深度参与天津滨海高新区产业研究工作,也为精准地了解天津滨海高新区信息产业发展提供了较好的实践基础。

1. 产业集群产业链构成

以天津滨海高新区高新技术企业数据库和天津滨海高新区网站披露的重大建设项目为研究对象,绘制产业链图谱。在实际操作过程中,本小节借鉴已有文献的产业链划分方法,结合企业的官网、相关行业研究报告、新闻介绍以及必要的专利等信息,确定企业所属的产业链环节,并进行计数统计,形成天津滨海高新区产业链与产业集群图谱(图3-1)。从图谱中可以看出,整个天津滨海高新区信息产业已经形成从研发设计—制造封测—系统集成—下游应用的产业集群,在产业集群内部存在着芯片产业,信创产业和软件服务产业三个典型的细分产业链。

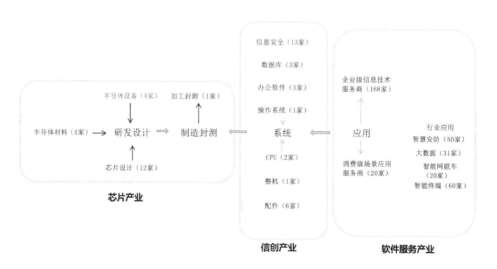

图3-1 天津滨海高新区产业链与产业集群图谱

2. 产业链与产业集群发展历程

在研究天津滨海高新区产业链与产业集群的发展过程中,按照天津滨海高新区信息产业发展,划分为三个阶段(图3-2)。每个阶段从制度供给、要素供给、区域供给和产业链耦合四个维度来阐释产业链与集群的发展。

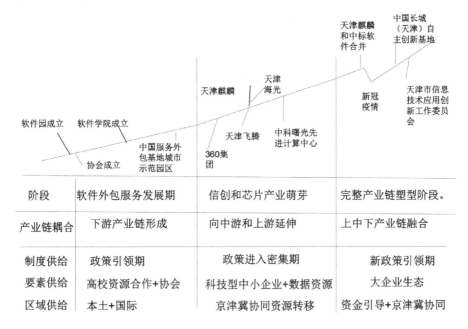

图3-2 天津滨海高新区信息产业升级不同阶段影响因素供给

(1)第一个阶段:软件外包服务生态发展期

1998年至2010年,软件外包服务生态的发展期,主要以天津滨海高新区软件园的设立为标志,天津滨海高新区信息产业发展迅速,先后获评"中国服务外包基地城市示范园区""国家电子商务示范基地"等称号,率先在天津形成了以软件服务、应用和外包等为代表的软件服务产业。

制度供给:作为产业规模化发展的起始阶段,天津滨海高新区信息产业集群发展的重要事件就是与麦肯锡咨询公司合作,从顶层设计上规划了高新区软件园,提出了"五、四、三、二"的战略蓝图,形成涵盖对欧美、日本以及国内的服务外包能力,为未来产业集群的发展定了位、明确了方向。在政策制定上,天津滨海高新区信息产业发展形成了软件园专有的信息产业政策,推出了"天津新技术产业园区加快软件与服务外包产业发展的鼓励办法"等产业政策,每年安排2亿元资金,重点支持天津滨海高新区软件与服务外包产业的发展。

要素供给:天津滨海高新区信息产业集群发展初期,一是高度重视协会的作用,在软件园成立之后1年内成立软件协会,开展辅助性工作;二是高度重视发挥高校的作用,首先产业集群的选址毗邻天津大学和南开大学等11所天津高校集聚区,并于2008年,天津滨海高新区与天津大学建设天津集成电路设计中心。于2010年设立天津大学软件学院(天津滨海高新区软件人才培养基地),截至目前,天津大学软件学院常驻年在校生近7000余名,年实训人次稳定在11000人左右,已经成为聚集140家新一代信息技术创新企业,服务天津高校并辐射全国79所高校的全国最大的开放共享产教融合实训基地,形成了天津滨海高新区信息产业集群发展的强大人才要素供给。

区域供给:天津滨海高新区信息产业集群发展初期,由于在全国起步比较早,与国内的其他集群之间的交流相对比较少,区域供给的势能更多来自本土和海外,一是非常重视区域环境建设,在软件园土地规划建设过程中,力求满足研发办公、商业、娱乐、居住四大功能,设置各种便利性场所,吸引人才聚集;二是非常重视海外资源的引入,与国际公司建立合作和以在国外设立办事处机构如驻日本办事处和驻美国办事处,到2009年,先后引进了日本的NTT DATA公司、TIS株式会社、transcosmos株式会社以及印度的TCS公司等国外知名企业;三是非常重视本土产业发展,近六成的软件工作者由天津本地人和高校创业团队组成,涌现出了以天地伟业为代表的创新创业企业。随着天津滨海高新区信息产业集群对于全国各地的企业和创新创业的资源的吸引集聚作用增强,进而推动了国内外资源的汇聚。

产业链耦合:天津滨海高新区信息产业集群发展初期,是以软件服务业为代表对日、对欧美、对国内不同的服务外包群体逐渐发展的过程,形成了外包服务为主的产业集群的雏形。2000年时,拥有企业300余家,其中80%以上企业不足50人。2010年底,软件和高端IT企业达到1860家,占天津滨海高新区科技企业总量的31%。伴随着创新资源的不断增加以及产业链丰度不断提升,在软件出口、信息安全软件、手机游戏研发、安防监控等领域形成了天津特色和全国品牌。

(2)第二个阶段:信创和芯片产业萌芽

2011年至2018年,重点是2014年,国家层面出台了《国家集成电路产业发展推进纲要》,从天津滨海新区政府层面设立2亿元专项资金扶持集成电路,印发实施《集成电路产业集群化发展战略规划(2014—2020)》《滨海新区加快发展集成电路设计产业的意见》,天津信创和芯片产业的发展开始萌芽,特别是2016

年,国家层面成立了"信息技术应用创新工作委员会",信创产业开始进入公众视野,并加速发展。

制度供给:本阶段一个显著性的特点是大量的产业政策供给。一方面,除去国家和省市层面的政策,天津滨海高新区按年度出台了系列化的支持科技型中小企业发展的政策,如出台《天津高新区科技型中小企业发展规划方案》。另一方面出台了系列化的优化创新环境政策,从《天津高新区支持民营经济发展若干措施(试行)》等普惠性政策,到《天津高新区集聚英才若干措施(试行)》《天津高新区优化人才服务若干措施(试行)》《滨海高新区关于促进天津滨海互联网产业园加快发展的若干政策(试行)》等措施,政策文件虽然没有直接明确为信息产业政策,但在政策文本中将信息产业作为重点支持领域或方向均有所提及,属于普惠层面的政策,重点从创新要素和营商环境方面形成了强大的产业政策供给,为产业集群的发展提供强有力的支撑。

要素供给:科技型中小企业是要素供给的典型形式。2011 年以来,天津系列化科技型中小企业政策出台,科技型中小企业正经历高速发展阶段,天津滨海高新区作为在天津率先支持科技型中小企业发展的区域,天津滨海高新区科技型中小企业增长多年持续位居天津第一位,成为天津滨海高新区信息产业集群的主要力量。同时,在这个时期末,由中科曙光牵头,联合多家产业上下游企业、科研院所和知名高校作为核心单位共同组建的国家先进计算产业创新中心开始进入建设阶段,数据和算力作为一个重要的供给呈现出来,并成为后来天津国家新一代人工智能试验区的核心算力引擎,随着后期的企业上云、上平台,整个产业链开始进入到算力、数据赋能的新阶段。

区域供给:天津滨海信息产业集群区域呈现新的特征,区域供给源自区域的转移和邻近区域的拉动。一是京津冀之间的合作加快,2011 年以来,中科电子信息产业园加快发展,中科曙光开始在天津滨海高新区布局,形成了从存储到先进计算和云服务平台的格局。紫光集团与天津滨海高新区签署合作协议,在天津滨海高新区建设信息大数据平台和公共云数据管理中心。天津滨海高新区成为北京科技成果转化承接的重要地区之一。仅 2016 年到 2017 年之间,天津滨海高新区新引进的重大项目中,京冀地区占比约 50%,项目投资总额占比约 60%。二是天津滨海高新区信息产业集群发展过程中,如西青区、武清区等周边地区在集成电路制造封测和上游材料设备等领域已经有一定基础,有利于形成更为完善的上下游配套,对于天津滨海高新区信息产业集群的产业集聚形成了明显的拉动效应。

产业链耦合:在这个阶段主要是天津滨海信息产业集群软件和服务外包产业链相对已经比较完整,产业链本身集聚的产业势能相对比较高,互联网经济业态开始形成主力军。如2016年8月,天津滨海高新区对外发布"独角兽"企业培育计划,首批评出"58到家"和"乐道互动"两家独角兽企业,均在互联网领域。在这个阶段天津滨海信息产业集群引聚其他地区的资源能力逐渐增强,安普德(射频芯片、硅谷团队)、瑞发科公司(模拟芯片、硅谷团队)、天津麒麟(操作系统软件)、天津飞腾(CPU)等芯片和信创企业落户,开始实现了向产业链的上游逆向延伸,但都处在一个相对散落分布状态,处于产业生态的探索形成阶段。产业链中的核心企业已经开始逐渐成长,但尚未形成一定的规模效应。

(3)第三个阶段:完整产业链塑型阶段

天津滨海高新区明确提出谋划设立"滨海信创谷",逐步构建出了"芯片—整机终端—操作系统—应用软件—信息安全服务—整体解决方案"的全产业体系,整个天津滨海高新区信息产业集群日益壮大。

制度供给:天津滨海信息产业集群发展环境发生了比较大的变化,一是以中兴事件、华为事件、腾讯事件、字节跳动时间等为代表,新的"二元全球化"格局下以美国为首的西方国家行政和政治干预引发的市场力量型断链和卡链,在相当长一段时间有可能诱发或长期存在的一种情况。二是由新冠疫情引发的市场型断链和卡链,特别是在国内疫情情况整体可控条件下,国外疫情发展反过来对国内疫情造成的持续性和阵发性冲击。在这样的背景下,信息产业的自主可控则非常重要,而此时天津滨海信息产业集群的制度政策供给也发生了明显的变化,一是集群化工作方案出台,《天津滨海高新区网络信息安全产品和服务产业集群工作方案》,深度打通产业之间的合作关系,产业集群内的合作网络得到进一步强化;二是应急性政策方案出台,《天津滨海高新区关于进一步支持科技型中小企业融资发展的若干措施》,以应对疫情对小微企业的冲击;三是改革性政策出台,既有一制三化的改革的落实与升级,从承诺制、标准化、智能化、便利化等方面入手,推出了15方面50项改革措施,更有天津滨海高新区管委会的法定机构改革等措施,从竞争政策角度释放创新的活力。

要素供给:天津滨海高新区信息产业集群在向信创产业和芯片产业发展过程中,一个最大的特点就是这两个产业的创新要素资源比较稀缺,在要素供给的过程中,龙头企业的作用更加突出。为此,在要素供给的层面,其一,天津滨海高新区在产业链发展过程中最突出的在于构建基于龙头企业创新引领的产业生态。如引进华为鲲鹏创新中心,天津滨海高新区制定了华为鲲鹏中心专属的产业创新政策,每年支持 6000 万元用于产业生态建设。其二,高度重视企业沟通合作交流生态,2020 年 5—7 月,成立了天津信息技术应用创新工作委员会,天津信息技术应用创新产业(人才)联盟,天津市软件和信息技术服务业商会等,强化企业交流与合作,推动企业生态的创新与发展。

区域供给:在这个时期全国在信创和芯片产业已经形成了长三角、珠三角、京津冀等比较明显的产业格局,三大区域形成明显的竞争格局,对天津滨海高新区产生了虹吸效应,导致了部分项目南迁;从京津冀来讲,由于北京更多的是研发优势,天津滨海高新区的制造优势得到了强化,区域供给更多是京津冀协同发展的持续深入推进,北京优质资源在天津滨海高新区的落地,如中国长城(天津)自主创新基地,中国科学院微电子研究所设立滨海高新区微电子研究院;从产业特性上看,由于信创和芯片产业对于资本表现出更高的依赖性,以大基金参股的方式,实现区域性的机构转移化发展,如推动麒麟软件的合并与发展,已经成为信创产业和芯片新势力的主要引资模式。

产业链耦合:到这个阶段,已经基本上形成了"芯片—整机终端—操作系统—应用软件—信息安全服务—整体解决方案"复杂性产业集群,产业链的生态得到更大发展,并在细分产业集群形成了区域性优势。比如在信创产业中,全国 6 大芯片厂商天津滨海高新区占据 2 家,全国 4 大数据库企业天津滨海高新区占据 3 家,全国 2 家操作系统公司天津滨海高新区占据 1 家,对于整个产业发展起到了非常重要的作用。同时产业集群的溢出相应相对比较明显,部分优质企业开始在国内省市布局。集群的产业生态呈现出以大企业为主导的产业生态,核心企业的作用更加明显。如 360 集团的入驻,前后聚集了四十余家信息安全企业,紫光集团完成了从紫光云谷产业园到紫光立联信芯片工厂等的系列化布局。调研发现大企业的生态链效应已经开始显现,增强了企业抵抗外部环境的能力,如麒麟软件已经与区内长城、浪潮、紫光等形成合作关系,企业规模不断增强,2020 年上半年企业收入均保持了 30% 以上的高速增长。

(三)制造业产业集群对策建议

天津滨海高新区信息产业集群发展模式是一个典型从产业链下游向产业链中游和上游跃迁,进而带动整个产业链升级的集群发展模式。各个要素在产业集群升级的不同时期发挥着不同的作用,同一要素在不同时期的主要影响变量也不尽相同。立足当下,深刻认识产业链重构过程中影响因素的时空变化阶段性特征,强化产业链的有效供给,有助于提升产业集群发展的质量和效益。

1. 将制度供给作为产业链重构的龙头

新一轮科技革命浪潮冲击和后疫情时代交织,以国内大循环为主体、国内国际双循环相互促进的新发展格局,产业集群发展的环境正发生着重大的变化,要充分发挥产业政策和竞争政策在新产业或新业态发展初期的引导作用或发展中期的优化作用,要保持适度的政策供给规模,又要防止过度地透支制度供给,去营造更有利于释放和激发集群经济创业、创新和创造的活力的政策。对于一个区域而言,政策评定的标准不应以某个城市或国际化水平作为标杆,杜绝形式上的攀比,而是要创造一种相对更有竞争力的商事环境,更强调基于区域本身政策的持续性优化。

2. 将大企业生态作为产业链重构的抓手

大企业生态已经成为应对产业链卡链、断链的抓手,展示出了对经济环境不确定性所反映出的强韧性。从产业链流动的角度而言,有利于降低整个产业链条某个关键节点的资源流动阻力,加速产业链流动。一方面要加快在产业链关键环节培育大企业为主体的平台生态,做大做强产业链关键节点,推动产业链节点不断放大化。另一方面通过引进业务相似或相近的龙头企业来平衡单个龙头企业发展过程中所造成的产业缺失的影响,不断增加产业链关键节点的数量,形成多节点的格局。

3. 将区域一体化作为产业链重构的支点

国际逆全球化浪潮的兴起,将成为国际技术交流的障碍,越来越多的国家倾向于构筑自身范围内产业链的自主可控,狭义国家保护主义有可能会诱发,对现有产业集群未来发展形成挑战。在这种情况下,提升产业集群的韧性,为产业集群深度和广度发展赢得时间和空间,要高度重视区域,特别是邻近区域之间的产业链技术循环和流动,扩大产业集群空间规模,推动集群从县域规模——省域规模——城市群规模演进。并且,随着互联网生态的发展,数据时代和智能时代的到来,"虚拟的产业链"将逐步得到强化,在未来的产业发展过程中发挥更加重要的作用,有必要借重新一代信息技术的优势,加快构建以虚拟产业链为代表的新产业生态体系,形成"实体产业链+虚拟产业链"并行的产业链生态,推动产业集群立体化全方位发展。

第四章
园区篇

　　深入贯彻落实党的二十大精神,坚持教育发展、科技创新、人才培养一体推进,坚持创新链、产业链、人才链一体部署,充分发挥天津高校资源优势,高水平建设大学科技园。既是天津落实国家创新驱动战略、打造创新策源地重要举措,更是天津推动"十项行动"走深走实,解决城市发展空心化,孕育城市发展新动能,打造高水平创新策源高地的落子布局。

　　本章节聚焦大学科技园做优做强,对标对表,围绕硅谷、128公路、研究三角园、同济大学科技园、北航大学科技园等国内外高校科技园区建设,梳理形成4个方面11项有益经验举措,并创新性提出打造大学科技园创新集聚区。立足天津市情,重点梳理天津政策、科教、产业资源分布,重点研判大学科技园创新集聚区的建设基础;归纳总结大学科技园在园区运营、成果转化、要素集聚、企业培育等方面建设成效和不足,重点研判未来大学科技园高质量发展的突破方向。

　　本章节借鉴国内外经验并结合天津发展特色,提出"空间推动——机制创新——资源导入——载体协同——资源汇聚——需求引领——文化塑造"七维度加快大学科技园创新集聚区建设路径,并提出以加快构建空间发展张力、持续发展活力、资源汇聚能力、链式研发实力、拓展资源合力、服务区域能力、创新文化引力等"七力"为切入点,汇聚大学科技园高质量发展动能,打造高水平科技园区。

一、高质量建设大学科技园三大逻辑

(一)做优做强大学科技园的历史逻辑

大学科技园源自大学功能定位的调整,伴随大学功能定位从单纯的教学功能转化为教学与科研功能,再到教学、科研与服务社会,大学科技园孕育而生。世界上第一所大学科技园是斯坦福科学园,国内第一所大学科技园为1990年东北大学科技园。1999年7月,"大学科技园发展战略研究会"成立,并首次提出从国家层面统筹规划和推进大学科技园建设。经过30多年建设发展,国内大学科技园规模日渐扩大、模式不断创新,已经成为中国科技创新体系的重要组成部分。大学功能定位不断强化,大学科技园高质量发展要求不断提高。政策层面:2000年、2006年、2010年、2019年出台四轮关于大学科技园管理办法,于1999年、2004年、2010年、2019年出台四轮关于大学科技园建设、发展评价相关意见,于2007年、2016年、2018年出台三轮关于大学科技园专项税收优惠支持政策。工作推动层面:第一次全国大学科技园工作会议(2001年5月)到第二次全国大学科技园工作会议(2003年10月),鲜明提出"大学科技园是国家创新体系的重要组成部分,是区域发展和行业进步的主要源泉,是一流大学实现社会服务功能和产学研结合的重要平台"。第三次全国大学科技园工作会议(2020年11月)指出将进一步拓宽大学科技园功能定位,提升在高等教育改革发展中的地位和作用,强化创新创业人才的培养,提升综合服务能力,推动区域经济发展,促进国内外的交流与协作。2021年12月,国家大学科技园高质量发展推进会召开,再次指出国家大学科技园是国家创新体系的重要组成部分,是高校科技创新与区域产业发展有机衔接的重要载体。同时,会议强调认清定位、聚焦主业,深化体制机制创新、优化管理运营模式,不断提升大学科技园建设质量。

（二）做优做强大学科技园的理论逻辑

国家不断强化高校在科技创新中的主体地位,高度重视大学科技园建设。党的十九大报告指出要加强国家创新体系建设,强化战略科技力量,把高校建成全球科技创新重要策源地、世界科技强国和教育强国的战略支撑力量。抓高校战略支撑能力建设,科技成果转化是重要组成部分。党的二十大报告指出,教育、科技、人才是全面建设社会主义现代化国家的基础性、战略性支撑。必须坚持科技是第一生产力、人才是第一资源、创新是第一动力,深入实施科教兴国战略、人才强国战略、创新驱动发展战略,开辟发展新领域新赛道,不断塑造发展新动能新优势。一流大学是基础研究的主力军和重大科技突破的策源地,要完善以健康学术生态为基础、以有效学术治理为保障、以产生一流学术成果和培养一流人才为目标的大学创新体系,勇于攻克"卡脖子"的关键核心技术,加强产学研深度融合,促进科技成果转化。推动大学成果转化,建设高水平的承接载体非常重要,大学科技园作为大学科技成果转化的首站,推动大学与大学科技园资源互补,双向流通是大学科技园高质量发展的源泉所在。习近平总书记多个场合多次谈话中提及要强化大学的创新策源作用,拆除阻碍产业化的"篱笆墙",疏通应用基础研究和产业化连接的快车道,促进创新链和产业链精准对接,加快科研成果从样品到产品再到商品的转化,把科技成果充分应用到现代化事业中去。

（三）做优做强大学科技园的实践逻辑

从全球范围来看,大学科技园能否成为全球科技创新的重要源头、教产协同创新与产教融合发展的核心载体,以及高科技创业带动高水平创新的战略性功能平台,取决于大学科技园核心功能实现程度。一是承接高校科技成果转移转化的能力。大学科技园作为高校技术成果与企业市场主体之间的重要桥梁,既要有渠道效应,推动高校技术转移、促进科技成果产业化、开展产学研合作,又要有平台效应,要成为高校科技成果转移转化的重要通道、中国科技体制改革的重要平台。二是有效促进科创企业孵化。大学科技园要成为高校师生创新创业的首选地、要成为高校师生创新创业的加速器,通过系列化"政策+服务",成为创新创业的高地。三是有效推动创新创业人才培养。大学科技园对于创新创业人才的培养,既有针对大学本身创新创业的人才培养,这是大学属性的一部分,同时还要有对社会人才的带动性培养,这是大学科技园社会属性的外溢。四是有效实现融通发展。大学科技园要以学科优势为依托,通过建立产业技术创新联盟,利用庞大的校友网络吸引校友人才在园区开展创新创业等形式,加强校地、校企、校友资源的开放共享,实现大中小企业的融通发展。五是有效推动经济的发展。大学科技园通过知识扩散、技术辐射、人才溢出,并与周边的创新载体协同,成长为区域的重要创新增长极,由此带动区域经济的高速发展既是大学科技园发展的趋势更是大学科技园服务经济发展的重要属性。

二、国际大学科技园区发展典型经验

从世界范围看,全球领先知名大学科研园区主要集中在北美板块,以硅谷地区、128 公路、大波士顿地区为代表;国内优秀大学科技园区以同济大学科技园、北航大学科技园和西南交通大学科技园等为代表,从发展历程角度详细梳理科技创新园区的创新核心经验、有效招法、普遍规律。

(一) 空间布局

从世界科技园区发展来看,各个科技园基本都具有一定的空间规模,硅谷是长约 18 公里,宽约 11 公里的区域,面积大概是 1854 平方公里,其中核心区面积约 300 平方公里。研究三角园整体长 13 公里(从北到南),宽 3.2 公里(从东到西),占地 7000 英亩(28 平方公里)。同济大学科技园核心园区和辐射带动区域面积约 12 平方公里,北航大学科技园作为专业化的园区,园区面积 13 万平方米。

1.“切豆腐块”模式

以研究三角园为典型代表,其典型模式是园区运营之初就确定了土地空间的四至范围,后期建设主要通过规划各个功能分区进行推进。具体是通过系列化的土地收购和土地捐赠等,到研究三角园基金会成立之时,研究三角园已经完成了绝大部分土地的收储工作,并将其归到研究三角园基金会统一管理。同时成立了研究三角区域规划委员会,对研究三角园进行了首次功能分区,科学研究园区(SRP)和研究应用区(RAD)分区。并于 2012 年编制《研究三角园区总体规划》,划分为北部的三角共识中心(混合功能的中心)、中部的园区中心(商务设施集聚区)和南部的 KIT 溪水中心(大规模研究集聚区)。

2.“剥紫洋葱”模式

以 128 公路、同济大学科技园、西安交通大学科技园为代表,其典型模式是在建设过程中,以某个大学为核心,围绕大学形成主导产业科技园区,不断进行拓展,最终形成一个圈层创新区域。如 128 公路形成了以 MIT 为核心→老城区→128 公路→495 州际公路,"洋葱圈"式的创新结构。又如同济大学科技园"核心圈"以同济大学四平路校区为核心,包括密云路、中山北二路、江浦路、控江路、大连路围合组成的区域,面积约 2.6 平方公里;"扩展区"以曲阳路、大连西路—大连路、周家嘴路、黄兴路、邯郸路围合组成,面积约 10 平方公里,主要"辐射区"包括新江湾城、共青森林公园、黄浦江北岸滨江和黄兴公园等。

3. "串珠成线"模式

以硅谷为典型代表,其典型发展模式是在发展过程中存在多个城市微中心,每个城市均具有相对完整的结构与功能,由核心向外布局商业服务业区、科研办公区、居住区以及产业区等功能片区,如同一个个"锚点"。各"锚点"由生态廊道相隔,是城市用地增长的弹性化边界,主要交通干线将各"锚点"串联起来,空间上用地不断拓展和蔓延,使硅谷由一个个分散布置的独立小镇连成成片的城市群。以核心区为例,斯坦福的创办强化了大学街作为帕罗奥图老城区的核心,带来了新的商业活力,学校的教职员工也多数在当地安家。随着斯坦福科研园的设立,帕罗奥图的城市中心南拓,与南面的山景城连成一片。

(二)园区运营

1. 多元主体运营园区

大学科技园区采取多主体参与的运营模式,是国内外科技园区运行的通行做法。北卡罗来纳研究园管理机构研究三角基金会由三所大学与企业、政府共同管理,实行理事会领导下的所长负责制,理事会由 25 名理事组成。经走访调研,同济科技园主园区的运营主体为上海同济科技园有限公司,由上海同济科技实业股份有限公司(60%)、上海同济资产经营有限公司(20%)和上海杨浦科技投资发展有限公司(20%)共同投资,实行了大学与所在行政区合作共建的园区投资建设模式。

2. 市场化建专业团队

大学科技园运营过程中高度重视运营的专业化水平和水准。通过专业化的运营提升科技园区整体服务能力。北卡三角研究基金会均为与创业高度关联的专业化人士组成,其现任主席在内的多位成员均有创建多个知名企业的履历。经走访调研,北航科技园管理运营团队采取"学校行政管理与市场化相结合"方式,拥有专职人员 42 名,其中 9 人为事业编制,33 人为市场化聘用。斯坦福首创了大学内部设立"技术许可办公室"由 40 多人组成,下设技术许可部门和专门负责产学研发合作的产业合同办公室,同时还设有合规部门、财务部门、行政管理部门、专利部门。

3. 高校校友双重发力

强大的校友经济,是科技园区发展的重要动力。回顾硅谷发展过程中,从硅谷发展早期,斯坦福工业园将学校闲置的土地出租给企业和创业校友,开放并共享实验室及研发设备,吸引了大量技术研发类企业在此聚集。到后续硅谷的重要创新公司,如谷歌、惠普、思科、雅虎、Ebay、基因泰克等大批高科技公司,都或多或少有校友的影子。"128 公路"70%以上的创新创业企业由麻省理工学院师生创办。研究三角园则实现了高校和园区的双向绑定,直接制订了 STEM 计划,搭建了高校为企业提供人才的专业化培训平台,85%的研究三角园公司员工通常受过研究生、大学或技术学校的教育,接近 90%的研究三角园公司与大学建立正式或非正式的关系。同济大学科技园和北航大学科技园也高度重视高校和校友的创新创业,60%以上的创新创业企业与高校有直接的关联和联系。

(三)平台建设

1. 发挥重大科研平台引领

科研型平台集聚是科研园区的典型特点。128 公路发展过程中高度重视实验室建设,到 2018 年底,整个大波士顿地区共有超过 280 万平方米的实验室空间;到 2024 年,波士顿还需要新建近 190 万平方米的实验室空间。研究三角园先后建立北卡罗来纳州微电子中心、北卡罗来纳生物技术中心等国家级研发平台,形成强大示范效应,带动了葛兰素史克等知名公司落户,助推园区成为全球疫苗研究领先者。北航大学科技园依托北航高端科研平台,包括 13 个国家级重点实验室、72 个省部级重点实验室、3 个国家工程实验室、5 个国家级工程研究中心、3 个知识产权管理系统、90 个专业文献数据库等,构建"北航技术转移"线上资源整合平台。

2. 积极建设技术转移平台

高校是园区技术转移转化平台建设的中坚力量。依托高校,建设市场化、专业化的科技成果转移转化平台,推动科技成果高效转化。在硅谷,技术转移服务机构主要由大学里的技术转移办公室(TLO)和其他一些技术咨询、评估、交易机构组成。128 公路麻省理工学院的全球产业联盟,连接着一千七百多家和麻省理工学院相关的创新型初创企业和二百六十余家联盟会员企业,把学生创新创业、教授帮助指导和社会的应用推广紧密结合起来,形成一个活跃互动的创新平台和融合纽带。在研究三角园,通过大学合建或是独建方式,先后成立三角研究国际(北卡罗来纳州立大学和杜克大学联合成立)、三角大学高级研究中心(杜克大学、北卡罗来纳州立大学和北卡罗来纳州教堂山分校联合成立)和百年纪念校园(北卡罗来纳州立大学独建,州政府支持)等技术转移转化机构或载体,支持园区技术转移转化。在国内,北航大学科技园成立北航工研院公司,采用事业化管理与企业化运营相结合的方式,由科学技术研究院负责管理与审批、技术转移中心负责运营与服务,并配备具有技术经纪、基金从业资质的专职技术转移服务队伍 40 人,协作促进北航科技成果转化。

3. 大力发展创业孵化平台

拥有一定数量的孵化平台,是保持持续创新活动的关键。研究三角园出台中小企业创业政策、设立首飞创业中心(First Filght Venture Center)为代表的 6 个重点孵化器,推动大学师生在园区创新创业,截至目前,该中心已毕业四百多家公司,为经济发展贡献了一百多亿美元。同济科技园构建了由"创新启蒙、创业教育、创业资助、创业关怀、创业加速"五个环节构成的全链条、全要素、全周期创新创业服务体系。西安交通大学科技园在大学生科技创业实习基地内搭建了创意产业公共服务平台、流体化学产品合成平台、大学生创业网络服务平台"3"个非营利性质的专业技术服务平台,为大学生开展技术服务,从中衍生发展出多个创新型项目和多个科技型企业,形成"3+X"模式,引导大学生创业,得到科技部、教育部认可。

(四)产业发展

1.高度重视发展前沿技术

从国际科技园区发展的过程来看,能否抓住战略性新兴产业是园区发展的关键要素之一。硅谷微电子、信息技术、新能源、生物医学四大产业集群均为当前战略前沿,128 公路更是从早期金属加工、机械制造逆袭成为全美生物医药产业的创新高地,研究三角园的发展历程也是从传统农业向生物医药产业和电子信息产业蝶变的过程。再看国内,同济大学起家于研发设计行业,行业分布主要涉及现代设计、电子信息、节能环保、生物医药、先进制造、新材料、新能源等,均属于国家和上海市重点支持的高新技术领域。北航科技园一直将光电子、航空航天技术作为重要发力点,大力发展新一代信息技术和集成电路产业集群、智能装备产业集群、人工智能与软件信息服务产业集群。

2. 高度重视龙头企业带动

发挥龙头企业的作用,形成龙头企业与大中小企业融通发展的局面。研究三角园 IBM 落户之后,引入大约 40 个 IBM 关联企业,包括其产品开发和研发总部,快速集聚大量人才,带来了人气和大量分包业务。同济大学科技园拥有国内建筑与城市规划设计领域的"五大金刚":同济大学建筑设计研究院、上海市政工程设计研究总院、上海邮电设计咨询研究院、上海同济城市规划设计研究院、CCDI 悉地国际。除此之外,在园企业中上市企业 41 家,收入过亿元 42 家,涌现出东方财富、饿了么等一批知名的创新型企业,形成了全国一流的创新创业生态。西安交通大学科技园形成以西安交大快速制造技术国家工程中心为核心的先进制造技术产业链;以西安交大生物医学研究中心、西安华奥丽康生物工程公司为核心的生物医药技术产业链;以西安交大电气绝缘国家重点实验室、西安交大思源智能电器公司为核心的智能电网技术产业链。

3. 高度重视发挥资本作用

硅谷是美国风险投资活动的中心,在斯坦福大学附近的沙丘大街 3000 号,集中了二百多家风险投资公司,吸引的风投资金占美国风投总量的三分之一,诞生了美国纳斯达克电子证券交易机构。128 公路则是世界上第一家专业风险投资公司——"美国研发公司"的诞生地。研究三角园在美国国内金融产业的转移潮过程中,迎来富达投资、瑞士信贷集团等国际知名金融集团入驻,成为北美金融重镇。同济大学科技园、北航大学科技园也都建立了相应的金融服务体系,其中北航大学科技园成立了总规模 13.7 亿元的 4 个基金,覆盖了企业发展过程中不同阶段的融资需求,为园区全链条孵化提供了有效的资金保障。同济大学科技园设立"创业投资基金",首期规模最高达 3 亿元、"高校科技成果转化基金",首期规模 2280 万元,精心打造环同济"科技+金融"新模式。

(五) 文化建设

1. 打造双创标志地标

纵观各个科技园区均有标志性创新地标,128 公路最具代表性的,被称为"全球最具创新性 1 平方英里""全球医药产业的华尔街"的肯德尔广场。全球TOP20 的生物医药公司中的 18 家在此设立办公机构,生物技术公司超过 250

家,其中 80% 为初创企业。研究三角园最具代表性的地标是园区中心建设前沿学区、餐饮休闲区和现代化步行社区,是园区的核心地标,为园区提供更好科研合作、交流平台。同济大学科技园最具代表性的是被称为"建筑设计硅谷"的赤峰路设计一条街。在这长度仅为 860 米的路段上,包括上海模型制作三大巨头,同济大学建筑设计研究院、东方设计院、林同炎—李国豪工程咨询有限公司等品牌企业在内的近四百家设计企业云集其中。

2. 塑造文化创新氛围

硅谷发展历程中,不断宣传其创新创业文化,以立法的形式打破竞业禁止协议,开放产业生态,打造理解跳槽、鼓励流动的"自由精神",加速区域内的人才流通和技术传播。硅谷实施专门为吸纳国外人才的签证计划,增加签证发放数额,营造了敢于做梦、执着追梦的"创富精神"等,让硅谷在发展中获得源源不断的动力。在研究三角园发展历程中,政府积极组织商业界为研究三角园发展募捐,以弥补研究三角园资金不足,并积极宣传推介研究三角园,在《财富》《商业周刊》《科学美国人》《纽约时报》等进行宣传,以吸引企业入驻研究三角园,同时也推动研究三角园承办国际会议,提升国际影响力。北航大学科技园则积极营造全球化的创新文化氛围,承办北航全球创业大赛,吸引优秀校友参赛。支持科技部共享杯大学生创业大赛,设立"最具投资价值奖",并建立北航留创园,积极吸引海外高层次人才回国创业,设立中关村人才代办工作站以及北航科技园驻法兰克福联络处等,连续十五届参与协办"春晖杯"中国留学人员创新创业大赛,连续举办四届"北京——特拉维夫创新大会"的北航分会。

三、大学科技园创新集聚区概念提出

(一)大学科技园创新集聚区概念

大学科技园创新集聚区是大学科技创新体系的重要组成部分,是大学科技体系与市场创新体系的深度融合,是新型创新生态系统。从地理规划上,大学科技园创新集聚区在地理布局上以大学科技园为中心,统筹大学和社会创新资源,并形成具有一定物理边界范围的区域经济形态;从功能定位上,大学科技园创新集聚区以大学科技园为平台引领,以承接并促进大学科技成果转化为策源,以整合、联合科研创新资源为抓手,以服务和促进产业创新为方向,通过市场化机制,高质量促进学科融合、高浓度聚集创新要素、高产出推动创新成果、高水平带动产业发展,是大学科技园"创新资源集成、科技成果转化、科技创业孵化、创新人才培养、开放协同发展"五大功能在空间上延伸和强化。从生态发展上,大学科技园创新集聚区以大学科技园有机串联大学、政府、企业、中介机构等多个利益相关者群体,形成知识创造群、科技成果消费群、链接资源配置群,搭建成果平台、孵化平台、技术平台、金介平台、基础设施平台、数据平台等平台资源,形成知识生态、创业生态、产业生态、金介生态、设施生态、数据生态相互交融的大生态(图4-1),推动创新要素在知识链、创新链、产业链、人才链和价值链等有序流动,形成合理配置资金、人才、技术,同时输出产品和服务。

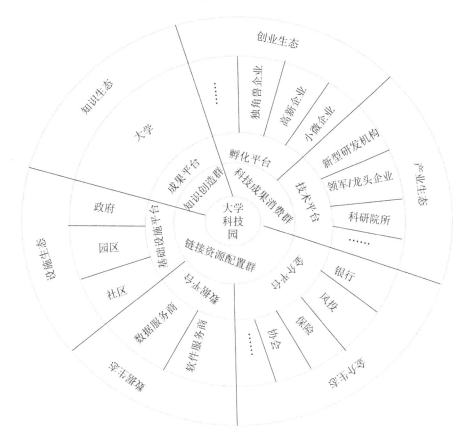

图4-1　大学科技园创新集聚区架构图

(二)大学科技园创新集聚区内涵

大学科技园创新集聚区的本质属性是以大学科技园为平台的创新策源共同体,其内涵主要包括四个方面内容:一是单主体主导,多主体联动。大学科技园创新集聚区以大学科技园为主导,以市场化运作的模式,将大学、属地政府、企业、科研院所、中介机构、基金公司等多主体通过共建共享等模式,组建形成知识创造群、科技成果消费群、链接资源配置群,三群互动,串联形成以大学科技园为核心的"伞状"创新网络,形成相对稳定的协作关系,使得创新资源利用更有效,创新创业成本更低,实现创新的边际效益递增;二是链接学科优势,开展知识集成创新。大学知识的生产、溢出与扩散能够带来技术交流、共享与转化,但这种扩散往往有自发属性和无序属性,其科技成果转移转化落地空间具有高度不确定性,大学科技园创新集聚区作为大学科技成果转化承载地,其突出的优势是打破传统大学科技成果转化无组织、多点开花局面,赋予大学系统性成果转化窗口,集成大学优势学科成果于大学科技园创新集聚区,形成独立于大学之外的创新创业集聚地,推动多学科的成果在有限的区域内融合发展,催生知识创新的深度集成。三是产业链、创新链、资金链、人才链、数据链、服务链深度融合。大学科技园创新集聚区天然的市场化运作机制,能够在大学行政体制之外,更好促进产业链、创新链、资金链、人才链、数据链和服务链"六链融合",通过链式融合,加速大学科技成果在大学科技园创新集聚区转移转化以及新技术在大学科技园创新集聚区应用熟化。四是创新、育人、创业融合。大学科技园创新集聚区既体现大学优质成果的转化,也蕴含对于大学优质学科的反哺。通过产业实践,引导高校学科研究更好地聚焦于社会需求,明确大学科技成果的供给方向,提升大学科技成果的供给能力。以大学优质成果促产业发展、以产业反哺优质成果创新、以人才培养贯穿整个过程,不光解决了创新的方向问题,也解决了产业的发展问题,更培养了创新和产业的人才,形成"金三角"循环。

(三)大学科技园创新集聚区功能

大学科技园创新集聚区的本质属性直接决定了其与环大学产业圈或者经济圈的不同。主要体现在:一是组织模式不同。大学产业圈或者经济圈在科技成果转移转化过程中没有明确的组织主体,学校资源与周边资源散发式对接,协同创新过程中相对比较混乱,"科技人员+科技成果+场地"现象突出,同质化孵化严重,而大学科技园创新集聚区发展过程中以大学科技园作为联系纽带,建立了以大学科技园为核心的完整的孵化平台、技术平台、成果平台、金介平台、基础设施平台和数据平台,形成了有组织的科研协同创新范式;二是管理机制不同。大学科技园创新集聚区以大学科技园为主导,大学科技园是有实体的运营公司,采取现代企业管理制度,市场化运营,贯穿于大学科技园创新集聚区发展始终。而环大学产业圈或者经济圈则更多是政府与大学协议共建,建设运营过程中多是政府机构。政府机构不是一个功能主体,更多承担的是行政建设主体,推动环大学产业圈或是经济圈建设,与各个创新主体的市场化联系弱;三是物理边界不同。大学科技园创新集聚区是围绕大学科技园的创新区域,而环大学产业圈或是经济圈则是围绕大学的区域,考虑到中国部分大学科技园与高新区等园区结合比较紧密,并不在大学周边,故二者在物理边界上有差异;四是功能不同。大学科技园创新集聚区承载大学科技园"创新资源集成、科技成果转化、科技创业孵化、创新人才培养、开放协同发展"五大功能的延伸,有其特色的功能使命,如其核心大学科技园主要以高校创新成果关联的创新创业团队为主导,形成强大的策源能力,而环大学产业圈或经济圈则没有特别明确的功能指向,也没有明确的功能定位,只是一种区域经济综合体。

大学科技园创新集聚区具有五大功能:一是打破学科壁垒的加速器,促进学科在产业端融合。大学科技园创新集聚区以大学关联科技成果转化为主导,通过大学优势成果在有限区域内集中发展,灵活复制大学人文环境,发挥科研人员源自同一大学的天然黏性,推动创新创业企业形成科研社区、产业社区,有力促进学科交叉,实现学科在产业端的融合。二是建设大学科技成果转化首站,促进成果加快落地熟化。作为大学科技成果转化的首站和科技成果转化的重要出口,大学科技园创新集聚区优质的软硬件环境有助于大学知识和成果与企业、技术和资本等创新资源柔性对接,增强大学科技成果转化市场导向,并有力提升科技成果转化效率。三是建设人才培养重要阵地,促进多维人才成长。大学科技园创新集聚区通过提供就业见习岗位,承接了大学创新创业人才的培养,也兼顾了社会创新创业人才的培养,推动人才向创业者和企业家角色转变,打造一批企业家队伍;大学科技园创新集聚区大量的人才,也为大学科研工作需要储备了大量人才,反哺了大学科研创新人才的培养措施,为有组织科研打造天然的科研人才队伍。四是服务区域发展。大学科技园集聚区通过加速创新创业企业孵化,培育区域创新技术主体或与区域开展技术合作,破解区域共性技术发展瓶颈等方式,推动大学科技园创新集聚区形成区域创新增长极,辐射带动区域创新型经济发展。五是突出国家水平,深度参与国内国际双循环。大学科技园创新集聚区是双创浪潮走向高质量发展,冲向创新策源的重要转变,通过深度参与国内、国际市场和产业分工,深度融入国内和国外双循环,成为全球范围内知识创新、成果策源和价值创造的新高地,为科技自立自强提供有力支撑。

四、建设大学科技园创新集聚区路径

(一)大学科技园创新集聚区建设环境基础

1.政策环境

(1)科技成果政策日臻完善

党的十九大报告强调要深化科技体制改革,促进科技成果转化。党的十九届五中全会提出要坚持创新在中国式现代化建设全局中的核心地位,把科技自立自强作为国家发展的战略支撑。2021年,习近平总书记在中央全面深化改革委员会第十九次会议中强调,加快实现科技自立自强,要用好科技成果评价这个指挥棒。2021年7月,国务院办公厅印发《关于完善科技成果评价机制的指导意见》,围绕科技成果"评什么、谁来评、怎么评、怎么用"的问题做出系统部署。天津贯彻落实党中央、国务院决策部署,相继出台了一系列政策措施,先后发布《天津市促进科技成果转化条例》《关于深化体制机制改革释放科技人员创新活力的意见的通知》(津党办发〔2017〕44号)《关于实行以增加知识价值为导向分配政策的实施意见的通知》(津党厅〔2018〕38号)《天津市人民政府办公厅关于完善科技成果评价机制的实施意见》(津政办规〔2022〕3号)等法规和政策文件,不断完善天津科技成果转化政策体系,聚焦科技成果转化政策落实中的"细绳子"问题,强化关键环节和保障机制,打通政策落实堵点、难点,激发科研人员活力,促进创新链、产业链、价值链深度融合。

(2)大学科技园进入建设期

为深入贯彻落实国家创新驱动发展战略,天津从顶层设计做出建设大学科技园的部署安排,2021年出台《天津市人民政府关于加快推进天津市大学科技园建设的指导意见》(津政发〔2021〕9号),明确了大学科技园的基本原则、总体布局、路径和使命。同年3月,天津科技局会同市教委出台《天津市大学科技园建设三年行动计划(2021—2023年)》(津科区〔2021〕32号),明确了总体思路、重点布局、任务目标、政策及保障措施。同年9月,天津市科学技术局、天津市教育委员会印发《天津市推动大学科技园建设指挥部工作专班工作机制》,市级层面成立了指挥部专班,校区层面成立了13个校区工作专班,形成了"一部双班"抓落实的模式。同年11月,市科技局、市教委、市财政局出台《天津市大学科技园认定与绩效评价管理办法》(津科区〔2021〕126号),明确市级大学科技园功能定位、认定条件,认定程序,绩效评价内容、程序、监督与管理的主要内容。

2022年,专门出台了天津市大学科技园年度建设方案,推动大学科技园建设走深走实。

2. 高校环境

（1）高校成果转化资源丰富

"双一流"重点高校较多,天津拥有天津大学、南开大学、天津医科大学、天津工业大学、天津中医药大学五所"双一流"重点高校,拥有天津理工大学、天津科技大学、天津财经大学、天津商业大学等地方重点高校。同时,天津作为国家现代职业教育改革创新示范区,还拥有天津中德应用技术大学、天津职业大学、天津电子信息职业技术学院、天津轻工职业技术学院等国家示范骨干高职院校,形成了与天津重大产业领域相对应的人才培养体系,有力地支持了天津经济社会发展。科技成果转化态势良好,据《中国科技成果转化2021年度报告（高等院校与科研院所篇）》披露,在2020年全国高校转化科技成果合同金额前100名（仅含转让、许可、作价投资方式）中,天津中医药大学、南开大学、天津医科大学、河北工业大学、天津大学入选。

（2）高校区域集聚态势明显

天津高度重视大学资源的布局,天津市教育委员会发布的《天津市教育设施布局规划（2018—2035年）》公示,天津结合"三区两带中屏障、一市双城多节点"的国土空间总体格局,高等教育布局采取集中与分散相结合的形式,规划形成6个高等院校集聚区,分别为津城核心区及周边高教集聚区、海河教育园区、大港高教集聚区、开发区高教集聚区、京津新城高教集聚区以及中日（天津）健康产业发展合作示范区高教集聚区。《天津市国民经济和社会发展第十四个五年规划和二〇三五年远景目标纲要》中,明确提出要优化创新空间布局,支持南开区与天津大学、南开大学合力打造启航创新产业区。围绕西青大学城、东丽科研机构聚集区等科教资源密集区,培育研发产业聚集区。深化海河教育园区体制机制创新,加快产学研用深度融合,推进创新发展聚集区建设,打造"天津智谷"。天津第十二次党代会报告中提出要持续提升自主创新和原始创新能力,建设高水平创新型城市。优化教育布局,支持南开大学、天津大学等高校加快"双一流"建设,打造一批高水平特色大学,扶植一批冲击国内顶尖、世界一流的学科,全面提升高校科技创新和服务能力。推动大学科技园建设。健全科技成果转化服务体系,着力打通转移转化通道。

3. 要素环境

（1）人才资源相对集中

从人才要素来看，天津整体上人才资源相对比较丰富且呈现环城多于市区、聚集态势明显的特征。从图 4-2 中可以看出，天津已被认定的大学科技园所在行政区，如西青区、东丽区、津南区 R&D 人员数量遥遥领先于市内六区，而北辰区因河北工业大学坐落于内，人才资源同样较为丰富。R&D 人员占从业人员比重是中国高质量发展、科技创新度的重要观测指标之一，从天津具体情况来讲，截至 2019 年，天津市河北区从业人员期末人数达到 10066 人，R&D 人员 1088人，占比为 10.8%，位列天津第一；东丽区从业人员期末人数达到 52415 人，R&D人员 5222 人，占比为 9.96%，位列天津第二；滨海新区从业人员期末人数达到395714 人，R&D 人员 26929 人，占比为 6.8% 以上，位列天津第三。研究 R&D 人员过程发现，子女教育、配偶就业、居住和医疗条件以及周边配套设施等是对人才的吸引力关键，也是影响人才资源分布的要素。

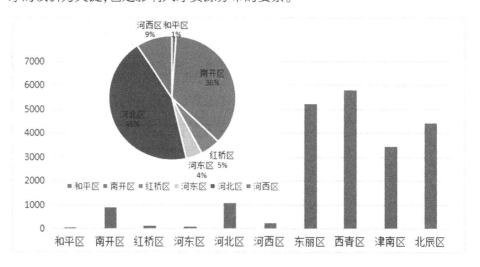

图 4-2 市内六区及环城四区 R&D 人员情况

（数据来源：天津科技统计年鉴）

截至到 2019 年，天津一般公共预算支出为 35557052 万元，财政科技支出为1099332 万元，财政科技支出占一般公共预算支出比重为 3.09%。市级层面，一般公共预算支出为 12972618 万元，财政科技支出为 191789 万元，财政科技支出占一般公预算支出比重为 1.48%；区级层面，一般公共预算支出为 22584435 万元，财政科技支出为 907543 万元，财政科技支出占一般公共预算支出比重为

4.02%。从财政科技支出占一般公共预算支出比重来看,截至到2019年,滨海新区财政科技支出占一般公共预算支出比重为最高,达到8.57%,超过天津3.09%的平均水平;市内六区中,南开区财政科技支出占一般公共预算支出比重为最高,达到2.31%。

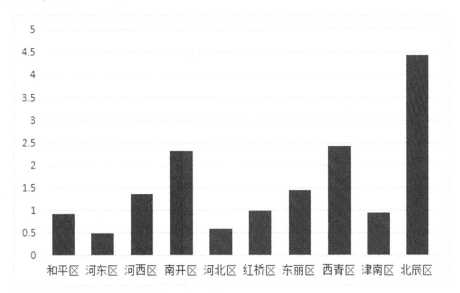

图4-3 财政科技支出占一般公共预算支出比重(%)

(数据来源:天津科技统计年鉴)

(2)创新活跃度稍偏低

从创新活跃度上看,天津整体情况稍偏低,且大学科技园所在区与非大学科技园区域差距比较明显。从技术合同输出成交额、技术合同吸纳成交额总额来看,如图4-4显示,截至到2019年,河西区、西青区具有明显优势。具体来看,在科技成果产出方面,2019年天津技术合同输出成交额773.68亿元,其中南开区、西青区、东丽区排名相对比较靠前,南开、西青区作为我市高校聚集区,拥有明星资源优势,汇聚天大南开大学科技园、西青大学科技园。东丽区作为院所集中区,拥有明星院所创新资源优势。因此科技成果产出相对丰富,创新度活跃。

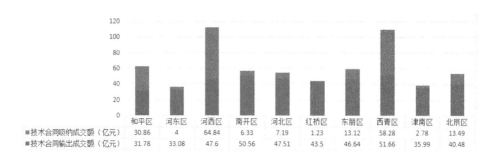

	和平区	河东区	河西区	南开区	河北区	红桥区	东丽区	西青区	津南区	北辰区
■技术合同吸纳成交额（亿元）	30.86	4	64.84	6.33	7.19	1.23	13.12	58.28	2.78	13.49
■技术合同输出成交额（亿元）	31.78	33.08	47.6	50.56	47.51	43.5	46.64	51.66	35.99	40.48

图 4-4 市内六区及环城四区技术交易情况

（数据来源：天津科技统计年鉴）

（3）产业发展优势明显

从培育企业情况来看，已被认定的大学科技园所在行政区，整体上企业资源配置要明显好于其他区域。从天津来看，培育企业对天津高技术服务业、高技术制造业营业收入增长的贡献率分别达到 37.8% 和 52.1%，拉动营业收入增长 11.4 个、13.1 个百分点，对高技术产业新动能引育作用凸显，成为天津高质量发展的重要引擎。从天津市科学技术局官网统计数据查询发现，2019 年至 2021 年，天津累计评价入库雏鹰企业 7138 家、瞪羚企业 828 家、科技领军企业和科技领军培育企业共 230 家。其间，72 家雏鹰成长为瞪羚，8 家雏鹰、39 家瞪羚成长为领军；9 家企业实现上市。具体到市内六区及环城四区，如图 4-5 所示，东丽区、西青区、津南区因有大学科技园，培育企业体量较大、孵化效果明显。

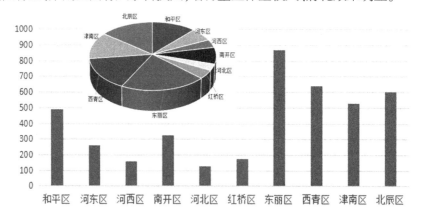

图 4-5 市内六区及环城四区科技型企业情况

（数据来源：市科技局入库雏鹰、瞪羚、领军、领军培育企业名单）

(二)大学科技园创新集聚区建设实践成效

2021年12月中旬,天津启动并完成首批天津市级大学科技园认定工作,天津科技大学科技园、中国民航大学科技园、西青大学科技园、天津职业技术师范大学科技园通过评审,被认定为市级大学科技园。历经一年时间,2022年,天津大学(南开园、津南园)、南开大学(南开园、津南园)等8家认定市级大学科技园,天津大学科技园成果转化、创业孵化、集聚资源、培育人才和协同创新的作用已初步显现(受限于数据采集,此处重点评价前四家市级大学科技园)。

1.建设成效

通过对首批大学科技园的走访调研发现,经过一年的建设,大学科技园整体发展水平都有显著的提升。

(1)运营能力较大提升

从管理效能上看,首批四家大学科技园建立了职业化的大学科技园管理团队,大学科技园、高校及有关区建立了紧密的合作关系,西青大学科技园引入天津高校校友会科技经济融合研究会,突出校友会的纽带作用,链接近五十万在津校友,上千家知名校友企业;从孵化效能上看,四家市级大学科技园共6.1万平方米大学科技园载体面积,实现在孵企业收入1.5亿元以上,上缴税收八百六十余万元,带动就业一千三百余人。

(2)成果转化增速明显

从科技成果转化数量上看,2022年底,首批四家大学科技园转化科技成果总量102项,较去年认定时增加了50%;从科技成果转化金额上看,四家大学科技园科技成果转化总金额2615万元,较去年认定时增加了7.9%,其中中国民航大学科技园开发"飞神"信息平台,持续充实科研项目和科技成果库,并依托天津"展交中心"与天津科技成果网平台,发布科技成果、项目展示、成果对接等信息,进行成果评估、交易及融资等服务,连续两年科技成果数量突破40件,连续两年科技成果金额突破千万元。

(3)金融要素支撑有力

首批四家大学科技园在建设过程中充分发挥了金融对科技支撑的重要作用。中国民航大学科技园通过建设担保平台,为园区企业累计授信1500万元,2家企业入选"津种子"培育计划(天津68家入库企业);天津科技大学科技园通过引入产业投资基金、风险投资机构、银行、担保贷款机构等,为企业募集资金6000余万元,其中为天津博创合成生物科技有限公司、天津浩信纤维素基科技有限责任公司、天津慧智百川生物工程有限公司等 4 家优质企业融资 4500 余万元。

（4）创新主体发展迅猛

从数量上看，2022 年底，首批四家大学科技园孵化企业总数 175 家，较去年认定时增加了 25%；从质量上看，四家大学科技园孵化高新技术企业 14 家，国家科技型中小企业 18 家，四家大学科技园拥有发明专利的在孵企业数量占在孵企业总数的比例较去年有大幅提升，其中天津科技大学科技园最为亮眼，高达41%，该指标已经达到国家大学科技园认定要求。四家大学科技园师生创业比例也有大幅提升，其中中国民航大学最为亮眼，高达 100%，是唯一一个全部由师生创业企业组成的大学科技园区。

（5）校区融合深度发展

科技园紧密围绕学校双一流建设需求和国家与地方的经济社会发展需求，充分发挥大学科技园作为一个跨界组织的优势，探索"技术熟化链+人才成长链+科技金融链"的市场化创新资源配置方式。天津科技大学科技园与滨海新区三百多家企业建立了技术合作关系，其中入园企业——博创合成生物科技有限公司为康希诺解决了疫苗原料国产化问题，突破了卡脖子技术，为新冠肺炎疫苗获批作出了重要贡献。西青大学科技园开展大学科技园及西青区辖内的科技企业"揭榜挂帅"活动，有力支撑了区域转型升级。

2. 主要问题

（1）空间载体拓展空间不足

科技创新需要有人才。研究 R&D 人员数量过程发现，天津部分高校周边配套设施不健全，尚不能满足科研人员生活娱乐、医疗、出行等。引进人才的子女教育、配偶就业、居住条件难以得到保障，对人才的吸引力度不够。同时，天津以津城核心区及周边高教聚集区为代表的创新集聚区存在空间载体不足等问题。除已建成的载体资源外，在目前经济下行的形势下，因国土空间规划、土地出让价格等原因，高价土地成本成为限制创新集聚区载体建设的重要因素。

（2）金融产品服务有待强化

研究天津财政科技支出金额过程发现，政府投入力度不足，引导效率不高。依托高校平台载体孵化的科技型企业多为中小型企业，普遍存在资金短缺的问题，而天津现行的金融支持政策及科技金融体系、服务产品无法有效帮助科技企业走出资金难的困境。政府引导基金整体效率不高，缺乏基本的科技金融专项资金、科技融资担保基金、科技信贷风险补偿机制等政策性科技金融产品体系。

容错机制不健全,出于国有资产保值增值的顾虑,导致基金投资谨慎。科技保险模式和产品较单一,尚未建立和形成投、贷、保联动机制。产业驱动方式与哈尔滨类似,处于"政府主导型"向"市场调节型"过渡的时期,技术供给端与市场需求端无法精准对接,在市场引导下,社会资本对已有成熟技术的重复铺开式投资浪费大量金融资源。

(3)领军型企业培育不足

研究天津高校集聚区周边企业过程发现,瞪羚、领军企业总量少、增速慢,适应新经济高成长企业的创新孵化体系尚未建立形成,各项指标均远低于北京、上海等国家科技园平均水平。科技园创新平台引入的企业多体量小,拥有关键核心技术少,产业特色不明显,导致科技园整体创新能力和竞争力较弱。园区企业涉及健康食品、化工新材料、信创等多领域,区位特征与大学科技园定位不明确,后期会导致入驻企业需求与学科的专业设置不匹配问题,影响企业成长。

(三)大学科技园创新集聚区建设路径建议

从大学科技园发展路径上看,天津大学科技园(南开园)、南开大学科技园(南开园)、天津大学科技园(津南园)和南开大学科技园(津南园)以及西青大学科技园所在区位相对于其他各个区区位优势明显,并且这些园区同时位于天开高教科技园园区内,可以率先推动大学科技园成长为大学科技园创新集聚区,恰逢其时。以功能性布局为导向,加快形成以大学科技园为核心,周边载体有机串联的集群式发展模式,推动大学科技园与孵化器、众创空间、产业技术研究院、海河实验室、主题园区联建共建,推动大学科技园从"创新策源地"到"产业高峰"的快速转变,打造一批以大学科技园为主导的创新集聚区。

1.思路与路径

其核心的逻辑是以大学科技园建设破解大学和产业链接的制度性障碍,推动创新资源以市场化的方式围绕大学科技园布局,形成大学科技园创新集聚区。通过多措并举,推动大学科技园创新集聚区打通创新堵点、集聚创新资源、扩展合作空间、推进产业应用和营造创新文化。按照"空间推动—机制创新—资源导入—载体协同—资源汇聚—需求引领—文化品牌"为一体的七个维度切入,夯实大学科技园创新集聚区"空间张力、发展活力、汇聚能力、研发实力、资源合力、区域能力、文化引力"七力,推动大学科技园创新集聚区建设上水平、上台阶,成为区域创新的策源地和创新型经济发展的增长极,支撑国家创新体系高质量发展。

2. 对策与建议

(1) 做优大学科技园创新集聚区空间发展张力

统筹优化空间布局,形成以大学科技园为创新的核心圈层。第一,大学科技园核心圈层。推动各个高校内设众创空间、孵化器和大学科技园建立联系,明确众创空间、孵化器与大学科技园之间的定位,整合三方科技创新资源,形成大学科技园核心孵化圈层。第二,大学科技园周边圈层。推动大学科技园周边15分钟生活圈内的主题园区、孵化器、众创空间与大学科技园对接,以联盟共建和协议共建的形式,组建创新联盟,汇聚整合创新资源。第三,大学科技园拓展圈层。一是打造"小而美"的大学科技园研发基地,对于小尺度大学科技园载体,主要面向大学科技园周边地区,突出研发与孵化功能。二是打造"专而精"的大学科技园中试化片区,对于中尺度的大学科技园载体,围绕特定的特色产业,打造一批大学科技园小试、中试基地。三是打造"大而全"的大学科技园产业化片区,对于大尺度的大学科技园载体,围绕大学科技园优质企业产业化提质扩容需求,形成全方位的配套服务。

(2) 释放大学科技园创新集聚区持续发展活力

在大学科技园创新集聚区建设过程中,要充分发挥大学科技园的龙头引领作用,提升大学科技园共管、共建的能级。一是治理联动,加快大学科技园现代化治理体系建设,鼓励大学科技园在公司体系架构基础上,新建或扩建大学科技园管理委员会,委员会由政府、高校、投资机构等专家参与,参与大学科技园运营决策。管理委员会下设专业技术委员会,如科学技术委员会、平台实验室委员会等,各个委员会由大学科技园创新集聚区内重要的企业、科研院所等创新主体参与,同时各个专业委员会通过会员的形式吸纳相关用户群体参与,作为专业技术委员通过在特定领域建言献策等手段,间接参与大学科技园日常建设。二是投入联动,大学科技园创新集聚区建设过程中,要加强大学、属地政府以及社会资本在大学科技园创新集聚区科研设施建设、配套生活设施建设、金融生态平台建设等方面的联动投入机制,鼓励政府和社会资本合作模式等多种投资合作模式,持续推动大学科技园创新集聚区配套设施的优化与升级,为大学科技园创新集聚区的发展提供良好的软硬件生态支撑。

(3) 强化大学科技园创新集聚区资源汇聚能力

在大学科技园创新集聚区建设过程中,从需求出发,明确各个创新主体参与大学科技园创新集聚区的标准和路径,要建立创新导入的标准,在大学科技园创新集聚区建设过程中赋予其高质量建设的标签,规避"搭便车"行为。一是科技成果导入。这个是大学科技园创新集聚区能否成功的关键标志,强化大学对大学科技园的支撑,推动大学科技园要成为大学科技成果转化的主要出口,科技成果落地的主要入口,制定大学成果数据库,建设技术转移机构,优化成果转化服务、改革成果分配方式,实现大学与大学科技园在科技成果的无缝对接。二是研发资源导入。要制定相应的合作标准,鼓励科研院所以联建、共建公共技术平台的方式进入大学科技园创新集聚区,推动大学科研创新平台向大学科技园创新集聚区开放、共享;三是企业资源导入。建立大学科技园创新集聚区产业发展目录,推动与目录高度关联的高新技术企业、专精特新企业、独角兽企业入驻;四是技术资源导入。借鉴江苏省产业技术研究院的经验,龙头企业以校企共建实验室模式引进,校企共建实验室要有明确的技术需求,以企业愿意为后续的研发提供资金支持作为入驻金标准。五是人才资源导入。从源头上注入产学研合作基因,借鉴德国工科类学科教授聘用经验,大学科技园创新集聚区内核心平台负责人聘用人选必须有在企业工作五年以上的研发或管理实践经验,引入的创新创业团队为研发型优质团队。

(4)夯实大学科技园创新集聚区链式研发实力

一是有机串联大学科技园与大学科技园创新集聚区平台载体,加快以大学科技园为核心,优化完善多链融合载体功能布局。如布局研发创新链条,布局"大学概念验证中心—众创空间—孵化器—加速器—大学科技园—大学科技园创新集聚区"创新创业孵化链条;布局"大学实验室、工程中心、技术中心—大学科技园—企业工程中心、企业技术中心、企业实验室—小试—中试产品"创新成果熟化链条;布局"大学实验室、工程中心、技术中心—大学科技园—企业或新型研发机构—技术推广应用"技术熟化链条,形成以大学科技园为桥梁的创新链与产业链相融合的载体群。二是布局研发创新支撑链条,如布局"重点实验室—创新方法与实施工具工程技术研究中心—知识产权信息服务中心—技术转移示范机构—大学科技园"方法工具链条,布局"互联网资源+大学科技园孵化+大学科技园创新集聚区转化"模式创新链条,借助互联网思维、大数据等手段,促成创新要素资源和产业创新需求精准对接,又如布局"公寓—街区—文化广场—绿色景观"等生态载体链条,提升园区商业服务区和生活休闲区的合理布局,突出科技感、时代感、生态感,叠加创业咖啡、文化沙龙等活动,优化产城融合载体生态,打造创新创业宜居宜业的"熟人社会"—科研社区,加速知识要素在有限的范围和空间内合理的碰撞,衍生出更多的学科、产业合作空间,催生出更多的交叉融合的创新观点和成果。

（5）推动大学科技园创新集聚区拓展资源合力

推动大学由组织科研模式向大学科技园创新集集聚区延伸。通过联盟形式，形成以大学科技园创新集聚区为核心的区域性联盟组织，推动赛马制、揭榜挂帅制等科研组织模式创新在大学和大学科技园集聚区之间实施，更广范围汇聚创新资源。一是以技术合作为出发点，组建技术联盟，引入新型研发机构、中介组织、龙头企业等新建一批专业化技术平台、检验检测服务平台等公共技术服务平台，形成大学科技园技术群，推动平台群内实现技术研发服务共享。二是实施"学科—企业—孵化器—企业"培育模式，细分垂直行业，加强上下游融合，培育孵化产业联盟，形成新创新增长点。即依托大学优势学科科技成果转化培育核心企业，依托核心企业建立专业的孵化器，通过出售专利、专利入股等多种形式，加速本领域成果的孵化，形成更多的中小微企业，实现"滚雪球"式发展，形成在重点学科的产业联盟，实现创新价值发现—创新价值研发—创新价值应用—创新价值实现。三是实施大学科技园创新集聚区人才特区专项支持，组建人才联盟，推动大学科技园与研究机构、企业的科技人才双向流动，科研机构、企业人才可以在大学科技园平台上从事研发工作，创新以项目为纽带的更加灵活的协同育人模式。四是组建金融联盟，形成投资与孵化联动机制，以投资驱动创新创业孵化、以创新创业孵化支持投资。推动形成"天使+创投+上市"的直接投资和"信贷+担保+保险"的间接投资模式的有机结合，打通投资回路；推动政府对大学科技园企业增信，建立相应的"白名单"制度，提升大学科技园创新主体的融资能力。

（6）升级大学科技园创新集聚区服务区域能力

强化需求为导向的大学科技园创新集聚区发展路径，以需求促进区域发展。一是以区域需求促进区域转型升级。鼓励以大学科技园为平台面向属地发布企业技术需求榜单，组织专家研究需求榜单，将企业技术需求转化为研发机构能够听得懂的问题清单，通过对接大学科技园创新集聚区的创新机构，采取一对一的方式或多对一的方式协同攻关，解决区域需求，促进产业升级。二是以场景需求促进区域转型升级。建立以应用场景拉动新技术应用的制度，以应用场景培育新经济业态。数字数据资源正成为未来场景创新的重要驱动资源，大学科技园创新集聚区要不断丰富创新创业场景，集成大学科技园创新集聚区平台场景优势，推动场景资源的数字化，满足以新经济为代表的科技创新力量发展需求。三是要以国家战略需求促进区域转型升级。大学科技园创新集聚区要体现国家水平，要积极依托大学科技园创新集聚区优势，在重大科技攻关和重大卡脖子技术上形成重大的科技成果突破,打造支撑区域科技自立自强战略能力的重要力量。

(7)打造大学科技园创新集聚区创新文化引力

大学科技园创新集聚区的发展要着力营造与国际知名大学科技园区相匹配的文化创新氛围。一是打造开发开放的文化竞争力,大学科技园创新集聚区要以国际化视角谋划未来,着力完善与国际化创新相接轨的理念、政策和制度体系,瞄准国际高端工业技术研究机构,推动跨国研发中心落户,打造国际化创新社区;实施"无国界人才"引进计划,打通国际知名大学、知名机构人才的优先落户政策。二是要打造产学研紧密合作的创新共同体文化,要推动大学科技园创新集聚区内各个创新主体之间,如校企、企企之间建立高度的科研合作关系,形成科研创新共同体文化;三是要打造大国匠心文化影响力,积极推出大学科技园创新发展指数等研究报告,宣传大学科技园创新集聚区优质的创新策源成果和重大成果应用示范。四是打造创新创业文化形象力,提升大学科技园创新集聚区文化影响,参考以色列特拉维夫"市长营销"和"全球媒体合作",在国际范围内,实施大学科技园创新集聚区品牌塑造工程,为大学科技园创新集聚区注入强大品牌力量。

第五章
平台篇

习近平总书记强调："真正的大国重器，一定要掌握在自己手里。核心技术、关键技术，化缘是化不来的，要靠自己拼搏。""加强科研平台建设，充分发挥科研平台作用，是提高科技投入效率的一个重要问题，要在深化科技体制改革中认真研究。"

当今世界，科技创新正走入大科学时代，科技创新对于科研设施的依赖性不断提升。有数据统计，重大科学发现与科研设施关联度不断加强。1950 年以前仅有一项诺贝尔奖与科研设施有关，1970 年以后这一比例上升到 40%，1990 年以后，这一比例上升到 48%。科研设施已经成为重大原创成果、关键核心技术突破的撒手锏。

重大科研设施知识多层面覆盖，学科多领域融合，技术多相位链接，成果多路径涌现，科学技术研究的综合性、复杂性日益增强，对传统的科研组织形式和实现方式提出了全新挑战。如何通过科研组织范式创新，有效整合和利用各种科研资源，激发重大科研设施的创新活力，提高科技创新的整体效益，正成为当今科技创新必须面临和解决的重大课题。本章节以科研设施科研组织模式创新为重要研究方向，系统地分析了全球科研组织模式创新的重要经验，中国科研组织模式创新情景和现实问题，并根据天津科技创新平台发展的实际，提出了天津科研组织模式创新的主要策略和路径。

一、科研组织范式创新的必要性研究

创新科研组织范式是贯彻落实国家和天津科技创新重大部署的战略要求。科研组织方式作为科研管理和组织机制的重要组成部分,是重要的生产关系。"立"科研创新生产力,则要在"破"科研组织方式上下功夫。《中华人民共和国国民经济和社会发展第十四个五年规划和二〇三五年远景目标纲要》第七章"完善科技创新体制机制"明确提出:"改革重大科技项目立项和组织管理方式"。《天津市国民经济和社会发展第十四个五年规划和二〇三五年远景目标纲要》中明确提出"健全稳定支持与竞争性经费相结合的科技创新投入方式,完善'揭榜制+里程碑'、'大平台大设施+项目'等新机制"。无论是国家层面还是天津层面,均对科研组织方式进行了系统性谋篇布局。创新科研组织范式,是从源头上释放科技创新活力,促进重大基础科研成果产业化,提升天津科技创新系统能级的重要抓手,更是塑造天津发展新优势,实现科技自强自立与国家战略科技力量加速发展并举的重要举措。

创新科研组织范式是主动顺应以大科学为特色的科技创新现实要求。从科技史的角度来看,科研组织范式是特定历史时期科学共同体进行科学研究的方式,与科技创新的内在规律要求是相适应的。当前,大科学时代的科技创新活动不是个体"独善其身"和分类研究的"孤岛","单打独斗"和"包打天下"全谱系创新的科研模式已不适应大科学时代的科技创新。科研活动正沿着"单体活动—团队活动—系统活动—复杂系统活动"方向演进。重大科研设施(平台)需要根据世界科技发展态势,保持战略定力和战略眼光,发挥体制和制度优势,通过科技风险研判预测与清晰的战略思维持续推动科研范式升级,优化资源配置和创新要素布局,集中有限的资源放在优先发展的关键科技领域,突出竞争优势,塑造更多依靠创新驱动、更多发挥先发优势的引领型创新。要达到上述要求,推动科研范式创新,重塑科技创新体系的引领作用就显得至关重要。

创新科研组织范式是天津科技创新力量向战略创新力量进阶的必然要求,是科技创新系统能级蝶变的关键所在。当前,天津重大科研设施(平台)发展已经进入一个新阶段,大型地震工程模拟研究设施、新一代超级计算机、国家合成生物技术创新中心等建设全面推进,6家海河实验室挂牌,企业技术中心、工程中心、实验室等研究机构量质并举,在部分科技领域将面临从过去的技术追赶和模仿创新向自主导航、科技自强方向加速转变,不可避免地从望着创新"坐标"搞创新,转化为在一望无际的科技星辰大海中拿着"指南针"自主定方向。此外,天津重大科研设施(平台)发展正在接受来自多方面的挑战。一是来自科技创新本身的挑战,科学研究和发现越来越依赖于海量数据,数字化范式鲜明,叠加新一轮科技革命浪潮下,新技术与技术簇加速演进,技术的生命周期在缩短,技术迭代的不确定性增加,短周期与快迭代打破了传统的创新收益平衡,不可避免地增加了创新风险。二是来自创新参与主体的挑战,创新边界在变,不同学科技术交叉融合发展,跨界融合从简单逐步走向复杂,由此而带来的人力、物力投入将随着融合深度持续性加大,研究投入的多元化和去中心化增强,研究成果的共享、交流与合作成为新趋势。三是来自制度供给的挑战。当前,以课题制为主导的科研组织范式正在受到来自"科研众包""揭榜制+里程碑""大平台大设施+项目"等新科研组织范式的冲击。同时,在网络化、平台化、生态化等科技创新特征下,更有效的科研组织方式呼之欲出。

二、全球科研设施科研组织创新经验

尽管各国对科研设施称谓不同,有"研究基础设施(Research Infrastructures)"、"装置"(Facilities)、"大型装置"(Large-ScaleFacilities)、"研究装置"(Research Facilities)、"重大科技基础设施"等,但无论是欧美发达国家还是发展中国家都纷纷加大科研设施建设力度,扩大建设规模和覆盖领域,抢占未来科技发展制高点。可见的未来,科研设施竞争和博弈将愈演愈烈。近些年,中国科研设施建设不断提速,北京、上海、合肥加速建设综合性国家科学中心,广州、深圳等多地加速布局省级实验室,争创国家实验室。科研设施在提升设施硬实力的同时,科研软实力建设呼之欲出。世界科技史表明,优质的科研组织模式更能产出优质的科研成果。从某种意义上说,科研设施发展到一定阶段的时候,比拼的将是科研组织能力,其核心是科技创新资源以何种形式进行配置、利用、集合和创新,具体表现为在科研设施管理、科研项目组织、科技成果转化等方方面面的体制机制和模式创新。中国在创新科研组织模式方面做了大量的探索,取得了阶段性的发展成效。但更应该看到,中国科研设施建设正进入一个新的发展阶段,内部协调机制不顺、资源共享困难、成果转化不畅等诸多科研组织运行问题,严重影响了科技创新的质量和效益。借鉴国外科研设施科研组织模式创新有益经验和先进理念并加以有效吸收,具有非常重要的现实意义。

从学界现有研究成果看,针对国外科研设施研究主要集中在两个方面,一是发达国家科研设施运营管理经验介绍分析,如德国大科学装置运行服务于管理机制研究、美国部分国家实验室运行管理模式及特点、英国弹射中心治理机制和管理经验;二是围绕一些共性要素,开展专章研究分析,如科研设施路线图评估、资金管理制度、仪器开放共享、知识产权保护等。上述研究更多从科研设施所依托单位进行整体性介绍,关注了体制机制创新,但缺乏对科研设施科研组织模式的深入关注。具体地讲,尽管上述研究中或多或少会涉及管理人员、科研团队等少部分与科研组织模式高度相关的研究,但整体上倾向于介绍,对于模式创新的体制机制归纳、提炼整理的深度不够,比较零散,分析得不够详细,并且鲜有专门的文献报道。整体来看,既没有系统地深入比较研究,也没有从众多的科研设施中去刻意提炼,形成比较全面研究,尚不足以为中国科研设施科研组织模式创新提供精准有效的理论依据和相应的决策支撑。

基于以上考虑,本小节将聚焦国外科研设施科研组织模式创新,进行系统梳理与深度分析,并结合中国科研设施科研组织模式创新现状,剖析中国科研组织模式创新中的问题,有针对性地提出中国科研设施科研组织模式在具体环节创新的可行性举措和路径。对比以往研究,本小节的主要贡献在于:一是为中国科研设施科研组织模式创新提供系统性的国际经验参考;二是梳理国外科研设施运行过程中的有益经验,挖掘更具共性和典型的招法举措;三是深度结合中国科研设施运营实际,对比思考研究,提出更具操作性的路径。

(一)国外科研设施科研组织模式创新典型经验

1. 科研设施管理模式

国外科研设施组织管理模式中的宏观层面更多地采用集群式管理模式,即通过联盟或特定的研究机构,建立多个科研设施的管理网络,实现设施资源整合、配置优化与合作共享,提高设施服务能力和管理水平。一是联盟模式在跨国家层面或国家层面组建联盟,如欧盟的光源联盟、先进中子源联盟,美国激光网络等,其中美国激光网络联盟涉及 19 个光源设施;二是通过特定的机构进行管理,如德国亥姆霍兹联合会、欧洲科研基础设施战略论坛、英国弹射中心等。其中,欧洲科研基础设施战略论坛成立于 2002 年,由欧盟成员国和欧盟委员会共同创建,通过发布科研设施线路图等方式对欧盟范围内的科研设施进行管理。

微观层面,以科研设施为依托,成立实验室或研究中心或研究所,不管是采取"政府出资、政府运营",还是"政府出资,委托运营"的方式,一般情况下,独立运营并均采取扁平化的组织管理模式,理事会作为最高决策机构,实施所长或院长负责制,并行设置相关的各种委员会参与决策管理,委员会主要是根据其职能划分为投资委员会、技术委员会、决策咨询委员会等,作为利益相关方,各个委员会以咨询建议等方式参与到具体的工作事务中。如美国劳伦斯伯克利国家实验室设有用户执行委员会,既可以向科研设施管理部门提交使用意见,也参与科研设施对外开放的意见的制定。每个实验室或研究中心或研究所对应多个科研设施,如美国强磁场实验室设有七大用户设施,德国亥姆霍兹联合会于利希研究中心有离子源、中子源、超算平台和显微成像四个设施。

2. 科研项目生成模式

科研设施按研究用途分为专用研究装置、公共实验平台、公益基础设施三种类型,不论是哪种科研设施类型,其科研项目来源于基本上可以分为三种方式,一是政府主导型,主要面向国家战略研究任务,项目经费来源于国家支持,项目生成方式主要是指派型,以美国国家实验室为例,美国能源部对其下属国家实验室支持力度达到 90%以上,并规定接受其资助的国家实验室只能执行其批准指派的科研任务。二是政府主导+自主研究型,项目经费主要来自国家支持,项目生成方式采取相对比较自主的方式但要符合国家战略,如德国亥姆赫兹联合会 70%的经费来源于政府财政支持,其中州政府和联邦政府比例为 1:9。其以自主重大科学问题为导向,在联合会内部实施科研人员主导的五年科技任务规划,并根据计划内容的国际竞争力配置国家拨付的科研经费。同样,英国科学与技术设施委员会(STFC)开展项目来源主要来自国家项目,同时其也支持所属机构自行发起和资助其他组织的研究。三是多元参与型,项目经费主要来自资助方,项目的生成方式也由资助方主导。第一,企业项目参与,企业通过科研项目的方式利用科研设施开展研发活动,英国 75%的科研设施支持企业研发活动,如英国弹射中心企业来源经费比例高达总经费的 1/3,其项目很大一部分来源于企业和产业的发展需求。第二,风险投资基金参与,欧洲重大研究基础设施路线图中的项目可以从"地平线 2020"计划、欧洲结构投资基金以及欧洲战略投资基金等处获得资金,德国亥姆霍兹研究中心联合会通过"战略基金",重点支持面向未来研究项目。随着科研设施科学问题越来越深入,建设规模越来越大,建设和运行费用越来越高,对于政府的压力越来越大,更多元化的项目来源更符合整个科研设施的发展趋势。美国未来产业研究所鼓励包含国家、学术界、产业界、社会多元参与,强调论证立项过程以引导为主,而非限制,以免排除掉"出乎意料"的有前途的研究方向,项目来源的多元化程度相对比较高。

3. 科研项目组织模式

科研项目组织涉及科研项目组织的方式、范围等多方面。从国外经验看,一是科研设施内部研究团队采用矩阵式开展研究,根据科研设施所属机构的学科研究方向从横向上划分为大研究领域,每个领域下设若干研究中心或项目部。在纵向上根据动态研究任务组合不同学科背景研究人员形成项目团队,实现以研究项目为中心任务的纵向直线型组织和以学科研究领域为中心的横向直线型组织交汇。二是科研设施以科学计划模式开展大规模科学研究,开展重大科技前沿项目研究。除了科研设施内部人员的常规项目研究外,为了提高科研设施的使用效率和影响力,科研设施越来越倾向于布局大科学研究项目,如欧洲核子研究中心从建造初期开始研究建立国际高能物理网格平台,平台的网格站点达到 170 余个,遍布 36 个国家和地区,其主持的 ATLAS 项目汇聚了 38 个国家约 182 个机构的 3000 名科学家。三是科研设施实施"大数据+大计算"开展基于数据的二次开发研究和规模化研究。随着"数据密集型"科研范式崛起,可检索、可访问、可互操作、可复用的数据成为国外科研设施高度重视的方向。随着科研设施将数据收集、整理,开放共享作为重要内容,基于数据或数据二次开发的科研项目开始大量涌现,原有的单纯以数据存储为主要目的的大数据库科研设施已经不能满足需要,由数据存储模式向数据分析服务模式迁移正在成为一股新趋势,各国加速布局以数据为研究对象的专业化科研设施服务大数据、大样本开展创新活动,如欧盟提出建设欧洲"科学云"数据基础设施,法国在"重大设施规划路线图"(2018)新增"数据基础设施"类别,英国提出了建设世界级的百亿亿次超级计算设施的构想。

4. 科研人员管理模式

灵活的科研人员管理方式是国外科研设施管理的共识。一是双通道管理模式。各国高度尊重科研创新规律,对科研人员和行政人员采取双重管理模式,其中日本国立科研机构人员通常采用合同聘任制,而对科研人员则普遍实行任期制、能力薪金制和外部专家评估制。二是无障碍科研通道模式,主要表现为本国人员和国际优秀学者为参与到科研设施项目研发提供便利。美国未来产业研究所允许科研人员在其所属的机构(如美国国家实验室)和未来产业研究所之间自由流动,身份无缝转换。欧洲专门设置了科研人员网络平台(EURAXESS),从线上到线下、宏观到具体、欧洲到全球,为在欧和希望到欧洲工作的海内外科研人员提供无差别、无国界的支持。法国规定科研人员只要在所属机构备案,可以在其他科研机构或高校担任全职工作。三是熟人科研生态圈模式,通过保持适度的科研人员规模,并为科研人员提供交流合作的空间,形成一个适度范围内的科研人员集聚区。适度规模的科研人员更有利于科研设施创新,如法国"格勒诺布尔科创中心"独具特色的"熟人社会"创新生态圈,其科研人员规模常年维持在三万人左右。

国外高度重视科研设施主要负责人选聘,特别注重其在科学界的影响力,兼顾学术传承。为此,多数科研设施的主要负责人采取"空降兵"模式,如英国卡文迪什实验室历任主任均有"剑桥背景",美国伯克利实验室科研团队主任从外部引进。但这个时候难免会在科研管理过程中产生断层,不利于科研组织的创新管理。为了规避这种情况,美国伯克利实验室给主要负责人配置副职人选,副职人员从科研设施已有的团队中产生。在科研团队首席科学家(PI)选聘方面也极为严格,美国国家实验室由选聘委员会负责首席科学家的选聘工作,候选人一般需要三位领域内的专家推荐,推荐信要明确该候选人与同行相比为其研究领域内前1%的杰出人才或前5%、10%的优秀人才。国外科研设施团队高度注重多元化,通过相应的制度性设计和规定,为国外学者留有相应的项目配额,以项目资助的方式,接受访学学者和相应的科研人员,并在人员选聘和考核标准上与本国科学家享有同等待遇。美国能源部下属17家国家实验室研究人员中1/5来自国际上的1312家科研机构。德国亥姆霍兹联合会18个大研究中心中,接近1/4的员工为外籍研究团队。具体到单个研究机构,美国伯克利实验室发布"多样化与包容计划",通过吸纳全球人才,开展创新研究。德国电子同步加速器运营中心,每年吸纳四十多个国家三千多名访问学者。

5. 科研设施使用模式

国外科研设施优先保证科研机时,然后是工业界机时。无论是科研还是工业用,多采取用户协会制。专业用户协会是欧美等国家采取的一种通行做法,这种用户协会具有高度的专业性,协会用户按照相关程序申请,得到科研设施相关管理部门,如英国设施使用工作组(FAP)的批准后方可使用。有的科研设施会设普通用户和合作用户等不同等级,根据用户类型确定不同的申请策略以保障用户使用机时。在科研设施用户范围确定上,欧盟国家相比比较宽泛,欧盟层面出资建设的科研设施原则上向成员国科技机构和个体自由开放。在科研设施使用上采取协议制,美国国家实验室提供了四种模式,一是合作研发协议,多以大型机构和大型企业为主,协议双方共同出人、出资;二是对外服务模式,实验室负责研发,客户出资;三是技术商业化协议,面向中小企业,多方研发,美国能源部下属的 17 家实验室中一共有 7 家参与了试点;四是用户协议,相关客户可通过申请获得使用实验室科技资源。在收费模式上享有自主定价权,收费主要对于工业界而言,美国、德国、英国等多国采取有偿使用科研设施的原则,收费多少由科研设施自主决定。同时,工业界机时比例占比少于学术界,如欧盟先进中子源联盟设施的机时分配方面,学术界研究约占 85%,工业研发占 15%。

6. 科研成果转化管理模式

科研设施运行中产生的科研成果,可通过成果转化对经济社会发展产生重大影响,催生出新的企业,形成产业或产业集群,为此推动科研设施成果转化,已经成为各国服务地方经济发展的重要考量。科研设施通过设立专业的经济与技术转移机构,制定严格的知识产权制度已经成为国外科研设施科研成果管理通行做法。其中美国国家实验室多数实验室设有技术转移与知识产权办公室,如劳伦斯·利弗莫尔国家实验室的"创新与伙伴关系办公室"、太平洋西北国家实验室的"经济发展办公室"、洛斯·阿拉莫斯国家实验室的"理查德·费曼创新中心"。具体到科研成果的权属划分上,美国对于科研成果知识产权的权属划分,基本上是通过系列化的"用户协议"对知识产权进行约束,美国对基础科学和应用型研究知识产权划分相对严格,公益性研究比较宽泛,如美国橡树岭国家实验室(ONRL)明确规定非商业研究可公开研究结果和不需专利保护的研究,不特地收取使用费用。欧盟科研设施对于知识产权的管理,通过科研设施运营机构内部知识产权机构的规定和合作协议进行约束,合作协议为通行范本,可根据具体的项目进行调整。但与美国稍有不同,欧盟更加注重科研成果的共享,如其在天文学领域推出的知识产权共享署名 4.0 国际许可协议。英国则比较注重谁出资谁享有权益,英国弹射中心以项目的资金来源来确定知识产权的划分。

7. 科研项目评估模式

除对国外科研设施整体性的评价之外,国外科研设施也高度重视科研项目本身绩效管理,绩效评估贯穿于整个科研设施管理的生命周期,不同的评估方式和内容对应着不同的管理范畴。对于科研项目的评估,很少采用单一形式,大多采取组合评价模式。在项目执行阶段,一般分为年度评估和中长期评估,如韩国先导中心对其执行的科研项目采取中间评估(年度评估、阶段评估)和最终评估,日本国立研究机构一般采取年度评价和中长期目标期间评价的方式。具体到某一项评估,一般采取自我评估与第三方评估两种方式进行。在第三方评估方面,同行评议一直作为国外科研设施的重要手段,但各国认为科研设施项目的日益细分,专家存在领域偏差,影响评价的结果。为克服专家领域偏差,美国国家科学基金会近年来在科研项目立项过程中引入计划官员(这些人既具有专业背景也更了解计划的实施)资助决策制度。同时为了提高计划官员的水平,美国国家基金会通过聘请高校或科研单位的科学专家以临时职员身份到美国国家科学基金会工作方式来解决。此外在评估过程中利益相关者模式也被引入,如科研用户可通过科研用户管委会的形式参与部分科研设施的评估,以期督促其更好地提升服务水平。

(二)中国情境下科研设施科研模式创新与路径

从《国家重大科技基础设施中长期规划(2012—2030)》到《国家重大科技基础设施管理办法》(2014 年),再到《国家重大科技基础设施建设"十三五"规划》,以及建设国家实验室等一系列战略与措施,中国科研设施已经形成了涵盖大科技基础设施、国家实验室等为主体的科研设施集合。其中重大科技基础设施已建、在建已经超过 60 余家,60%以上由中国科学院承建,其中北京 13 家,上海 14 家,合肥 3 家,武汉 2 家。除此之外、高校、省级层面也在积极承建重大科技基础设施,如天津大学承建的大型地震工程模拟研究设施,广东省空间引力波探测地面模拟装置重大科技基础设施。与国外成熟的建设模式相比,中国科研设施管理体制和政策还不够完善,管理过程中行政色彩浓厚,管理机构较多,科研组织管理、项目计划征集、创新合作群体、开放创新水平以及科技成果转化等方面尚有提升空间。

1.科研设施管理模式构建

目前,中国科研设施管理上隶属于不同的部门,重大科技基础设施由国家发改委牵头管理,国家实验室由科技部牵头管理,各省市实验室主要由地方管理。即使是当前的综合性国家科学中心,治理模式为部委规划、省(市)院共建和办公室推进三级治理。科研设施隶属于不同的管理部门,在一定程度上限制了科研设施数据流动、成果共享、人员互访。国家也在积极地探索破解之法,既有中国特色的"相对独立的科研实体"的管理主体探索,也有科研设施平台资源的整合。如中国科学院在 2015 年启动建设了重大科技基础设施共享服务平台,目前已有 30 家重大科技基础设施上线,支持全国用户在线访问,同时依托各个重大科技基础设施成立的专委会,每年组织用户年会,为研究人员提供交流的渠道。但上述共享服务平台,更多提供的是科研设施使用层面,科研设施背后的数据获取、研究人员成果分享尚缺乏常态化以及有效的交流平台和渠道。借鉴国外经验,可实施全国性行业联盟或专业联盟模式,如可以率先探索围绕光源层面,整合神光Ⅱ高功率激光实验装置、大连相干光源、上海光源等多个装置,组建光源联盟,对科研设施实施管理,形成开放共享、互利互通的发展格局。

科研设施协同化布局模式已经成为区域科技创新中心的重要抓手,德国汉堡、英国哈维尔、法国格勒诺布尔、日本东京湾等国际创新中心都是大科学装置集群,其中英国哈维尔布局了钻石光源、散裂中子源和中心激光装置等多个科研设施。从目前来看,国内科研设施具有区域性协同布局,主要集中在北京、上海、合肥等少数城市,更多的城市没有相应的科研设施。考虑到中国城市群、经济带区域发展特征明显,形成了天然的创新资源集聚区,有必要结合其科研机构分布、科研实力、产业发展现状,借鉴欧盟科研设施分布式布局的经验,通过"小核心,大网络"的模式整合国内创新资源,支持部分满足条件的科研设施在大网络关键区域节点成立用户设施分中心,推动其与周边科研基地、科技园区、创新示范区等创新载体融合发展,最大程度发挥科研设施的辐射带动和服务区域经济发展。

2. 项目引入模式构建

目前,中国科研设施发展正呈现出多元化的趋势。科研设施建设早期主体比较单一,主要依托中国科学院,同时科研项目来源渠道相对比较单一,主要是国家自然科学基金、国家科技重大专项以及属地重大科技专项等。近些年,中国重大科技基础设施建设主体呈现多主体、多地域的分布式合作模式,如模式动物表型与遗传研究设施在河北涿州和云南昆明布局,由北京和云南两地单位共同建设;高效低碳燃气轮机试验装置在上海和江苏布局,由中国科学院会同江苏、上海三地合作建设,项目来源渠道丰富度不断提升。但整体上看,科研项目仍然是以政府资金为主导的研究行为,国际化项目比较少,重大产业投资基金参与项目也比较少,科研项目渠道压力一直比较大。在科研设施多元化项目来源与研究已经成为趋势的情况下,通过科研设施开放,引入一批重大研发项目则显得非常重要。从中国部分科研设施运行情况看,工业界参与程度比较低,如北京正负电子对撞机 2021 年第二次同步辐射专用光模式运行,共为用户提供有效机时

713.48 小时,涉及国内外 113 家单位,仅 1 家为企业。有必要根据科研设施的属性,合理地增加各类项目研究占总项目研究的比例,一是适当加大面向应用前沿的机时,如可借鉴国外的经验,安排 5%～15% 的科研设施使用机时面向工业界有偿开放,特别是面向重大产业投资项目,服务区域和经济的发展。二是围绕大科研设施,内部设立国际关系部,加强国际大科学计划相关制度体系建设,围绕"一带一路"倡议,聚焦沿线国家的重大共性需求,组织、策划、发起一批国际研究计划,以入会费方式,吸引沿线国家投资,共同研究开发。

3. 科研创新社区模式构建

中国围绕科研设施用户群维护与管理进行了大胆的探索。上海光源摸索出一套"用户提申请,用户来审批"新模式,该模式从用户中遴选权威专家,组成涵盖各学科的用户委员会,由他们决定项目、给予机时。但从更多的科研设施层面看,对用户群的管理还呈现松散的状态。围绕用户群,中国科研设施有必要强化客户群的黏性,打造科研创新社区模式,即通过"线上+线下"的模式,将科研设施用户汇聚到一起,分享研究成果,开展创新合作。一是打造垂直的科研创新社区模式,强化科研设施和用户之间的联系,完善科研设施用户管理制度,以用户协会模式,吸取大学、科研院所、企业顶尖人才和团队开展研究,类似于德国亥姆霍兹联合会与弗劳恩霍夫协会、马普学会、莱布尼兹联合会及综合性大学等构建长期的"伙伴关系",构建有黏性的专业化客户群,形成长期稳定的合作关系;另一方面,要构建横向的科研创新社区模式,通过举办科研设施学术会议、学术沙龙、下午茶等方式,为用户群各个成员之间创造交叉交流的空间,让用户之间产生创新的交集,催生用户之间新的合作。随着中国科研设施开放程度不断提升,客户群不断壮大,对于来自不同机构的科研团队的沟通交流不够,有必要采取新模式、新途径、新体制以加强科学家、工程师、技术人员、学生以及所有与科研设施有关人员之间建立联系,构建多元化的科研创新社区。

4. 团队管理模式构建

体制机制创新是中国科研设施创新发展的重要方向,科研设施实行理事会领导下的主任(所长、院长)负责制。在科研设施核心管理人员层面,顶级人才模式已经成为共识,通过聘请学术"大腕",甚至市领导亲自"挂帅"作为科研设施的负责人或理事长。从科研创新团队层面,各个实验室引才方式略有不同,但灵活性的机制是共识。如武汉光电国家研究中心等实验室对固定科研人员采用"双聘"方式,对流动科研人员采取项目制;国家生物合成技术创新中心对全职承担研究任务的顶尖人才和核心研究人员,采取一项一策、清单式管理、年薪制等多种方式提供报酬。尽管,中国科研设施在引才用才方面已经形成了制度性的体系,但整体上每个科研设施所对应机构人员数量大概在千人规模左右,国外经验看,科研设施高度重视科研团队及核心领军人才引育,人员规模长期维持在数千人到上万人不等,由此与国外差距比较大。加速、加大人才和团队引进直接影响着国内科研设施研究效能的发挥,特别是引进顶尖人才尤为重要。而当前国际形势整体上不利于优质海外人才的引进,一是要加快调整柔性引才机制,建立科技人才安全预警和风险防范机制,为海外人才科研创造良好条件。二是要形成中长期人才布局机制。从国际经验看,一个科研设施人才的梯队布局往往需要5–10年的时间,中国在这个方面更多强调的是引进,对于科研设施的人才自主培育空间潜力比较大,要加快建立相应的体制机制。如可以与国内外大学建立合作伙伴机制,设立科研基金池,通过奖学金或项目资助的形式,有计划地培养一批后备研究力量。

5. 成果转移转化模式构建

从中国的科研设施创新实践上看,中国科研设施产生了系列化的科研成果,如合肥光源,实现了煤基合成气一步法高效生产烯烃的原理研究,为煤化工发展提供了全新解决方案;又如兰州重离子加速器在长期的运行过程中发展出一整套完备的重离子治癌技术,目前已经在几个医院开始了临床治疗试验。虽然科研设施催生了一批标志性的可转化成果,但中国关于科技成果转化的制度性、政策性和操作性还不够完备。中国科学院所属科研设施仅通过《中国科学院重大科技基础设施运行管理办法》以及《中国科学院重大科技基础设施管理办法》,对科研设施科技成果转化做了约定,并未设置专门的科技成果转化机构。调研发现,为了促进科研设施科技成果转化,上海张江围绕重大科技基础设施建立功能性的科研设施,如生物医药技术创新功能型平台、集成电路产业研发与转化功能型平台以及海洋高端装备研发与转化功能型平台等。合肥综合性国家科学中心明确了"实验室—高校与科研机构—高端技术创新平台—重大项目"四个层级的建设路径,但这些都是科研生态布局层面,并没有解决科研设施科技成果转化的最后一公里问题,另从具体的科研设施具体操作上看,部分科研设施选择用户与科研设施人员共同署名的方式来共享科技成果,但也没有很好地解决科技成果转化后期的权属问题。中国科研设施有必要借鉴国外经验做法,打造"一设施一机构一基金"模式,成立技术转移与知识产权办公室,招募组建专职的知识产权与技术转移人员,引入国家战略投资基金或行业战略投资基金,同时加快制定分级的科技成果与知识产权管理制度,实施更为严格和开放的知识产权制度,服务科技成果的后续转化。

6.分级分类考核评价模式构建

从当前中国科研设施的建设进展来看,当前研究对国内大科学装置评价采取科技效益评价比较多,多用承担课题任务数、获得的专利数、发表论文数等指标来衡量,对于整个科研设施开展综合性的效益评估体系研究刚刚开始受到关注,但对于科研设施在研项目和课题的评估研究关注度不够。从科研设施到科研项目和课题评估还缺少一个顶层设计的框架性约束。从中国现有科研设施的数量和规模看,中国已经具备建立分级分类评价的现实基础,有必要筹建科研设施管理办公室,加强全国各地科研设施梳理,形成清单。探索建立科研设施分级分类评价模式,按照科研设施的属性,分为基础型、应用型、公益科技和混合型等不同的类型,按照类型确定其开展项目的评价方式,设定不同的考核指标,或在考核指标中设定不同的考核权重,并将经费使用、科研进度、技术指标等按照时间节点进行细化,形成详细的考核体系。从现有文献研究看,北京怀柔综合性国家科学中心强调世界级原始创新承载,上海张江综合性国家科学中心强调前沿交叉创新能力,合肥综合性国家科学中心则侧重于国家创新体系的基础平台建设,开展多学科交叉和变革性技术研究。为此,中国科研设施在研项目开展分级分类考核既是站在较强的现实基础之上,又要通过考核评价,建立新科技评价与奖励机制,引领科研设施突出研究方向,形成研究特色。同时在评价参与程度上有必要借鉴国外经验,注重第三方、国际同行评价以及用户评价。

三、天津创新科研组织模式实践探索

(一)天津科研设施创新发展实践

近年,天津围绕自主创新策源地建设,以规划为引领,加快代表国家战略科技力量的科研设施布局。"十三五"时期,依托天津大学牵头建设中国地震工程领域首个国家重大科技基础设施——大型地震工程模拟研究设施,实现了天津大科学装置零的突破,设施建成后将大幅提升中国工程技术领域的创新能力和水平。"十四五"时期,天津加快建设国家合成生物技术创新中心、国家先进计算产业创新中心、国家应用数学中心等重大平台,对标国家实验室建设海河实验室。随着,海河实验室、国家重点实验室、国家工程技术研究中心、技术创新中心、产业技术研究院等科研设施建设稳步推进,基本形成涵盖了基础研究、应用研究、技术开发、成果转化、产业化的科技创新全链条布局,有力地支撑天津科技创新发展。如,截至 2022 年底,6 家海河实验室聚集国家级人才团队 176 个,开展重大课题 130 余项,80% 以上项目面向产业,牵头组建由 117 家单位参与的创新联合体。天津超算中心、国家合成生物技创中心等 18 家平台达到国际先进水平……天津科研设施在科研组织范式、科技项目管理等方面进行了有益探索,涌现出一批管理机制新颖、运行机制灵活、投入机制多元、决策机制科学、用人机制开放、转化机制高效、创新成效显著的创新主体。

(二)天津科研设施组织模式经验

通过对天津典型科研设施运行机制的梳理发现,天津科研设施在科研组织模式方面取得了一些成功经验。在管理机制、组织模式、人才引进、成果转化、协同创新等方面逐渐形成适应自身创新发展的科研组织模式。

1. 多采取理事会领导下的主任(院长)负责制

从天津布局建设的一批以海河实验室、创新中心、产业技术研究院等为代表的科研设施看出,虽然科研设施依托主体性质不同,但在管理架构上,不约而同向更能释放科研活力的现代化理事会管理组织架构转型。无论是海河实验室还是产业技术研究院,大部分实行理事会领导下的主任(院长)负责制,以海河实验室为代表的重大科研设施更实现了去行政化,不设行政级别,不设人员编制,在管理架构上更加遵循市场规律和科技创新规律。在组织架构上,普遍采用"1+N"组织架构,其中"1"是理事会办公室,"N"是主任委员会(院务委员会)、战略咨询委员会、学术委员会等,实现决策权、行政权、执行权和监督权的分离,形成理事会决策、监事会监督、行政部门协调、科研部门执行、院(所)长负责的管理体制。理事会通过组织创新,引进外部智力资源参与研究院决策,以理事会为载体,行业领军人才参与决策,充分发挥"桥梁纽带"功能和人才"蓄水池"作用,有力推动科技体制改革,激发创新平台创新活力。

2. 多采用"事业+企业"运作组织模式

天津以产业技术研究院为代表的科研设施,采用"三无"组织模式,即无行政级别、无固定编制、无固定财政拨款",如清华大学天津高端装备研究院、浙江大学滨海产业技术研究院等,虽然是事业单位,但是无财政拨款,经费需要自筹。同时,在"三无"组织模式基础上,产生了"三有",即有政府的大力支持、有市场化盈利能力、有产业化的激励机制,如天津在产业技术研究院管理认定办法上,对通过认定考核的产业技术研究院给予一定经费的财政奖励,同时结合其他配套支持政策,大力支持产业技术研究院创新发展,为产业技术研究院发展带来较多制度红利。"三无"组织模式实现了现代化科研机构的去行政化,在政事关系、社事关系、内部管理上实现了去行政化。

3.人才引用上多采用广开才路,柔性引才

在人才引用上,天津科研设施创新人才引用机制,采用现代化人才管理理念、大限度人才激励机制、柔性化人才引培模式为创新平台培养研发人才。在人才管理理念上,如国家合成生物技术创新中心,倡导人才管理的"不求所有、但求所在""不求所在、但求所用"的理念,采取"制度化+柔性化"的管理方法,重视人才激励机制的创新,对全职承担研究任务的顶尖人才和核心研究人员,采取一项一策、清单式管理、年薪制等多种方式提供报酬,加大人才引进力度。在人才激励机制上,采用知识价值为导向的收入分配机制,加大对研发人员奖励激励,合成生物技术中心在科研项目间接经费中不设绩效支出比例限制,加大对创新人员的绩效奖励,成果转化收益70%奖励给科研团队,充分提升研发人员科技成果转化积极性。在人才引培模式上,建立柔性化、多元化的人才引培模式,创新平台通过产学研紧密结合,发挥各自特色优势,引进和培养精通科学研究、技术研发和成果转化的,有强烈创新创业欲望的拔尖复合型创新人才,形成创新人才高地,如清华大学天津高端装备研究院已成为清华大学博士生和硕士生重要项目实践基地和中国机械行业卓越工程师实训基地,是培养复合型领军人才和高层次创新人才的重要阵地。

4.科技成果转化方面更强调产学研合作

天津科研设施注重高效成果转化,充分利用高校、院所等科研机构原始创新成果,在科技研发、成果转化、市场导入和产业化等创新链条中,发挥桥梁作用,促进科技成果转化。在成果转化模式上,天津科研设施有效整合科学研究、人才培养、企业孵化,采取市场化运作,汇集各方资源,让原始创新、技术研发、成果转化、企业孵化和人才培养等各项功能在机构内部协同运作,实现从创新理念—产品—市场的快速转化,实现产出高新技术和培养高端创新创业人才的有机结合,大大提高了创新的活力与效率。如清华大学高端装备研究院通过设立企业联合研发中心的形式,由企业出资,积极构建技术转让与成果转化平台,通过与企业合作开展横向项目研发,实现成果和企业对接转化。天津国际生物医药联合研究院通过与高校和医院的合作,打通从研发到临床再到市场的医药链条,实现了

科研成果的高效转化。

5. 开放创新过程中突出网络化的组织模式

天津科研设施产学研协同创新意识强烈,积极打造适合自身模式的产学研协同创新体系,通过"小核心、大网络"、联合共建分中心、产业技术创新联盟、共建联合实验室等多种模式实现创新主体要素内创新互惠、知识共享、资源优化配置,行动最优同步、系统匹配高水平。如国家合成生物技术创新中心以天津研发总部为核心,积极建设辐射全国至全球的研发网络,逐步形成"小核心,大网络"研发体系;国家超级计算天津中心与国内知名科研院所联合共建分中心、以理事长单位牵头成立技术创新联盟、与院所企业共建联合实验室;天津清华高端装备研究院与高校联合共建研究所、与企业共建联合研究中心和研究室。通过企业、高校、院所、产业技术研究院等不同创新主体协同创新,有助于发挥各自的能力优势、整合互补性资源、实现各方的优势互补,加速技术推广应用和产业化,协作开展产业技术创新和科技成果产业化活动,逐步打造当今科技创新的新范式。

(三)天津科研设施面临主要问题

天津科研设施在创新科研组织模式方面进行了有益的探索,取得了一定的成效,但在体制机制、经费资助、人才引进、管理经营等方面仍存在一系列问题。

1. 科研设施自我运营能力尚需加强

天津科研设施科研经费主要来自财政资金的支持,科研设施通过产学研合作、技术委托等方式获得的收入占比比重整体上偏低,上述收入不足以满足整个科研设施的正常运维。同时,各个科研设施在市场化的天使投资基金、创业投资基金等方面更多的是采取与市场上的机构建立合作方式的形式,每个科研设施自身出资成立和联合设立的投资基金比较匮乏,在一定程度上影响了整个科研设施科研成果转化和科技项目的孵化能力,没有形成产业生态系统的回路,没有形成强大的造血功能。

2. 科研设施体制机制运行尚有瓶颈

天津市产业技术研究院中以事业单位性质注册的产业技术研究院,实行的是"事业单位性质、企业化运作"的运行体制。事业单位性质的新型研发机构被称为"四不像",在现实运行中,"四不像"的性质并不能使新型研发机构左右逢源,有时反而导致前后掣肘。如在投资基金决策中过程冗长,在初始投资、后续增资扩股、基金退出等阶段均面临国有资产保值增值问题,无法实现完全的市场化运作。在企业孵化方面,关于如何处理科技人员占股与公共资源的关系、股权分配等,目前尚无完善的具可操作性的政策文件。对新型研发机构的发展定位模糊不清。同时,理事会功能发挥不充分,理事会作为最高权力机构,一般是由高校(院所)与政府及科技管理部门人员构成,市场化决策因素较少。个别产业技术研究院理事会已有一年多的时间未举行过理事会会议,导致产业技术研究院一些重大的事项无法执行。

3. 科研设施创新人才引聚仍有堵点

虽然在天津一系列人才政策的支持下,科研设施在引才和留才方面取得了一定成效,但是实际运行过程中仍然普遍存在引才方面的困难。一方面,多元化的机构属性导致科研设施难以吸引高端人才。科研设施没有固定的人头经费,也没有持续稳定的科研经费,很多高校、院所的科研人员不愿丢下铁饭碗而进入机构工作,即使来到科研设施工作,仍然保留高校的编制,对其缺乏认同感和归属感,难以全身心投入到科研设施的发展和建设中;另一方面,受制于当前全国各地对科技人才的激烈竞争,留人需要较高的人力成本,这给科研设施人才引进带来很大的压力。而科研设施创办初期资金更多的集中到了硬件建设中,忽略了软环境建设。薪酬待遇还不够高,难以吸引优秀的创新人才加入,对本地创新人员的吸引力不强。而对一些高端人才来说,由于天津的科研创新环境比北京、上海、广州、深圳等一线大城市存在比较劣势,即便开出高薪也难以引进。

4. 科研设施共建联动尚有卡位

科研设施由于投资主体多元化,因而存在多头管理的现象,机构既受高校、科研院所等总部的管理,又受共建地方政府或共建企业的管理,导致在采购、投资、经费拨付、薪酬设置、人才引进等方面需要同时满足投资各方的管理需求。并且天津与国内高校院所共建的科研设施虽然在合作协议中大多明确"对等投入"的原则,但由于政府与高校间的合作并不是纯粹的市场化行为,种种原因使得高校院所对合作协议的实际履行情况并不理想。如高校主导的科研设施建设期往往以技术成果、品牌、管理等无形资产作价投入为主,而在构建技术创新能力的基础要素,如高水平科研人才、先进研发设施、学术资源与氛围、科研管理保障体系等方面投入严重不足,且高校院所与科研设施之间没有形成稳定的创新资源导入机制,特别是在鼓励、引导高校科研人员到创新平台组织开展技术研发活动的措施十分有限,导致科研设施与高校本部科研体系的割裂,来自共建高校的人才、专利数量不足且水平不高,严重制约科研设施的发展。

（四）天津科研设施模式创新策略

1. 发展原则

坚持政府引导。充分发挥政府在科研设施发展过程中的引导作用，不断深化科技制度改革，增强科技服务供给能力，为重大科研设施发展营造良好发展环境，推进科研与经济深度结合，以科研带动产业发展，以产业反哺科研创新。

坚持分类推进。强化对天津科研设施的梯度培育，引导国家大型地震工程模拟研究设施、国家超算天津中心、海河实验室等重大科研设施围绕国家重大战略和天津重大需求开展研发工作；引导高校、院所等工程中心、技术创新中心围绕国家科技战略及天津重点支持产业开展研发工作；引导产业技术研究院等新型研发机构以市场为导向，发挥产学研一体化、技术创新、创业孵化等作用。构建科研设施的闭环生态，实现与区域经济的深度融合，既促进天津科技发展，又带动本地产业发展。

坚持统筹规划。统筹规划好天津各领域科研设施的发展方向、战略目标、角色定位、数量规模，选择重点突破领域、重点扶持对象，实现集中突破。既要注重提高研发效率，又要兼顾创新资源的公平分配；既要拓宽研发领域的广度，又要提高研发领域的高度；既要运用好市场竞争规律，又要用好协同创新规律，最终形成点面结合、重点突破、统筹推进、协同创新的局面。

坚持研产结合。发挥科研设施在科研、技术、人才、知识产权方面的资源优势，深度整合研发、产业、资金三个方面的资源，加强各创新主体合作，推进协同创新，强化联合研发、联合申报项目、联合攻克核心技术的模式，实现各合作主体功能互补和优势互补，加大创新要素流动，打通创新链、产业链、资金链、人才链、政策链各环节，疏通产学研一体化链条，解决"信息孤岛"和"技术瓶颈"，形成官产学研用生态。

坚持人才优先。坚持"以人为本"的原则，构建良好的人才发展环境，优化完善科技成果转化利益分配机制，建立符合科技人才创新规律的科研人员管理制度，提高科研人员公共服务质量，让各科研设施成为高端人才的栖息地，成为培育和发展青年人才的蓄水池。制定对科研设施切实有效的支持方式，对于初创期科研设施以设备、场地为主；对于成长期科研设施以资金扶持为主；对于成熟期科研设施以人才、细分公共平台建设支持为主。

2. 发展思路

天津科研设施创新科研组织范式要以体制机制创新为突破口，以人才集聚为关键核心,建立符合科技创新规律的科研组织范式。从专业技术角度和长期发展角度拓宽科技研发领域、规划研发方向,实现从跟随式创新向引领式创新转变,从传统性领域向战略性新兴领域转变,切实提升科研设施的原始创新能力、协同创新能力、成果转化能力、创业孵化能力、产业服务能力。

3. 对策建议

围绕科研设施建设,在顶层设计—资金支持—产业生态—金融资本—项目生成—人才汇聚—评价激励,探索模式创新,打造创新生态。

(1)强化顶层设计,分级分类推动科研设施建设

加快梳理科研设施资源,制定科研设施专项发展规划,根据科研设施建设主体,明确科学合理的定位,建立分级分类推动科研设施的制度,形成科研设施建设路线图。对高校和科研院所科研设施,重点开展基础性前沿研究和原始性创新;对政府主导建立的科研设施,重点开展公益性科研服务;对企业主导建立科研设施,重点开展应用研究和产业化研究;对社会团体主导建立的科研设施,重点开展科技合作中介功能,为行业提供研发和技术服务。统筹规划海河实验室、国家重点实验室、市级重点实验室、技术创新中心、产业技术研究院等不同层级科研设施之间的衔接,并将科研设施发展同原始创新策源、产业发展、地区协同、经济运行、社会需求等紧密联系起来,促进基础研究、技术研发、成果转化、科技服务能力系统提升。

(2)突出稳定支持,完善科研设施运营机制

稳定的经费来源和良好的造血能力是科研设施高效运转的关键因素。一是加大科研设施稳定经费支持。注重对科研设施的后期升级维护,要为科研设施的建设、运行提供较为稳定的经费支持和稳定的支持渠道,确保科研设施的建设水平、建成后的持续发展和预期科学目标的实现。二是加大多主体共建、联建力度,优化完善天津与科技部、教育部、中国科学院、中国工程院等部委单位的沟通协调,争取多方投入更大资源支持;加强市区联动、区校协同、支持各区、大学之间形成协同机制、创新交叉扶持、相互共建等多种形式促进科研设施发展。三是深化科研设施体制改革,围绕公益需求、产业需求和社会需求,完善管理机制、运行机制和创新机制。如,优化完善产业技术研究院产学研合作机制,引导产业技术研究院设立多元投资的混合制运行公司,允许管理层、科研人员在公司持股,优化利益分配机制。支持各区政府、园区等与科研设施合作引进创新团队成立新型研发机构下属研究所,推广江苏省产业技术研究院"团队控股"新模式,将科技成果所有权、处置权和收益权以股权形式事先确权到团队,助力优质团队

团队"带土移植"。

（3）构建微生态，提升科研设施产业黏性

提升科研设施根植性，提升服务于本地的创新能力和产业黏性，形成适合科研设施自身发展的微生态。一是加快构建开放国际化的研发生态。针对国内外高校、企业、科研机构、学者等不同合作主体，出台国际化的合作规范性文件，从申请、发起、合作方式、人才培养、资金支持、管理等方面着手，形成不同合作参考指南。鼓励跨国公司研发机构参与科研项目合作攻关，扩大国际合作领域范围，借助跨国企业主体作用，拓展科研项目在产业链上合作。二是构建专业化的用户使用生态。提升科研设施服务质量，规范使用方案，保证设施有效及高效使用。建立科研设施管理理事会，设立技术委员会、财务委员会、用户委员会等专门管理机构，负责技术路线、建设投资、用户管理等。三是完善健全的成果转移转化渠道生态，加强科研设施管理层面技术转移机构的建设，支持其聘用专职的技术经理人队伍，为科研设施的科技成果技术转移转化提供强有力的支撑。

（4）创新金融支撑，畅通科研设施运维血脉

加快科研设施金融服务模式创新。一是加快设立科研设施产业基金。从国外和国内经验看，运营得比较好的科研设施一个共性的特征就是有自身的风险投资基金。风险投资基金一般由龙头企业或是基金公司或是政府以联合出资方式设立，主要用于科研设施科技成果转化。故建议天津科研设施要发挥海河基金等产业基金资源整合作用，围绕各个科研设施设立相应的细分领域产业孵化基金。二是对科研设施团队重大项目实施"拨投结合"，其在项目研发期以科技项目立项，承担创新项目研发风险，让团队专心开展研发攻关，在项目进展到市场认可的可融资阶段时，将前期的项目资金按市场价格转化为投资，进行管理和退出，从而获得收益。三是推动企业"出资出题"，科研设施答题模式。通过建立企业联合创新中心来解决企业技术需求是江苏省产业技术研究院的招法，调研发现清华大学天津高端装备研究院也开展了相应实践，通过企业联合创新中心和工作室两种模式分别面向中大型企业和小微企业提供服务，取得了非常好的成效，建议在科研设施中予以推广。

（5）优化项目管理，开展科研设施试点

一是优化完善揭榜制、赛马制试点。依托科研设施开展揭榜制、赛马制，围绕国家发展战略、技术发展重大需求，加大在前沿科技领域和重大应急攻关项目揭榜制、赛马制项目试点推广。同时，注重解决揭榜制、赛马制等推行过程中的难点，加大对技术需求"标的"质量筛选，凝聚专家智慧解决"标的"问题界定、技

术指标设计,尽可能清晰规则的设定和目标的设定。完善"揭榜方"资金支持环境,最大限度调动潜在创新团队参与"揭榜"。优化完善利益补偿机制,科学合理设计对揭榜失败方的利益补偿,给予揭榜失败方适度利益补偿。二是推广科技项目经费包干制试点。深化财政科研经费管理体制机制改革,扩大财政科研经费"包干制"试点范围,简化项目经费预算编制,合并项目经费类型,赋予科研团队更大自主权,项目经费调整无须备案,取消间接经费比例限制,加大对科研人员绩效奖励支出,建立包括普适性禁止原则和具体性禁止原则的"负面清单"制,建立长效信用管理机制,通过项目负责人承诺制、内部公开监督制、项目结项经费评估制等为科技计划项目管理松绑,进一步释放科研人员创新活力。

(6)重视人才引用,畅通科研设施引才通道

全面拓宽科研人员参与科研设施研发的通道。截至2022年底,天津科研设施已聚集各类科技人才3万余人,其中包含两院院士、国家杰青等领军人才在内的高层次人才数量达到5000人。科研设施既要"筑巢引凤",又要共享创新人才。一是畅通市域人才流动机制。天津不仅要打通事业单位科研领导岗位人员在科研设施的兼职限制,更要建立天津科研创新人才的无障碍通道,鼓励国家实验室、企业实验室、工程中心等科研人员在科研设施以全职或兼职的身份开展合作。二是建立科研设施自主灵活人才激励机制。其一,优化完善薪酬体系,按照市场化原则不断优化工资体系,建立以岗位为基础、以绩效为核心、以业务能力和贡献度为导向的薪酬分配体系。其二,强化产权激励,通过分享知识产权收益的方式对人才实施激励,如以合同的方式明确专利的权属及利益分配比例;鼓励科研人员以自身的知识、科研成果及知识产权等作价入股,以此激发科研人员的工作积极性,实现人才激励与绩效挂钩。其三,工作激励,建立唯才是举的人才选拔机制,在员工晋升方面,打破传统的唯学历、唯资历倾向,采用赛马、不相马的人才选拔理念,以员工的能力与绩效作为职称评定与晋升的标准。三是畅通科研人才项目合作机制,着眼引入国内兄弟省市或国际项目团队加入科研设施开展项目研究,在项目预研、岗位设置和工作便利化等方面进行相应的体系和制度设计。

(7)优化评价体系,完善科研设施绩效评价

建立健全科研设施绩效评价体系。一是采用分级分类评价体系。充分考虑不同科研设施在法人地位、发展定位等方面都存在差异,对开展基础研究的机构,主要围绕学术论文质量,课题的数量、级别、经费,科研成果等方面进行评价;对开展科技成果转化的创新平台,主要根据成果转化的数量、成果转化率、支撑

新产品销售等指标进行评价;对于从事基础研究、产学研合作、科技成果转化等活动的综合型创新平台,主要根据其具体从事的业务确定评价指标。同时,加强结果评价与过程评价相结合,通过技术收入、合同收入、研发投入、人才引进等过程评价指标,建立结果评价与过程评价相结合的评价体系。二是采用多层级评价体系,其一,政府主管部门评价,可以沿用现有的评价方式,委托第三方中介机构实施公正、客观、专业的评价。其二,同行评价。以科研设施之间互评的方式进行。其三,客户评价。服务对象评价可以提高机构或创新平台的市场导向程度。其四,员工评价。由创新平台内部的员工进行评价,主要评价工作环境、运行效率、内部管理等方面。其五,自我评价,由创新平台对自身进行评价,结合自身的发展定位、发展目标,评价自己的阶段性成绩与不足,找出下一步的发展方向。三是采用定期评价与不定期抽查相结合的评价方式。引导科研设施制定阶段性发展计划与年度目标,采用年度考核与周期性评价的方式,评估经费的使用效果,并根据考核的结果决定后续经费的拨付。通过不定期抽查了解科研设施的科研投入、科研成果与产业化结果等情况,动态掌握重大研发投入与高层次人员变动情况。四是发挥评价结果的指挥棒作用,提升评价结果的运用。其一,建立评价结果反馈机制,向科研设施反馈绩效评价结果,指出存在问题并提出改进建议,科研设施根据自身情况进行整改调整。其二,建立评价正向激励机制,对于考核结果优秀的给予奖励,对于考核结果较差的予以引导整改。其三,建立优质运营经验推广机制。认真总结优秀科研设施先进经验,加大宣传推广。

第六章
企业篇

党的二十大报告中指出,"强化企业科技创新主体地位,发挥科技型骨干企业引领支撑作用,营造有利于科技型中小微企业成长的良好环境,推动创新链产业链资金链人才链深度融合。"进一步明确了强化企业科技创新主体地位的战略意义,深化了对创新发展规律的认识,完善了创新驱动发展战略体系布局,为新时代新征程更好发挥企业创新主力军作用指明了方向。

天津高度重视企业创新力量培育,制定梯度培育政策打造了"雏鹰—瞪羚—领军"企业的培育机制,颁布了系列化的惠企政策体系,创新型企业快速成长。截至 2022 年 11 月,天津已累计认定市级"专精特新"中小企业 1689 家,国家"专精特新"小巨人企业 192 家,但也应该进一步看到与北京、上海、广州等先进地区还存在一定的差距,如何打造高质量的企业创新军团,值得深入思考。

本章节从企业全链条全周期培育出发,围绕以色列知识创新中心探求创新创业之路,围绕科技先锋企业,探求未来企业发展之路,围绕深圳独角兽企业成长,探求企业爆发式成长之路,立足天津小微企业培育、龙头领军培育,明晰发展模式和经验,并在建立企业发展的支撑体系上,开展对策研究。

一、国内外优质企业的培育经验

(一)知识创新中心——"金点子"策源

党的十八大以来,大众创业、万众创新蓬勃兴起,创新已成为最显著的时代特征,创新来源以及创新方式都发生了变化,催生了创新模式进化和对创新理论新思考。创新概念已经从宏观的空间创新向中观的区域创新和微观的组织创新演进,而在这一过程中,大学创新创业逐渐成为关注点之一。以色列理工学院作为与 MIT、斯坦福大学齐名的创业型大学,70%以上以色列高科技公司创始人和经理人持有以色列理工学院学位。以色列理工学院创新知识中心(Knowledge Center for Innovation,KCI,以下简称创新知识中心)作为其创新创业的重要特色机构之一[①],学习借鉴其先进管理经验与成功做法,对于推动高校创新创业发展有着重要的借鉴意义。

1.什么是创新知识中心

创新知识中心由以色列理工学院 Miriam Erez 教授创办,成立于 2008 年。创新知识中心隶属于以色列研发基金有限公司,有 5 位创新创业资深专家负责具体运营。创新知识中心扮演一个创新激发者的角色,旨在推广创新,鼓励并促进开放式创新。其主要手段是通过合作来促进创新,合作方式主要来自三个方面,一是与本国、全球性组织合作;二是推动学术界、产业界与政府之间的合作;三是通过虚拟或面对面互动式创新论坛平台进行合作。

---

① 长城战略咨询在企业研究报告中将创新知识中心作为以色列理工学院办学特色之一。

2. 创新知识中心如何运转

创新知识中心采取线上和线下模式相结合的方式运作。线上模式通过网站来完成,重点提供包括论文和研究文章、鼓励创新的方法、阅读建议、教学和学习辅助工具,以及与创新有关的文章在内的各种资料工具。此外,该网站还提供各种培训项目的在线工作室。

知识创新中心线下研发和使用的具体模式为流程模式。从开始的问题识别到想法的形成,再到把想法转化成实施阶段的"产品",最后以产品成功进入市场为止。这个程序模式称之为创意之旅。创意之旅里分为六个环节:确立创意、产生创意、遴选甄别、细化建议、贯彻实施和市场渗透。所有理工学院毕业生都会参加到这个程序模式的筛选之中,一旦"点子入围",产品很可能就会落地开花。

3. 创新知识中心有哪些服务

为支撑创新知识中心整体职能,创新知识中心工作主要面向三大领域:研究、提升创新的操作方法与最佳实践的知识库,及对产业提供创新咨询与培训服务。

(1)案例研究

创新知识中心进行国家与跨国的研究,同时也收集和记录以色列成功企业的案例,进行相应的研究。

(2)知识库

创新知识中心的网站就是创新的独特知识库,其中收集了最新科学期刊文献。网站同时也是 P^3 产业研发磁石联盟(R&D P^3 Magnet Consortium)的知识中心。

(3)创新咨询与培训

举办运营管理创新论坛。每个月大约有 40 名以色列企业的高管人员齐聚以色列理工学院,聆听资深以色列经理人的讲课,获取最新学术信息,并了解各种在组织内加强创新的方法。最重要的是通过论坛可以分享并创造一个跨行业学习网络。

开展首席创新官培训。主要包括三个方面的内容,一是以关于创新管理学术知识和丰富实践知识为基础,发起以色列首个首席创新官培训项目,开展面向培养机构创新领袖的全面专业培训。二是与以色列理工学院尼曼学院合作创新中心合作,推出面向重工业企业高管们独特的创新管理教育计划。三是开展全球高管人员创新研习会。为来自全球的高级管理人员所组成的团体举办"创新研习会"。

为企业提供创新的咨询服务。创新知识中心面向特定组织与企业,针对其创新绩效给予咨询建议。

实施"创新种子"计划。这项计划旨在推动以色列中小企业创新发展,并引领工程学系大学四年级的学生运用创新技术与商业运营方法服务中小企业创新发展。该计划同时得到了学院经济部首席科学家的支持。

（4）创新知识中心生态系统如何发挥作用

创新知识中心,通过"创新种子"等计划的实施,鼓励大学生参与创新知识中心活动。在其工作范式下,创业"金点子"被成功筛选出来,并获得以色列理工学院或其他风险投资的投资,而进入商业化阶段。在每个创新金点子成长的过程中,除提供相应的专业咨询外,创新知识中心会构建一个内部和外部的协同创新网络,内部创新网络主要是依靠创新知识中心知识库和案例研究,提供创新的思路与方向,外部创新网络如管理创新论坛、首席创新官培训等,搭建大学生与产业界沟通的桥梁,为创业金点子的不断优化完善和发展,分享并创造一个协同创新的网络化平台。

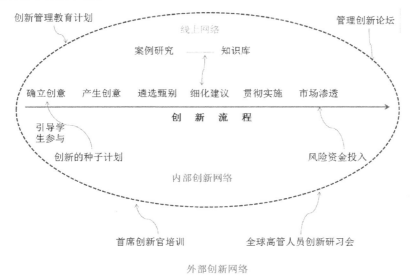

图6-1　创新知识中心生态系统①

---

① 根据创新中心网站资料整理绘制。

（5）创新知识中心发展的经验及启示

创新需要土壤和生态，那么对高校创新创业来说，完善这个生态最迫切需要做的事情是什么？

第一，是否有必要引入本地创新创业案例研究服务众创空间？

创新知识中心案例研究无疑为创新创业提供了非常充分和实战性的案例分析，对于指导学生创新创业有着非常重要的现实意义。同时，开展公司管理层论坛和培训又在很大程度上拉近了大学生和创业者之间的距离，有力促进了学生向创业者身份的转变。目前尽管中国高校有学者从事创新创业案例研究，但大部分与院校自身的众创空间、大学科技园相脱节，一方面案例的研究选取脱节，另一方面案例研究的理论成果不能及时地指导大学生进行创新性创业实践。为此，在一定程度上讲，为创新创业大学生团队提供必要的创新创业知识库显得非常重要。

第二，是否有必要引入流程化创新创业"金点子"的诱发新机制？

创新知识中心通过全体学生参与的方式，通过流程化的学习，催生创新创业"金点子"。目前国内高校创新创业团队更多的是通过创新创业大赛的形式和公开募集的方式产生。在创新创意"金点子"产生前期的挖掘和辅导，缺乏系统性、科学性和全面性。从这个层面上讲，也造成了大学众创空间、科技园相对不活跃的情况。能否在学生教育课程中引入科学的创新创业文化和创新创业实操性训练，无疑为高校大学生创新的一盏明灯。

第三，是否有必要鼓励引导学生以科技特派员的形式参与科技企业的创新？

创新知识中心，通过引导学生将技术和商业创新方法进入企业，一方面无疑为企业提供了创新原动力，更是相比于中国目前推行的科技特派员制度（选拔制，博士学位的科研人员）而言，创新知识中心降低了服务企业人员的门槛，强调了服务企业人员的技术与方法创新能力，更有针对性地支持了企业的创新创业；另一方面，将学生的科研成果引入市场检验机制，有助于借助市场的手对科研成果进行检验。全国科技企业创新发展态势迅猛，引导学生携创新观点和商业模式新思想与企业合作，无疑将为科技企业发展注入一股新的活力。

第四，是否有必要构建培育新型企业家与众创空间服务结合的新机制？

创新知识中心运营管理创新论坛，通过资深经理人的言传身教，为大学生提供了强大的创新创业交流平台，极大地丰富了创新创业的思路。当前，高校众创空间、大学科技园一般共建和委托外部专业机构经营居多，大学生创业团队接受专业化培训的机会有，但强度远远不够。目前，全国各地纷纷推出企业家培育工程,形成了庞大的潜在创新师资资源,有没有可能建立一种联动新机制,将新型企业家和众创空间联系起来,新型企业家作为众创空间的授课导师,众创空间作为企业的创新后花园,无疑对于企业的发展和众创空间的发展都是双重收益的。

(二)"科技先锋"企业——新企业策源

1. 项目起源

"科技先锋"项目源于世界经济论坛(也有报道译为技术先锋企业),其宗旨在于立足信息和新媒体技术、能源和环境、生命科学和健康等领域,评选全球最具创新型企业,对有能力改变商业界和影响社会未来发展,并呈现出未来市场领导能力的企业进行表彰。自 2000 年推出以来,"科技先锋"已经评选多届,2015年之前每届人数大概为 30 人左右,2015 年以后,整体数量有所提升,每年 50 家左右,2020 年正值 20 周年纪念日,入选企业首次达到 100 家。目前,全球千余家创新型企业先后被评为"科技先锋"。

2. "科技先锋"评选方法

世界经济论坛的会员企业、合作伙伴以及公众共同提名候选的企业都可以参与评选,企业也可以直接与达沃斯论坛联系自荐,不需承担任何费用。企业需要填写申请表,详细介绍创新想法和技术要点,再由评选委员会(50—100 人,成员包括技术和创新专家、学者以及风险投资家)对所有候选公司进行评审。评审委员会重点考察企业在创新性、增长性、潜在影响力、领导能力和可持续发展能力等方面的表现,表现卓越的企业将成为当年的"科技先锋"。"科技先锋"企业具有全球创新标杆意义,这些企业被认为处于创新前沿,将对世界经济的未来产生重大影响。

表 6-1　"科技先锋"企业评选条件

评选指标	指标内容
创新性	必须完全创新,而这项创新必须具有新视野或者是已被市场接受的技术解决方案,并且这项创新和产品化必须是新近发生的,该公司也要在研发上有富有远见的投资。(以有效的商业模式将技术引入市场的真正创新;被认为是该领域的技术领导者)
潜在影响力	必须有潜力成为一个对商业或社会有长期的本质上的影响(有可能对企业和社会产生重大的长期影响)

续表

评选指标	指标内容
成长性和持续性	要被证明具有在市场上有长期领导地位和对未来有明确的发展和成长规划(自公司成立之日起未满10年;是一家独立的私营公司)
概念性验证	必须有该项技术已投入市场的产品或已被证明其实践的应用。要是公司提出了"秘密"方法或者未经实验的概念或模式都不能视作合格。(市场上的概念或产品证明,或生命科学公司的第二阶段临床试验或更高阶段临床试验)
领导力	必须具有有远见的领先地位并能决定性地驱动公司取得自己的目标(具有远见的领导能力,能够推动公司取得成功,并能够为论坛的工作贡献时间和专业知识)。
其他	只针对母公司,全资子公司不在考虑之列(得到了稳定的资金资助,不到10亿美元)

从整个评价指标体系上看,2011—2020年,"科技先锋"企业的评价标准发生了一些变化(在标准中由黑色加粗标出),但"科技先锋"对于创新性、影响力和领导力的关注没有发生明显的改变,只是增加了企业成立的年限和是否获得过资金资助等方面做了简单的调整。

3.近十年"科技先锋"企业评选情况

从2011年至2020年来看,在"科技先锋"企业中,美国一直在数量上占有主导优势,主要是基于其良好的创新创业氛围和强大的社会风险投资支持。

表6-2 "科技先锋"企业简况

评选年份	企业数	细分领域
2011	31家,美国20家	抗体筛查和优化平台,更快、更经济的基因组测序,大数据分析、适应性学习、定位型社交网络、在线安全和信誉管理、智能能源解决方案、水资源管理和应对方案、废物回收、燃料电池技术和节能建筑材料的生产
2012	25家,美国19家	小面积农田滴灌、高精度温室气体测量、为贫困农村地区提供金融服务、发展光合生物燃料和分子诊断技术

评选年份	企业数	细分领域
2013	23 家, 美国 12 家	集中在生物系统分析技术、医疗软件、数字设备、视频会议、网络安全等领域
2014	36 家, 美国 24 家	治疗遗传性疾病、提供低成本饮用水和接受高等教育的机会以及运用创新方法在建筑物内实现自然采光和电子设备无线充电等
2015	49 家, 美国 35 家	信息技术, 共有 21 家公司当选, 且以数字安全为主。生命科学与健康, 共有 14 家公司入选。能源、环境和基础设施等领域, 14 家公司入选
2016	30 家, 美国 22 家	基因编辑、智慧医疗、大数据、3D 打印, 微生物工程、合成生物学、金融创新应用等
2017	30 家, 美国 18 家	涵盖人工智能、机器人技术、虚拟与增强现实, 区块链技术、网络安全、自动驾驶、无人机、3D 打印、生物科学、微生物组运用和发电等诸多领域
2018	61 家, 美国 28 家	将人工智能用于药物发现、自动驾驶车辆、推进网络安全和减少食物浪费, 以及将区块链应用于分散式参与平台
2019	56 家, 美国 31 家	人工智能, 无人驾驶卡车, 量子信息, 可堆肥包装, 区块链等
2020	100 家, 美国 40 家	诊断癌症、人工智能、量子计算系统、碳捕获和去除技术、细胞肉类生产和利用微生物组追踪货物等

4. "科技先锋"企业技术特点

从整体的技术上看,"科技先锋"企业发展趋势与技术创新发展耦合性非常高,基本上反映了当年技术热点,具有鲜明的时代性技术特色。一是更加绿色。更加突出环保和经济效益的协调发展,并且这一要求作为近 10 年来的重要主题从未改变;二是精确和靶向治疗。健康领域"科技先锋"企业逐步向细微化发展,方法的变革,精细化和靶向分子治疗手段日益受到追捧;三是更加灵活的产品和服务。产品使人们生活更加简便和易于实现;四是更加注重市场接受度。新兴市场孕育着巨大的需求,数款"科技先锋"产品更加注重新兴市场可接受度和广泛性;五是智能化兴起。以机器人操作系统为代表,产品智能化进入了快车道,区块链等新技术的加入,人工智能进入更深层次发展;六是更加个性化和注重团队合作;七是重新设计教育方式。改变人们的学习方式,拓展学习渠道。

5."科技先锋"企业分析

(1)欧美占主导,以初创、成长期企业为主力

从来源看,近十年,涉及国家多达 15 个,美国企业占据 50%以上。英国其次,其他国家分布比较少且分散。从成立时间看,以 2010—2014 年企业为例,成立时间平均为 6.7 年,最短为 1 年,最长为 15 年。从员工人数看,企业员工数平均为 94.3 人,最少的员工数 8 人,最多的员工数 1600 人,50—100 人的占 50%以上。从成长阶段看,大部分处于初创期和成长期,少数处于成熟期。从技术创新看,多元化正成为新的趋势,特别是 2017 年以后,这一趋势变得非常明显,创新型企业越来越注重传感器技术、人工智能和大数据分析等领域的整合,并将新技术应用于现实世界各个领域。

(2)标准更高,创新、发展潜力与影响力更受推崇

"科技先锋"对创新型公司提出了更高标准,一是注重企业科技创新,不是标榜的高科技企业或技术的重新包装,必须有突破性创新,并且强调企业在技术领域具有一定的领导性地位;二是强调企业社会影响力,注重经济效益的同时,更注重产品对人类生活的影响及对社会的认知改变,并且对于影响力的评价是持续性的影响力;三是注重企业成长潜力,对于企业成立年限做了相应的限制,一般不超过十年,不仅要有高增长速度,更要有成为科技巨人企业的潜力;四是注重核心领导力,企业必须拥有富有企业家精神的团队,必须有良好的执行力。

(3)兼顾市场导向,技术创新紧跟产业发展方向

"科技先锋"技术创新模式更多是原始创新和跨领域集成创新。更侧重于在科技和商品之间挖掘创新要素和解决实际问题,使人民生活得更加便捷有效,提出方式和方法基本上在行业内独一无二。具体来讲:在能源和环境领域,主要发展趋势是节能、废物资源化再利用,环保绿色为其持续的主题;在生命科学和健康领域则表现为注重生物医药开发,依靠蛋白质组学、基因组学为手段进行相关产品的开发研究,研究方向转向更精细化、靶向化,更注重从微观分子层次去探讨治疗机理或机制来研发药物;在信息技术和新媒体技术,主要表现为顾客提供更加便捷和灵活的服务,更加强调物联网、互联网融合,同时向高端、智能化过渡,特别是人工智能、区块链等新技术对于新应用场景的开发,如区块链技术最初仅应用于虚拟货币,现在该技术已被用于服务能源市场的透明平台(Electron公司)和用于发行和转移金融资产的开源企业软件(Chain公司)。

（4）理念与市场并重，商业模式创新注重产品可接受度

"科技先锋"商业模式创新是以市场和顾客需求为导向，进行原始性和颠覆性创新，为顾客提供概念和实证性服务，满足顾客的多维度需求。一是定位于理念创新，即企业的理念走在或保持创新前沿，如2013年中国唯一入选企业力高公司凭借"让电池学会思考"的电池智能管理技术在全球新能源产业界受到了广泛关注和高度认可，解决了电池不一致性引起的此类安全隐患。二是定位于市场创新，更加注重产品的可接受度。如印度OMC抓住移动网络附加业务的巨大潜在商机，在用电受限地区推行可再生电源用于手机业务的拓展，获得了极大成功。

（5）分享高校成果溢出效应，成果转化项目成为重要生力军

很多"科技先锋"企业的产品技术来自高校科研成果转化应用或与高校共同合作开发。以2014年"科技先锋"企业为例，有9家是大学教授或兼职人员创办企业，占总数的1/4，并且大部分科研项目均得到政府的大量科技资金支持。如总部位于瑞士的Koemei初创公司，来自瑞士理工学院、英国谢菲尔德大学、爱丁堡大学三方合作，欧盟资助长达7年的学术研究项目，后来成为为用户提供视频转录服务的创新型公司，通过音频转录技术，将视频中的内容转录成文本内容供用户查看、对照、检索和引用等。

6. "科技先锋"对天津科技型中小企业发展的启示

（1）在企业培育层次，打造创新企业价值观

第一，完善科技中小企业认定评价体系，提升企业创新水平。

天津科技型中小企业建立了雏鹰—瞪羚—领军企业培育体系。相对而言，天津科技型中小企业的认定评判标准比较简单：针对雏鹰、瞪羚的认定主要集中在企业规模、研发投入、科技人员、知识产权等具体指标；对科技领军企业则侧重于企业综合实力和发展潜力等指标。整体来看，缺乏对企业团队领导力、企业持续发展能力、社会影响力等相关评价，建议参照"科技先锋"标准，不断优化完善各个层次企业的遴选标准，形成发展导向更加鲜明的企业培育体系。

第二，树立"科技先锋"标杆企业，塑造企业创新文化。

2014年以来，天津启动了万家企业转型升级三年行动计划，开始注重企业科技创新和科技质量的双重提升，天津创新创业的活跃度进一步提高，但目前大部分科技型中小企业还处于"中国式创新"阶段，热衷于对欧美发达国家已经成熟的产品技术或生产模式加以改造，更加关注商业机会和盈利能力，集中于本土化和用户体验提升方面，缺乏原始自主创新和颠覆性创新。天津科技型中小企

业未来发展更需要创业文化和创新价值观来引领。我们要树立科技型中小企业标杆企业,鼓励有实力的科技型中小企业申报"科技先锋企业",发挥其龙头带动作用和产业辐射作用,激发企业创业热情,形成示范效应,塑造良好的创新创业文化。

(2)在企业引进层次,汇聚优质创新企业

第一,聚焦"科技先锋"企业,开展精准招商。

要实现天津科技型中小企业保质保量发展,抓好优质企业引进工作尤为重要。建议重点瞄准"科技先锋"企业,优先选择"科技先锋"企业集散地,将美国、英国、日本等"科技先锋"富集国家作为重点招商或引智地区,兼顾关注巴西、印度等新兴市场,开展招商引资活动。聚焦天津优势产业和产业链补链、强链的现实需求,有针对性地进行接洽,鼓励有实力、有条件的"科技先锋"企业来津创业、投资发展。

第二,聚焦科技前沿地区,引进优秀智力资源。

后疫情时代,大批科技创新人才回流国内创新创业,国内各个省市都在抢抓国际人才资源。天津要抓住国际形势的有利时机,围绕天津重点优势产业,超前谋划部署,围绕智能科技、合成生物、新能源新材料等重点前沿领域,引进重大科技成果转化项目和团队,加强未来产业创新资源的布局,做好未来产业的赛道培育,打造未来产业集群。

(3)在企业发展层次,软创新与硬科技融合发展

第一,聚焦企业商业模式创新,引导企业又快又好发展。

鼓励企业家从运营理念和市场营销角度进行商业模式创新,并设立引导资金,采取前置引导、后补助方式,鼓励中介咨询机构参与企业商业模式创新活动,对取得显著成效的企业设立示范工程,加强宣传。分批次组织企业家赴欧美"科技先锋"企业聚集地区走访调研,参观学习他们的创业经验、经营理念和发展战略。

第二,加强产学研合作,提升产学研共同体创新活力。

天津科技型中小企业在产学研合作运行机制、成果转化利益分配机制方面还不够成熟,企业、高校、科研院所形成的成果转化共同体还相对比较松散,没有形成良好的共赢关系,缺乏持续的创新竞争力。需要进一步制定产学研合作政策实施细节,鼓励高校完善产学研合作制度,健全产学研共同体内部的利益分配机制,形成大中小企业融通创新与校企产学研合作良性双循环发展模式。进一步鼓励产学研合作的长效机制,探索基于产品生命周期的研发、技术改造升级等

产学研合作新模式、新思路和新方法。

第三,加大研发资金投入,提升资金产出效率。

一是加大资金投入,结合产业未来发展方向定位企业技术研发投入方向,提高资金利用率和未来产出效率。二是分阶段设立专项资金,提高产出效率,从日本政策研究所对1000家初创企业和成熟企业支持经验可以看出,政府资金支持初创企业开展与高校和科研院所合作的资金使用创新效率最高,对于中大型企业而言,支持其自主研发资金使用创新效率更高。建议政府创新资金投入方式,对初创期和成长期企业设立产学研专项资金,前置引导企业与高校合作,对壮大期企业设立企业发展创新专项资金,以后补贴方式鼓励企业自主创新。

(三)"独角兽"企业——深圳生态策源

1. 深圳经验可资借鉴

2020年8月,胡润研究院发布《2022年全球独角兽榜单》。该榜单列出了全球成立于2000年之后,价值10亿美元以上的非上市公司。深圳以33家独角兽的成绩位列全球第六、国内第三。另据,全球知名商业杂志《福布斯》发布了中国内地城市2022年新晋独角兽名单,深圳与北京并列第二位。研究深圳独角兽培育经验,具有现实基础和重要借鉴意义。

2. 科技创新型独角兽可圈可点

"独角兽"可以分为两个重要的类别:一类是模式创新型企业,基于互联网搭建平台,集中出现在电子商务、互联网金融、软件服务领域;第二类是技术创新型企业,以高科技为主要推动力,人工智能、健康科技和半导体数量最多,物流、消费品位于其次,其他还有金融科技、机器人、电商、企业服务、新零售等领域,可以看出,深圳更多的是科技创新型"独角兽",并且潜藏的一批拥有国际领先技术的创新型企业,这一点走在了国内省市的前列。

3. 深圳人工智能科技创新型独角兽简介

笔者曾于2017年前往深圳调研深圳"独角兽"发展情况,并持续跟踪这些独角兽的发展。《2017中国独角兽企业发展报告》显示,深圳共有14家企业上榜,其中涉及人工智能的有5家,分别为优必选科技,估值为40亿美元;腾讯云,估值为33亿美元;柔宇科技,估值30亿美元;奥比中光、碳云智能,分别估值为10亿美元。经深圳人工智能行业协会推荐,当时,课题组赴深圳调研了优必选科技、奥比中光(2017中国独角兽企业发展报告中企业),以及码隆科技(创业邦研究中心评选"中国创新成长企业 100 强"企业榜单评也是一家准独角兽企业）三家人工智能企业。

表 6-3　调研企业基本情况

调研企业	成立	行业细分	最近融资	估值情况
码隆科技	2014.7	机器视觉	2017B 2018 埃森哲战略投资	2017 年估值 10 亿美元,目前未知
奥比中光	2013.1	智能硬件	科创板上市	116 亿元①(市值)
优必选	2012.3	机器人	港股 IPO 阶段	估值超 330 亿元②

4. 深圳人工智能科技创新型独角兽企业培育成功经验

（1）创业观:"国际视野+顶级人才+一流的团队"是重点支持对象

受调研企业创始人均有跨国公司任职工作经验,并且团队核心成员均由国内外顶级高校人工智能领域的专业人才构成,大多数核心团队人才拥有国际互联网巨头公司研发经验或相关技术市场销售经验。以码隆科技最为代表性,联合创始人兼 CEO 黄鼎隆是清华大学人机交互博士,师从美国工程院院士 Gavriel Salvendy,另一位联合创始人兼 CTO 码特(外籍人士)曾任微软亚洲研究院高级研发主管,拥有 40 多个中美专利技术,18 个微软技术商业转化成果。公司创始之初就是一个中外联合创业公司。

（2）资金观:"自有/政府+风险投资"的组合模式提供发展资金

从企业发展过程中来看,三家企业稍有不同,码隆科技和优必选创业初期以自有资金作为发展来源,后期从政府创新创业人才和科技计划中获得相应的资金支持,如三家企业团队成员都受到深圳市"孔雀计划"或其他人才计划的支持。奥比中光则更依赖于政府的前期投入支持,2014 年创业初期获得深圳市政府"孔雀计划"人才团队 4000 万元的支持,对于企业前期的发展作用十分重要。

---

① 2023 年 2 月 17 日市值。

② 2023 年 IPO 前期估值。

三家企业在后续的发展过程中,资金来源主要通过风投获得企业后续发展的资金。

表 6-4 调研企业创新团队情况

企业名称	团队情况	研发情况	深圳市支持计划
码隆科技	团队成员来自清华、北大、中国科学院、中大、牛津(VGG 团队成员)等。同时大部分人员拥有任职于微软、Google、腾讯、百度等公司从业经验	公司自主研发为主,以科研任务形式与清华大学合作,65%以上是研究人员	公司创始人之一2016 年获评领军人才(后备人才),相当于"孔雀计划"C 类人才
奥比中光	核心研发人员包括来自麻省理工学院等国际名校的多位博士后,同时包括曾任职于苹果、IBM、AMD 等全球五百强企业的资深技术专家	公司拥有员工超 500名,研发人员占比超过 70%	公司创始人,2014年,"孔雀计划",以团队引进形式引进
优必选	全球知名高校(如美国麻省理工学院、加州大学伯克利分校、清华大学、华中科技大学、哈尔滨工业大学等)和大型研发机构(如 Google 机器人研究小组等)的优秀人才,以及具有国际化研发团队和专业的市场营销人员	公司目前人员超过1600 人,技术人员占比 40%以上	公司创始团队创业初期未收到孔雀计划等人、团队计划支持,后期有成员获得"孔雀计划"支持

(3)产业观:"配套健全+低成本+高效率"赋予创业企业竞争优势

技术创新型企业对供应链配套要求很高,包括原材料采购、产成品加工、代工等。以深圳为中心的珠三角硬件的供应链配套在全球范围内最为齐全,并且成本和效率走在全国前列。调研走访发现,企业如果有需求,在公司 200 公里范围内就能找到大部分上下游供应商。如奥比中光在第二代芯片上的流片成功,一方面,归功于公司强大的科研能力;另一方面,得益于深圳良好的电子配套环境和较高的加工水平。在天津整体的配套能力和水平则显得相对逊色一些。调研组走访了数家天津人工智能领域科技创新型企业,受调研企业悉数表示,在机器人领域的芯片和本体等零部件均需在深圳订购,天津本地加工的水平和价格尚不能满足企业快速发展的需要。

(4)技术观:"技术+消费级市场"助推企业迅速做优做强

通过调研发现,三家公司为代表的一个显著的特点就是"AI+场景应用",研发是面向市场的,市场需求什么就研发什么,产品经得住市场的检验,而一个市场广阔的场景应用,往往成为企业市场爆发性增长的核心驱动力。具体地讲:一是码隆科技通过图像识别和海量信息检索,实现可覆盖商品生命周期——设计、原料、批发和零售的特定行业特定解决方案,并率先在零售消费级市场实现产品突破。二是奥比中光以3D机器视觉为主导,形成了覆盖机器人视觉、3D扫描等多个场景应用,并进入手机3D拍摄消费级市场。三是优必选,以伺服舵机为驱动,率先进入服务机器人领域,并成功推动服务机器人进入家庭消费蓝海市场。

(5)服务观:"服务+容错"的环境推动企业勇于大胆创新

调研企业认为,深圳政府服务相比于中西部城市具有很大的优势。一方面,政府对科技创新容错性比较强。具体有三点,一是对政府公职人员的容错免责机制;二是对企业创新的容错机制,政府的科技创新资金项目,如果企业真是投入,实实在在搞研发,可以容忍研发项目失败;三是社会公众对于容错的包容性。另一方面,政府的服务意识比较强,官本位思想很少,给予企业更大的自主裁量权,对企业的行政条框约束少,反而给予企业更多的资金、场地、人才政策等支持服务。

(6)发展观:"闯"文化+"软"文化留住创新企业在深圳发展

在与企业访谈过程中发现,各地招商部门对独角兽企业纷纷伸出橄榄枝,给出各种的优惠政策,希望企业能够去相应的地区发展或成立分支机构,但大部分企业还是愿意留在深圳发展或是将研发放在深圳。在产业配套之外,政府服务之外,企业最关注的是深圳人才都有的创业基因。一方面,深圳人才具有鲜明的"闯"文化特征,但凡每一个来深圳发展的人都有一股扎实肯干的创业热情,年轻人愿意与创业公司共成长,而不是聚焦于公务员、央企、事业单位等"稳定性"行业;另一方面深圳已经自然而然地形成了创新创业的"软"文化,这里聚集了大量的创业精英人才,形成了精英人才的工作、生活文化,外迁的企业很大程度上难以适应人才的匹配度不足和人才工作舒适度不足所带来的人才流失问题,进而诱发企业进入后续发展乏力困局。

5. 深圳调研,对天津培育优质创新企业启示

启示一:以更大手笔和投入汇聚人才和项目。

"独角兽"企业发展背后根植于强大的人才支撑,在争夺国内外顶级人才和项目上,天津要学习深圳的国际化视野,特事特办;学习江苏、浙江,大手笔、大投入机制。同时,发挥天津大学、南开大学等天津高校学科和高层次创新创业人才带动作用,汇聚全球校友资源。发挥天津驻津院所和新型研发机构的成果转化落地示范作用,汇聚全球科研创新资源。

启示二:全面优化天津创投金融生态环境。

人工智能"独角兽"企业高智力、技术密集的特征,企业的发展需要大量的研发投入支持。创投资本对于天津人工智能企业的发展意义不容忽视。天津在租赁金融走在全国前列,能进一步发挥租赁金融的核心优势,加快形成以租赁金融带动创投联动发展的天津科技金融格局。同时,还要尽快完善风险补偿机制、投贷联动机制等新机制新模式,为企业发展提供强有力的支撑。

启示三:加快完善天津人工智能产业链条,建议在深圳以市场机制设立天津产业配套中转站。

在人工智能领域,天津产业尚属起步期,产业园基础配套薄弱,已经成为制约产业发展和引起产业外迁的重要因素。天津要加快补短板,可尝试设立天津人工智能产业配套企业中转站,鼓励珠三角企业在中转站设立办公室,用于对接珠三角产业资源,降低企业成本,或是通过政策优势,精准引进或培育天津人工智能共性配套企业,完善产业发展链条,为优质企业的出现孕育生态空间。

启示四:深入探索天津科研项目、转化项目的容错机制。

要加快建立自由探索的项目机制,在科技企业创新方面出台一些鼓励创新容错免责的科创项目,尽快制定容错免责的相应实施细则。同时,要鼓励创客文化在天津的发展,加大创客领创企业的媒体宣传力度,搭建创客知识经验分享的新媒体平台,鼓励创客分享创业成功与失败的经历,讲好天津创新创业"新故事"。

二、天津企业培育创新发展实践

(一)中小微企业创新发展

当前,京津冀协同发展、建设国家自主创新示范区以及深化管理体制改革等一系列重大发展机遇叠加,打造自主创新策源地,成为京津冀协同发展先导区、开放创新先行区、产业转型升级引领区、创新主体聚集区的核心路径之一就是扎实推进中小微企业创新发展。

近十年,天津高度重视中小微企业的创新发展,先后出台了一系列政策措施,不断加大财税政策、结构调整、技术创新、创业兴业、服务体系建设等支持力度,推动中小企业发展取得了显著成就。但是受到市场、资源、成本、环境和自身素质的制约,中小微企业普遍面临着转型升级的倒逼压力,而转型升级关键在于技术创新。服务和引导中小微企业增强创新能力,不仅事关企业的生存与发展,也关系到天津的民生改善及经济发展的提质增效。

1. 深刻理解中小微企业技术创新的本质特征

特征一:技术创新灵活多样。

中小微企业技术创新更多以市场为导向,市场性强,创新方式多样,兼顾引进消化吸收创新和原始创新,同时创新往往聚焦于细分市场的薄弱环节,有可能成为微领域的隐形冠军。

特征二:强调应用型技术创新。

遵循技术创新合理实效原则,强调技术上的适宜性、经济上的合理性和生产上的继承性,一般进行的是单一创新,且注意从小处开始,发挥自己的优势,主要着眼的是现在而非将来。

特征三:对外部资源的依赖程度比较高。

中小企业技术创新往往需要投入一定的人力和资金支持,尤其是在企业研发进入中后期阶段,企业研发往往会陷入资金匮乏和技术难以突破的困境,尤为需要外部(政府、高校、天使基金)提供必要的技术和资金支持以度过瓶颈期,进入快速发展期。

特征四:技术创新效率较高。

中小微企业技术创新往往目标明确,市场定位准确,致力于开发短、平、快的技术,注意量力而行,符合实际;加上中小企业组织机构灵活有弹性,上下级关系比较融洽,减少了市场信息损失。因此,中小企业在创新效率和创新时间上明显优于大企业。

2. 准确把握中小微企业技术创新的现状与问题

判断一:中小微企业已经成为技术创新的重要力量。

目前,天津科技型中小企业持续发展壮大。2022 年 1—6 月全国各省份科技型中小企业入库数量及排名中,天津在各省市中排名第 14 位,科技型中小企业正在成长为天津创新驱动发展的重要力量。据天津科技局统计数据显示,2022 年 1—12 月份,天津 10719 家企业通过科技型中小企业评价入库;5620 家企业通过天津雏鹰企业评价入库;447 家企业通过天津瞪羚企业评价入库。科技型中小企业的创新质量显著提升,据天津工信局统计数据显示,天津市 2022 年度创新型中小企业中,有 2184 家获得高新技术企业、国家级技术创新示范企业、知识产权优势企业和知识产权示范企业等荣誉称号,占比 78.84%;拥有经认定的省部级以上研发机构的企业 153 家,占比 5.52%。

判断二:中小微企业创新政策支持需求缺口大。

一是优惠政策总量少、范围窄、特色少,天津对于中小微企业的优惠政策,大部分源自中央政策体系的配套与延伸,新政策突破点少,体现天津中小微企业发展的地方特色政策不足,并且各项政策落实受县域财力影响明显。二是企业无力解读利用优惠政策。目前从中央到市级层次都出台了许多支持中小微企业的政策措施,但在市级和区县落实层次,很大一部分政策缺乏具体实施细则,加之各项扶持政策散落在不同部门,企业缺乏足够的人力与精力去解读、申报和利用这些优惠政策。三是中小微企业自身管理水平限制优惠政策的享受。税收优惠政策对财务管理要求高,绝大多数小微企业因管理水平的问题无法享受到减免税政策。比如借贷成本的税前扣除,企业缺少完善的账目票据,税务部门无法认定企业的经营借贷,也就无法允许企业税前扣除。

判断三:中小微企业科技活动资金紧张依然存在。

一是间接融资难。有融资需求和融资意愿的中小企业面临的多重的融资困难。其中,一部分中小微企业已经通过抵押方式获得银行贷款,再次融资面临无抵押物的情况较为突出。同时,天津知识产权抵押还处在探索和积累经验阶段,还不能广泛解决中小企业的现金流问题。二是直接融资渠道过窄,风险投资、产业基金、企业债券等形式的直接融资规模相对较小,大量适合直接融资的项目无法获得资金。在欧美等国家中,风险投资、股权投资、企业上市等直接融资比例一般占到 70% 以上。2022 年,天津新增 4 家科创板上市企业、1 家北交所上市企业和 1 家创业板上市企业,但对比 2022 年科创板共有 110 家企业成功首发上市,天津企业上市融资比例偏低。直接融资比例过低与渠道较少已经成为制约天津中小微企业发展的短板。

判断四:中小微企业创新市场公平仍需加强。

一是中小微企业由于自制能力有限,在科技研发资金获取上,很难参与市属重大课题和基础研发项目,特别是涉及院校合作的产学研联合攻关项目,直接限制了企业获得高校科技资源、参与成果转化的途径。二是政府审批行为在程序和规定上的复杂性和相对不透明性,本市中小微企业的创新产品往往很难在本市获批或获得销售,不得不转向兄弟省市,即产品、工程最先从外省市起步而非从本市优先发展。一方面增加了本市中小微企业的生存成本,另一方面造成了优质资源的外流。三是市场进入和经营的成本比较高,高进入门槛限制了中小微企业的经营范围,增加了中小微企业的进入和经营成本,提高了中小微市场进入和日常经营的风险程度,从而增加了经营成本。

3. 支撑中小微企业技术创新的对策建议

(1)创新政策服务,调动中小微企业创新活力

一是适度增加政策的普惠性,提高政策目标全体的辐射范围,特别是对通过科技转变增长方式的中小微企业,应该有天津特色的创新型普惠性政策,并加强顶层设计,确保政策在天津全域落实可行。二是适度增加需求端政策,应持续强化市场需求导向,扶持政策应坚定转向需求端,将政策的落点由鼓励规模扩张,向科技创新和产业核心竞争力的提高转变。三是多形式积极宣传政策。通过信息化的政务平台、媒体、政策宣讲会等形式加大政策宣传的力度,让企业及时了解优惠政策信息动态,解决企业对优惠政策不了解而不能享受的问题,让企业了解政策、用足政策。四是简化政策的受理申报流程并畅通政企沟通渠道。进一步梳理政策的申报流程,进一步简化政策的申报程序。畅通企业反映问题的渠道,开辟企业反映政策落实情况的通道,让政府及相关部门能及时了解企业的呼声和需求,及时调整充实有关政策。

(2)创新金融服务,丰富中小微企业科技资金来源

一是进一步改善银行对中小微企业的金融服务,完善国有商业银行和股份制银行中小企业授信业务制度,建立中小微企业信用体系和中小微企业商誉体系。逐步提高中小微企业中长期贷款的规模和比重。同时,进一步加大落实金融机构和风险投资机构风险补偿力度,降低风险补偿门槛。二是放宽准入,适度放松村镇银行的设立条件,加快发展村镇银行、小额贷款公司、担保公司、融资租赁公司等中小金融服务机构,鼓励更多民间资本进入。同时积极发展互联网金融,试点建立股权众筹互联网金融创新服务平台。三是促进中小企业进入资本市场。一方面,大力推进股权融资。推动科技型中小企业股份制改造,建立上市资源培育机制,加强上市企业资源储备库建设,推动有条件的中小企业在境内外资本市场多渠道上市融资。另一方面,推进企业利用债券市场融资。鼓励符合条件的中小微企业灵活运用集合债券和中小企业集合票据等融资工具进行融资,探索和推广知识产权、应收账款、采矿权证、动产抵押、股权质押、仓单质押贷款以及供应链融资等新的融资方式。

(3)优化市场环境,破除中小微企业创新发展壁垒

一是扩大中小微企业创新券范围,解决中小微企业创新资源难题,向领军企业发放产学研专属创新券,鼓励领军企业以联合体融合融通小微企业,与高校共同开展联合攻关。二是继续推动政府职能的转变,减少政府对市场的行政性干

预,进一步简化审批流程和程序,降低企业的产品申报难度和时间,鼓励企业创新成果在本市优先发展。三是降低中小微企业参与政府采购准入门槛,减少中小企业微投标成本,鼓励公平竞争。研究借鉴国际上预留采购项目或份额、给予中小企业加分或价格优惠、为中标中小微企业提供融资服务以及苏南建立"首购首用"风险补偿机制,对首购首用单位给予适当的风险资助等好的经验和做法,有效提高中小微企业获得政府采购合同的能力。

(4)注重外部培育,完善技术创新的社会化服务体系

一是加强中小企业信息平台建设,逐步建立面向社会开放的中小微企业信息服务体系,为中小微企业获取政策、技术、市场、人才等信息提供方便,为降低中小微企业技术创新成本创造条件。二是强化企业、高校和科研院所的交流互动,组建新型的产学研合作机构,鼓励面向中小微企业的技术转移,为中小微企业提供技术源泉和技术帮助,使中小微企业的技术需求能够及时得到满足;支持技术转移机构的发展,积极为中小微企业、科研机构、大专院校牵线搭桥,支持产研学的有效结合,鼓励走合作创新之路。三是加大中介组织的培育力度,鼓励创办各种咨询公司、信息公司、技术交流公司,鼓励创办为中小微企业技术创新提供技术中介、技术咨询服务、技术信息服务、技术培训服务的各类服务中心,为中小微企业的技术创新提供全方位的服务。

(二)科技领军型企业培育

1. 科技企业创新发展动力

"十三五"以来,天津重点打造科技企业升级版,推动领军企业发展做优做大做强,实现科技领军企业创新能力、企业规模、服务水平的全面升级。

企业发展总是在内外环境与各种资源条件和能力进行博弈,科技领军企业升级受到内外部因素的双重驱动。从外部推力看,深入实施国家创新驱动发展战略,要求企业走转型升级之路,主动承担起社会责任和历史使命,适应新形势下未来发展的要求;同时,科技领军企业在国民经济和社会发展中的地位日益提高,尤其在创新驱动引领、经济总量贡献、解决社会就业等方面比重日益扩大,直接影响社会和谐稳定,其受关切程度和政府加快推进其发展的决心毋庸置疑。从内部动力上看,当前,科技领军企业面临着运营成本不断上升、土地资源供给缺乏、发展空间受限、用工条件提高、劳动力成本上升、能源供给约束、价格不断上涨等诸多不利因素,使得企业发展的利润空间逐步缩小,因此,通过升级寻找新利润增长点或盈利模式已成为企业生存发展的必然要求。市场竞争,如逆水

行舟,不进则退,通过升级调整,不断寻找优化而获得市场地位则是企业发展的永恒。

2.科技领军企业升级路径研究

以系统、持续、创新为升级理念,立足天津本土,选取一批优秀领军企业作为科技企业升级版的具体实践和典型样本,梳理总结科技领军企业升级路径。

路径一:创新管理升级,内部挖潜。

规范企业流程、强化企业管理,将事情做精、做细,从而降低成本、提高效率、减少风险。鑫宝龙电梯集团有限公司于 2005 年成立,主要为进口电梯产品进行机械加工配套。公司成立之后,强化研发流程管理,凸显研发绩效,建立了国际化的技术、人才、经验和质量管理的研发平台;2009 年以来,企业申请 67 件专利,自主品牌鑫诺、戈尔相继问世。同时,企业优化产品自身发展工艺,对生产车间进行了现代化、智能化、信息化升级,配备了国际先进的科技生产线,采用自动化机器人进行产品加工,实现了由传统生产工艺到现代化生产工艺的转变。此外,公司通过内部挖潜、开拓市场等管理措施,产品覆盖多个省市,成为中国北方地区最大的电梯、自动扶梯生产基地。2014 年,集团旗下的鑫诺电梯有限公司首次入选中国电扶梯 20 强企业和中国电梯民族品牌 10 强殊荣。目前,公司已从最初的单一的电梯部件代工企业成长为一家集智能电梯的设计、研发、制造、销售、安装、电梯物联网服务以及可提供智慧社区解决方案的大型电梯集团公司。

路径二:创新产品升级,深耕细作。

锚定前沿科技研究,注重产品品质的升级,关注终端用户需求;通过技术积累和能力演进,突破关键部件壁垒与限制,实现产品蝶变升级,带动企业整体升级。天津勇猛机械制造有限公司于 1999 年进入玉米收获机领域,通过与知名农业院所、农业科研单位展开项目合作和硕博研究生人才引进工作,组建 100 余人研发团队,经过长达 8 年的积累,围绕产品关键零部件高度自制,形成 40 余项核心专利保护产品。2007 年产品问世销售以后,公司继续围绕玉米收割机进行深度开发产品,形成面向各省市不同地形、不同种植农艺的系列产品,实现产品再次升级;2013 年,依托产品和技术创新优势,入围国家高新技术企业;2014 年至 2015 年,成功实现零库存,连续稳居市场冠军地位;2015 年,公司瞄准工业 4.0,与德国格拉默、博世力士乐等先进企业签署战略合作协议,合作开发智能玉米收割机,以期实现产品三次升级。勇猛机械先后被认定为"国家火炬计划重点高新技术企业""天津企业技术中心""天津工程中心"。

路径三:重构业务升级,裂变发展。

通过企业内部要素资源的重构、组合或剥离,盘活资源、激发潜能,实现整体规模、质量的双重提升;通过科技领军企业自身创新实力增强而产生的能量"溢出",实现企业的裂变式发展。天津生机集团股份有限公司成立于1998年,致力于兽药研发。2010年搭建企业孵化器,孵化培育企业团队;2012年被认定为市级科技企业孵化器;2013年创建天津生机生产力促进中心,为孵化器和行业内小企业提供检测、技术诊断等服务,帮助龙头企业辅导养殖企业和养殖户;2014年底营业收入达到1亿元。通过创建孵化器和技术服务,生机集团培育出了新的业绩增长点,进一步拓展了企业的规模和影响力,实现了自身主业之外的多元化发展。目前,生机集团成长为中国兽药生产企业50强、全国兽药行业兽药制剂30强企业、无公害饲料企业、天津新技术产业园区明星企业、天津技术创新先进企业、天津劳动关系和谐企业。

路径四:兼并资源升级,并购发展。

通过在某些产业或技术领域实施并购,获取战略性资产,实现企业的跨越升级。天津长荣印刷设备股份有限公司于1995年成立,致力于印刷包装行业。2004年获得高新技术企业认定;2007年改制为股份有限公司;2011年3月公司股票在深交所创业板上市,开始立足国际,用收购、参股等方式,选择站在巨人肩膀上加快发展;2013年,与台湾健豪合资成立天津长荣健豪云印刷科技有限公司;2014年,国内先后成功收购深圳力群印务公司,并参股香港上市公司贵联控股公司,国际上收购海德堡的印后资产,包括整机设备、半成品零部件、数百项产品专利技术,以德国品质为制造标准,进一步提升产品的核心竞争力;在印刷机械设备全球市场发展呈现出低迷颓势趋势下,企业2015年一季度实现营业收入2.07亿元,同比增长118.49%;实现归母净利润4137万元,同比增长322.84%。2016年收购海德堡斯洛伐克工厂,创立了海外生产制造基地。2018年,与马尔巴赫集团董事长Peter Marbach签署合作协议,双方共同投资在天津兴办模切版生产厂。2021年,与深圳市海目星激光智能装备股份有限公司签订合资协议书,共同出资设立"常州市长荣海目星智能装备制造有限公司"。未来,公司将以印刷装备制造为核心,沿装备制造产业链上下游发展,力争成为产业生态圈的引领者和综合服务商。

路径五:拓展上下游升级,延链展链。

提高上游的技术研发和产品设计能力的同时,积极拓展下游的营销渠道、物流配送、售后服务等工作。天津市宽达水产食品有限公司于1999年成立,致力于农产品加工。2013 年公司依托高校及科研院所的养殖、加工技术,发展优质水产科技设施化生态养殖以及名优蔬菜的设施化种植,向产业链上游延伸,启动建设"宽达农业水产科技园";同时,加快发展精深水产品深加工技术及规模,向下游产品端延伸产业链,强化研发设计,建立了国家大宗淡水鱼加工技术中心(天津)、水产类功能性食品研发中心和水产品精深加工成套技术装备研发中心,推出多个撒手锏产品,申请数十项发明专利,2014 年成为国家高新技术企业。目前企业拥有五大系列 300 多个单品,先后与华润万家、易买得等大型超市开展合作,并在全国 700 多家卖场中销售,创造了响当当的"宽达"品牌。

路径六:创新商业模式升级,借力发展。

通过创新企业的经营运作模式,以客户价值为核心,整合企业创新资源,运用好电子商务等营销手段,创新构建高效、快捷、完善的营销网络,实现企业跨越式发展。天津九安医疗电子股份有限公司成立于 1995 年,致力于医疗电子产品开发。2009 年,九安医疗开始打造"互联网+"商业模式,创造了自主品牌 iHealth,通过与苹果公司战略合作,伴随 iPhone 手机迭代发展,iHealth 不断做大做强,九安医疗逐渐从一家代工企业迅速转型为以移动互联网为平台的智能硬件产品制造商。2010 年在深圳中小板上市;2013 年在前期基础上继续开发 iHealth 系列新产品,与腾讯公司在微信平台开展合作,探索互联网营销新模式;2014 年 9 月,与小米公司在移动健康领域展开深度合作,进一步增加了公司互联网市场份额;2017 年九安医疗参与并设立了海外并购基金,同年并购美国 Care Innovations("CI")移动医疗公司,成长为全球移动医疗的开拓者、参与者和领跑者。目前,正致力于云健康平台的建设之中,通过硬件来积累大量用户,形成健康大数据,根据用户需求提供相关服务,形成健康生态系统。

3. 推动科技领军企业升级的对策建议

围绕科技领军企业升级,以企业为主体,立足政府工作实际,打造宏观升级政策环境,提出六点操作层面支持科技领军企业发展壮大的对策建议。

(1)培育科技企业家升级意识

积极加强舆论引导与宣传,打造新型企业家培养工程升级版。立足天津,面向京津冀,对标全国先进地区,延揽全球优质资源,重点面向高成长性、发展潜力大的科技领军企业,加快培养和造就一批具有全球视野、精通现代管理、崇尚自主创新、善于开拓市场的优秀企业家及企业家后备人才队伍,提升企业家做优、做强、做大的信心和决心,实施科技领军升级标杆企业示范工程,推广科技领军企业升级成功经验,营造学优、创优、争优的企业发展氛围。

（2）推动外脑服务企业管理创新

面向科技领军企业，链合优质智库资源，加强与国际一流智库和咨询机构的合作。试点采取政府后补助方式，鼓励企业购买生产、管理、运营等咨询服务，对企业发展进行全方位诊断，发现企业管理、运营中的漏洞和不足，制定企业中长期发展战略；进一步加大对科技特派员的奖励力度，用足用好天津科技特派员金字招牌，鼓励高校、科研院所高级技术人员深入企业开展技术服务与支持，并将其作为职位晋升、职称评审的重要参考依据，激发科技特派员更大活力和动力。

（3）推进企业技术持续创新

运用财政补助机制激励引导企业普遍建立研发准备金制度。市区财政通过预算安排，根据经核实的企业研发投入情况对企业实行普惠性财政补助，引导企业有计划、持续地增加研发投入；重点支持企业围绕核心产品布局专利，在科技领军企业重点推进知识产权试点企业建设，试点专利群补贴政策，即对核心产品专利采取综合性支持一揽子政策；完善普惠性税收优惠政策，积极落实企业研发费用加计扣除优惠政策，配合国家有关部门研究完善企业研发费用计核方法。

（4）推进企业融入全球产业链

鼓励科技领军企业充分借重京津冀协同发展战略，响应"一带一路"倡议，积极参与全球科技创新，在研发、制造、销售、售后等环节深度融入全球产业链。通过融入全球产业链洞悉全球产业的变化，快速掌握现代生产和管理诀窍，尽快获得生产和销售规模优势；进一步搭建科技领军企业参加跨国展会、技术交流平台，支持科技领军企业的技术、产品、标准、品牌走出去，开拓国际市场。

（5）拓宽企业资金供给主渠道

加快建设金融创新运营示范区。优化资本市场，支持全国中小企业股份转让系统发展，推动科技领军企业挂牌；选择符合条件的银行业金融机构，探索试点为企业创新活动提供股权和债权相结合的融资服务方式，与创业投资、股权投资机构实现投贷联动；积极开展以科技领军企业科技产品开发为导向的股权众筹融资试点，打造天津股权众筹中心，支持天津股权众筹联盟发展，争取互联网股权众筹平台等方面优惠政策在津先行先试。

（6）提高企业智能化能级水平

大力推动企业智能化转型升级，以智能制造为引领，着力推动有条件的企业开展工业设计数字化、生产设备智能化和自动化改造力度，实现生产自动化、产品智能化、管理精细化、产业先进化，提升产品附加价值，打造一批绿色、清洁智能工厂样板；推动建立"'互联网+'协同制造"数据资源整合和分析应用平台，充分发挥天津制造业基础优势,促进云制造、平台制造、互联制造、增材制造、物联网、云计算、个性化定制、服务型制造等在制造业全产业链集成运用,推动制造模式变革和工业转型升级,培育智能制造工业互联网产业集群生态,构筑"天津智造"品牌。

(三)优势产业型企业培育

信创产业作为天津重点培育的优势产业,提升其基础能力和产业链条的水平,带动大中小企业融通发展,对当前天津信创产业整体实现高质量发展意义不言而喻。经过深入调研,笔者认为高产业链韧性、高网络性、高平台性,高经济性的大企业产业生态可作为解决问题的一剂良方,并指出"十四五"期间,天津应以敢为人先的力度,从政策、创新、人才、市场、决策等五个方面着力构建标志性的信创产业大企业生态,提升信创产业系统性创新发展能级,助推信创产业又快又好发展。

1. 天津信创产业发展的基础与优势

信创产业作为天津首位度产业,聚集了以飞腾、麒麟、曙光、360 为代表的 1000 余家上下游企业,构建了"CPU—操作系统—数据库—服务器—整机终端—超级计算—信息安全服务"自主可控、产研一体、软硬协同的信创全产品链条,打造出国内一流的信创产业生态,2022 年信创核心产业规模 500 亿元。同时,天津信创产业科教融合基础优势突出,天津大学、南开大学等 10 所重点高校均设有信创相关专业,8 所高校入围天津信创产业高校服务特色产业学科群建设。16 所职业院校 106 个专业涉及信创产业。高校和职业院校与天津龙头信创企业建立了产业学院、联合实验室、实习实训基地等多种产教融合平台,并培育了一批本土优质人才。

2. 天津信创产业发展过程中的突出问题

当前,天津信创产业已经进入一个新的阶段,产业的重点将聚焦系统性提升信创产业基础能力和产业链现代化水平。天津信创产业能否迎来大发展、大飞跃,关键看四个指标:一是形成重大龙头产业生态和强大的上下游软件积累;二是形成系统性、标志性的创新平台,并培育数量规模可观的科技创新型小微企业;三是形成强大的信创人才虹吸效应,具有千人规模化研发中心;四是形成重大应用场景,并催生出可推广可复制的行业解决方案,形成强有力的输出型、应用型信创产业集群。从目前来看,天津还存在一定的差距。

（1）抢滩意识弱，龙头企业生态建设不够

调研发现，在信创产业领域，初步形成了以中国电子 PK、统信 UOS、华为鲲鹏三大主要生态圈，生态圈主要以产业软硬件适配为依托，产业龙头企业集聚了大量的产业优质资源。如在 PK 体系中，天津飞腾已经适配千余款软硬件产品，形成了强大的资源生态圈。部分省市已经瞄准这一特点，把信创龙头企业作为产业生态培育的第一抓手，如广州明确支持软件企业向核心平台适配，给予 500万的支持；合肥对信创龙头企业引进具有独立法人资格配套企业给予龙头企业最高 100 万元的奖励，同时根据配套企业实际情况也给予一定的奖励。再看天津，全国 4 大数据库企业中天津占据 3 家，全国 2 家操作系统公司中天津占据 1家，具备实施上述政策的有利条件，仅滨海高新区制定了针对华为鲲鹏创新中心专属政策，开展了相关的实践探索。同时，考虑到信创产业资源相比别的产业更具有稀缺性，全国龙头企业数量少，配套产业政策操作性更强，应强化抢滩意识，加快在市级层面探索实施。

（2）融通招法少，资源整合优化能级不足

调研发现，目前天津信创产业创新平台更多地集中在企业或企业与高校之间，如麒麟软件与天津大学软件学院，长城计算机与天津职业大学。现有的校企合作解决了人才和技术问题，却没有更好解决合作的长期性、稳定性以及新产业和新成果的落地和发展问题。只有多层级整合资源才能够凝聚更强大的发展动能，调研发现，通过"龙头企业+高校+区域"的创新联合体新模式（其中企业负责提供资金和产业化等市场资源支持，高校提供高端科研资源和高端人才支撑，园区主要负责协调配置相关政策资源和空间资源）正受到各地青睐。如青岛高新区与山东大学、海尔集团建立了"政、校、企"三类"国家双创示范基地"融通创新机制，产生了 1+1+1>3 的聚变效应。上海闵行区、华东师范大学和知名股权投资机构飞马资本通过"政、校、企"强强联合，构建"创新创业立体生态"服务体系，支持和帮助校友在大学周边创业，解决科研转化'最后一公里'难题的路径。目前，天津新一轮的大学科技园建设如火如荼，应重视发挥创新联合体的作用，围绕信创产业，探索形成经验示范。

（3）引才难度大，信创产业人才集聚乏力

信创产业的快速发展亟须优质的信创人才作为支撑，天津尚未形成区域性信创人才发展高地。调研发现，天津信创产业龙头企业在津研发人员数量普遍偏少，个别龙头企业总部在天津，研发中心主要布局在北京、上海、成都等地。进一步对企业员工的访谈中发现，大部分受访人才认为天津整体就业机会少、工资待遇偏低,天津人才政策多、普适性强但没有信创产业的针对性政策,个人体验感不强;受访企业存在培养人才流失问题;受访高校存在毕业生留津意愿持续降低的问题。上述问题在一定程度上导致天津信创产业人才匮乏。调研另有发现,天津罕有规模化的信创产业研发中心布局,诸如像华为上海研究所(一万余名研发人员)、小米北京研发中心(五千余名研发人员)等规模化研发中心。缺乏标志性的研发机构,直接导致人才吸引力等级下降。在解决产业人才不足的做法上,除了现有的通用政策之外,北京采取了重点行业入职补贴政策,上海提出了重点行业直接落户政策,南京推出了重点产业专员服务政策。基于此,建议天津率先从存量资源出发,把企业资源做实,"依靠自己的骨头长肉",推出超常规的举措,先构建局部的人才高地,以局部带动整体实现跨越式发展。

(4)行业应用弱,信创应用市场开拓不足

当前,天津已经形成飞腾—麒麟—长城—曙光"PKGS信创包"整体方案供给能力,构建起覆盖"芯片—操作系统—数据库—服务器"的国产化产品链条。从产业的规模上看,在硬件产品上,2021年天津海光实现营收约23.1亿元①,天津飞腾2021营业收入约22.2亿元②;在安全软件上,华经产业研究院数据显示,2022年1—11月,天津信息安全产品和服务收入占软件服务营收刚刚突破1%~2%。整体还处于产业加速发展期,产业规模与深圳、上海、北京、广州、长沙等地还有差距;从产业的应用场景上看,目前信创产业还是主要应用在党政和特殊部门,金融、电信、能源等八大部门的渗透率还不是很高。特别是天津提出"制造业立市"以来,信创方案在智能工厂、工业互联网等方面对国外系统的替代和对现有应用融合发展还处在应用初期,远远未形成规模化效应。推动天津信创产品持续发力,发挥天津先进制造研发优势,锻造重大的制造业应用场景,应作为信创产业发展的重要考虑因素,抓紧制定相关政策,推动良好发展势头加速前行。

2. 天津信创产业发展路径突破口

信创产业已经进入现象级风口。2019年以来,安徽省(1月份)、吉林省(4月份)、四川省(5月份)等10余个省市开启信息技术应用创新产业联盟建设;北京、江苏、浙江、江西等多地信创产业园开园,天津如何在全国信创产业中率先突破,应纳入"十四五"时期,产业发展的重要考虑,而合理的路径依赖则是突

---

① 数据来自中科曙光财报。
② 数据来自中国长城财报。

破口。

大企业生态是以产业链关键节点的龙头企业为依托,构建以龙头企业为主体,形成以龙头企业与上下游企业组成的生态共同体。大企业生态具有高韧性、网络性、平台性、经济性的特征,能够更有力地消除疫情等外部因素对产业发展的不利影响,营造更强的产业发展动能,加速产业的创新升级。大企业生态在推动科技创新、激发市场活性、吸引企业聚集、整合市场资源方面发挥着重要作用。特别是以信创为代表的新兴产业领域,大企业生态的导向作用更加鲜明,抓好大企业生态建设,对于天津解决信创产业的突出问题,下好先手棋,打好信创牌,具有重要的战略意义。

3. 天津信创产业发展的对策建议

构建大企业生态,要抓住大企业政策生态、创新生态、人才生态、市场生态、决策生态等五个方面,系统性发力。

(1)建设区域大企业生态圈,垂直化、网络化发展

一是依托龙头信创企业建设本地生态圈。抓信创重点节点,加快与天津飞腾、麒麟软件、天津海光、南大通用、360 等龙头企业对接,在天津已经绘制的国家和天津信创产业图谱的基础之上,绘制上述龙头企业上下游产业图谱,遴选龙头企业生态圈的主要配套上下游供应商,制定相应的信创产业龙头企业配套引进产业政策,引进重点配套厂商。二是依托龙头信创园区建设网络供应链。一方面是探索发展信创产业行业工业互联网平台,推动由简单的软硬件适配,向科学高效的网络生态升级,以平台促进产业链衔接,促进新解决方案推广;另一方面是借鉴日本综合商社模式经验,探索建设信创产业的中转仓库,在信创谷、软件园等重点区域构建信创产业重点零部件仓库,解决产业硬件加工和物流等方面的成本。

(2)发展大企业创新平台联合体,促进研发创新产业化

一是围绕产业链部署创新链,组建"龙头企业+高校+区域"平台联合体。坚持用平台思维做乘法,推动多方资源要素互动耦合,实现价值倍增。加快信创产业龙头企业与天津大学、南开大学等在校企合作的基础之上,串联天津高新区、西青开发区等区域,联合组建"龙头企业+高校+区域"平台联合体,在平台联合体的建设过程中培育重大的国家战略平台(如支持麒麟软件建设国家级基础软件创新中心,支持长城计算机与天津职业大学等争建全国第四家通用软硬件适配测试中心),以平台的建设带动产业的发展。二是围绕创新链布局产业链,构建"龙头企业+高校+区域"双创联合体。从国际上来看,校友在大学周边创新创

业是一种趋势。从硅谷、斯坦福等来看,基本都是校友集聚在大学周边创新创业。围绕信创龙头企业创新布局,构建"龙头企业+高校+区域双创联合体",延揽海内外校友创新创业团队,发展校友经济,率先在大学科技园区开展信创产业成果转化应用与实践。

(3)加快构建大企业人才高地,引育规模化企业研发中心

一是从人才自身角度,提升人才留津来津发展意愿。提升人才来津发展,不仅要给人才干事创业的平台,更要营造惜才爱才的创新氛围。建立信创产业人才试验区,加快制定更为有吸引力的信创龙头企业人才入津的突破性政策,如在信创产业人才试验区内以挂牌或设立方式建设专门的信创人才公寓,解决人才居住舒适度和提升荣誉感;实施信创优秀人才重大节假日家属走访、慰问制度,提升人才归属感。二是从企业角度,大手笔支持企业存量人才资源入津。要拿出"千金买骨"的气魄,有计划地推动天津龙头企业的研发中心回流天津。出台奖补力度更大的成建制人才迁移政策,如对本地信创龙头企业整建制研发部门迁至天津的,给予相应的资金补贴;建立信创企业创新发展积分制度,将信创企业在津研发人员数量作为企业重要评价指标,作为后期高新技术企业培育、领军企业培育、承接重大项目等奖励激励的参考,力争2至3年打造1至2个规模化的研发中心,形成信创人才的企业高地。

(4)构建大企业市场生态,推动输出市场化解决产品和方案

一是从市场的角度,提升天津信创产品应用推广的激励力度。加快推动信创产业的本地化应用已经成为各个省市发展信创产业的核心招法,从目前的天津的自主产品推广政策来看,这一点还有点欠缺,建议参考外省市的招法,从信创产品出发,对本地企业使用本市信创产品给予奖励,对外省市使用本地信创产品对本市产品生产销售企业给予奖励;特别是在天津智能制造和工业互联网等建设过程中采用信创产品替代国外产品的,在智能制造相关项目中给予优先支持。二是从产业集群的角度,加快发展产销型产业集群。从国际经验看,物流成本优势的塑造对于产业集群的发展至关重要,天津有天津的港口和机场叠加自由贸易试验区,拥有天然的物流优势,非常适合建立信创产品的产销型产业集群。建议给予相应产品的物流和进出口政策支持,推动飞腾—麒麟—中国长城—中科曙光的综合产品或是解决方案输出,形成辐射华北、东北地区以及"一带一路"关键节点的信创产业核心产品及方案的输出地。

(5)构建大企业决策投资生态,持续优化产业发展环境

一是强化信创产业的投资性制度供给。调研发现,各地争取信创产业资源,

背后基本上都有区域性产业基金的影子。产业基金对于信创产业在特定地区的落地发展,起了非常大的促进作用。从产业基金的角度,要制定更有利的产业基金政策,吸引产业基金对天津信创产业的投资,如从企业和投资机构双方的角度,给予双向的补贴性政策支持。从企业的角度,越来越多的信创企业本身设有相应的生态链产业链投资基金,要加快海河基金等与之联动发展,争取相关企业产业项目来津发展。二是强化信创产业的投资决策咨询供给。信创产业发展也爆发了投资隐忧,如格芯(成都)集成电路制造有限公司(芯片代工,规划投资90.53亿美元),贵州华芯通半导体技术有限公司(服务器CPU,数十亿美元)等公司承建项目今年相继出现停工停产,对于区域投资形成了很大的负面影响。加强信创产业投资决策咨询机构建设显得非常有必要,可以组建由"科技特派员+企业家+咨询机构"三位一体的企业家俱乐部,建立专家咨询机制,对重大引进项目开展咨询研究,根据年度安排,开展重大问题和政策研究,发布天津年度信创产业发展指数报告,提出高质量的咨询意见。

三、加快构建企业技术支撑体系

(一)企业技术支撑体系理论研究

当前,针对科技型中小企业的技术创新支撑体系研究,国内发展还不是很成熟,还处于探索阶段。部分学者将研究集中在海外发达国家科技创新支撑体系经验的借鉴上,通过对美国、欧盟、日本等国家或地区构建技术创新支撑体系的分析和经验启示,探求适合中国的技术创新支撑体系,部分学者将研究集中在创新支撑体系的要素分析上,通过创新要素影响因素的罗列来阐述技术创新支撑体系。如盛世豪等将科技创新支撑体系分为内部支撑系统和外部支撑系统加以对各自的组成要素进行阐述分析。梁小青等提出四位一体架构作为技术创新支撑体系,将企业技术创新知识共享,整合政府行为的公共服务平台、企业行为的企业自主创新能力和遵循私募股权投资思路激活民间资本作为四个关键要素进行阐述分析。

价值链的概念是由哈佛商学院大学教授迈克尔·波特于1985年在其所著的《竞争优势》一书中首先提出的。迈克尔·波特认为企业价值链存在于供应商价值链、企业价值链、渠道价值链与顾客价值链共同构成的系统中。在后续的发展过程中,国内外学者对价值链理论内涵进行了深入的研究和发展,企业价值链被认为是企业创造价值活动和各种因素的总和,是一个价值活动增值的过程。

科技作为科技型中小企业区别于其他企业的显著特点,其发展和生存的要义,就是通过不断进行技术创新,以技术创新培育撒手锏产品,即最大限度地利用企业核心技术开发出满足市场和顾客需求的产品,实现企业自身价值的增值和创造顾客价值。科技型中小企业技术创新发展过程,是价值与技术创新深度融合,价值链各个环节匹配整合的过程。从这种意义上讲,任何一个环节的缺失或问题都会影响到企业自身的技术创新。更重要的是,企业技术创新是一个复杂多层次系统,受到来自企业和外部社会多重动力因素影响。从这一点上讲,建立一个系统性技术创新支撑体系,就要涵盖企业价值创新所涉及的各个环节,涵盖企业整个产业价值链条。对企业价值链进行细致的分析,探索确定每一个价值链环节所需的外界支撑体系及各价值链之间所需的有效联结支撑才能构筑有效的技术创新支撑体系。

(二)企业创新支撑体系框架构建

借鉴国内外学者前期研究成果,立足于价值链理论角度,提出整个技术创新支撑体系构建:第一个层次是政府、中介机构、孵化转化载体、社会金融机构等以有形或无形地组成的技术创新支撑体系作用于价值链条四大环节,即供应商价值链、企业价值链、渠道价值链和顾客价值链,支撑每一个环节实现良性发展;第二个层次是企业以企业价值链为主体,实现四大环节的有效整合和发展,形成以企业为主体的技术创新核心竞争力和独特的商业发展模式;第三个层次是企业

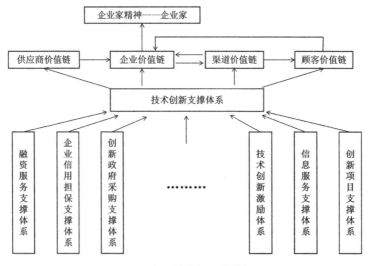

图6-2 企业技术创新支撑体系

整体经营效率和利润的显著提升,带动企业以创新为核心价值战略提升,企业家精神引导企业去追求更大市场和价值空间,形成持续不竭的创新动力源,驱动企业技术创新发展(如图6-2所示)。构筑企业技术创新支撑体系,就是要覆盖企业发展的每一个环节,总结提炼在不同环节发挥作用的模式、方法,引导企业践行技术创新。

(三)企业创新支撑体系机制分析

1.第一层次——环境支撑作用于价值链环节

(1)基于供应商价值链的技术创新支撑体系

供应商价值链作为企业价值链条的上游环节,主要涉及企业技术知识、金融资本、生产资料的输入。此环节是企业从事生产和技术活动、进行价值创造和价值增值的前提与基础。政府、金融机构、中介机构起着较为积极的作用。立足于供应商价值链,构建技术创新支撑体系主要关注三个方面:

一是分享技术创新溢出,构筑科技成果技术转化支撑体系。中小企业技术开发过程中常常会面临某项关键核心技术难突破,引发企业产品难产或二次开发升级难。破解上述难题,一方面要完善相应的成果转化科技政策激励机制,鼓励协同创新,建立产学研联盟,创新产业合作模式,充分利用高校的科技资源,合作开发,或购买高校科技成果,鼓励企业分享高校科技成果溢出;另一方面要搭建基于技术创新研发的共性技术平台,建立科技资源的有偿共享机制,创新服务外运营方式,实现产品的加速孵化发展。同时,鼓励企业之间建立产业技术联盟,鼓励中小企业借重大企业的优势资源实现借势发展,加速产品走向市场步伐。二是引导社会资本,创新金融服务平台体系。中小企业的发展,一个核心问题就是融资难、融资贵。破解融资难题,一方面要制定科技金融政策,鼓励科技金融机构创新金融服务产品,创新科技金融投资工具,有针对性地满足中小企业资金需求,鼓励民间资本投资中小微金融投资机构,以多种形式向中小企业提供风险资金。另一方面要建立银企对接平台,打造银企金融对接超市,为企业拓展融资渠道,解决供求信息不对称的问题。最后,建立企业信用担保体系,完善政策性贷款贴息扶持,引导社会担保资源向中小企业聚集,创新社会资本投资模式和方式,鼓励社会资本投资中小微投资机构或金融机构,放宽金融条件,借鉴美国乔布斯法案,鼓励机构或个人多种形式参与中小企业研发创新。三是鼓励创新,完善中小企业采购扶持体系。鼓励中小企业发展国家政策引导产业,探索从事科技成果转化、建设工程中心、研发中心的中小企业给予企业在设备、原料、厂

159

房购置等基础设施投入的政策性扶持办法,给予中小企业科技创新优惠,加速实现中小企业成果转化和产业化。

(2)基于企业价值链的技术创新支撑体系

企业价值链是价值链的核心环节,是创新价值产生的源泉,是企业技术创新的关键点。企业价值链创新要素包括人力资源、企业组织管理、研发体系建设、信息化管理、精益生产、企业文化等。要素间的有效匹配和衔接,是企业有效运转,提高自主创新能力,研发产品,赢得市场竞争优势的重要保障。建立企业价值链的技术创新支撑体系,一是要建立技术创新激励体系。建立企业的创新激励体系包含两个层次,一个是国家和省市层次,另一个是企业层次。在国家和省市层次,以政府为主导,通过制定政策法规,营造鼓励、保护、尊重企业自主创新的文化和社会氛围,支持企业开展技术创新活动;在企业层次,以企业为主体,主要是围绕科技创新,建立科技创新机制,科技人员激励机制。二者要有机结合,灵活处理,建立联动机制,形成合力。二是要建立创新项目支撑体系。建立涵盖企业发展阶段和企业产品研发流程全环节的资金项目支撑体系,鼓励企业申报国家、省市科研和产业化项目资金,鼓励企业建设企业工程中心、技术中心和企业重点实验室。同时,探索政府资金引导,社会资金、风险资金参与并主导的新型项目研发体系。三是要建立企业变革支撑体系。以政策引导为主,鼓励企业引入研发人才、创新科研管理模式,精益化生产,引入科研办公信息化、智能化;鼓励科技咨询机构为企业开展诊断服务,参与制定企业科研战略研发规划。企业变革支撑体系作用于企业本身,为企业的发展提供直接支持,间接服务于企业创新项目支撑体系和技术创新激励体系,三者遥相呼应,成为拉动企业价值链创新的三驾马车。

(3)基于渠道价值链的技术创新支撑体系

渠道价值链是企业技术创新成果或产品进入市场的关键环节,是企业产品在时间和空间上的流通。技术创新支撑体系在此环节的关键作用主要是通过支撑企业在渠道价值链中合理组织产品的流通方式,与政府、物流商、经销商、代理商等分别独立或联合构建高效的营运联盟,有效控制企业成本与利润的再分配,实现企业创新产品快速进入市场,获取利润,支撑企业产品的后续研发。具体体现在如下三个方面:一是创新政府采购体系,将中小企业在研产品提前进行市场需求跟踪调查,评估判断,在产品上市后,在同等条件下,优先采购中小企业科技创新成果产品或技术,并为中小企业产品提供步入市场的前瞻性机会。二是构建集群品牌支撑体系,发展中小企业培育孵化载体,强化载体间的资源优化合作,形成点点联动,点面联动的局面,构建中小企业产业集群,实现中小企业抱团发展,产品打包输出,构筑集群品牌效应。三是搭建中小企业销售渠道供应平台,政策引导,科学组织物流商、经销商和代理商,组建综合或专业的产品销售渠道,为中小企业的创新技术产品投放市场提供渠道支持。

(4)基于顾客价值链的技术创新支撑体系

顾客价值链是企业价值链的终端环节,是企业技术创新产品面向市场,实现企业价值增值和顾客价值实现的交易或关联活动的集合。企业技术创新活动的成功与否,关键就体现在顾客价值链上,是否能够满足某一层次或多个层次的顾客需求,为顾客提供有价值的服务。作为技术创新支撑系统,此环节一是要建立一个市场信息服务系统,整合咨询机构,为中小企业提供及时的市场动态的信息,打造专业的无偿或有偿市场咨询服务体系;二是要建立个性化的市场定位服务体系,充分调动咨询机构的科技资源优势,为中小企业如何定位细分市场,抢占市场先机,做好市场营销提供战略咨询支持。同时,协助中小企业建立以客户需求为中心的知识营销网络,探索适合企业自身发展的深度营销策略;三是建立一个顾客服务体系,帮助中小企业构建有效的售后服务网络,借助互联网、云计算、大数据、流媒体等有效手段,打造语音服务中心、申诉中心、网络查询中心为一体的中小企业售后服务共享平台,探索售后服务的新模式、新思路。

2. 第二层次——以企业为主体引导技术创新与企业价值的深度融合

供应商价值链、企业价值链、渠道价值链和顾客价值链作为价值链的四个关键环节,共同构成了整个企业技术创新从开始到最终转化为顾客价值的完整价值链条。从上述的分析中可以看出,第一个层次的技术创新支撑体系,包括供应商价值链技术支撑体系、企业价值链技术支撑体系、渠道价值链技术支撑体系和顾客价值链技术支撑体系为企业整个价值链的发展提供了一个有力的支撑平台。同时,应更深一步认识到,在第二个层次上,这四个环节之间的深度融合与重组,形成了以企业为主体的支撑体系,实现技术和价值的深度融合,能够进一步产生强大的推动力,形成1+1大于2的效果,推动企业创新活动走向高潮。

企业通过价值链的有效组合与重组,调动价值链要素的重新匹配,打造科技型中小企业以技术创新研发为核心竞争力的差异化商业模式。从这个角度理解企业的创新支撑体系建设,更多的是企业借助价值链条内部的自我调节,实现企业战略的调整,是企业为追求价值创造而产生与企业内部的创新动力,是企业行为的体现,以企业自身的内在价值创新驱动为前提。具体表现如下,一方面是企业价值链各个环节协同作用,贯穿始终,形成合力,为企业创新提供技术和资金的原动力支持;另一方面是企业通过价值链的延展,实现上游供应商价值链,下游渠道价值链和终端顾客价值链之间的部分或全部整合,使企业在最大程度上整合行业资源,参与利润分享和行业竞争,引领企业进行持续的技术创新,持续改善产品和服务的质量,驱动技术创新的新一轮升级。此层次的支撑体系建设更多强调一种以企业为主体充分发挥自身的能动作用,外部的支撑体系建设,更强调对企业能动性的一种调动作用,引导企业最大限度地发挥企业的实力,加速发展。支撑体系建设的重点主要集中在两个方面,一是强调政策的引导,以建立政策引导体系为主,出台各种产业扩张和优化相关的政策,激励企业从事产业价值链整合或重组活动,鼓励企业实施走出去战略,借重国外先进的科技、人力资源,开展国内外的兼并重组,整合产业价值链条,提升自身企业的研发创新实力与能力。二是强调与国际接轨,以完善提高国家标准体系为主,提升国家行业的产品准入标准,激发企业改进生产技术,整合自身资源,提高创新能力。三是注重媒体宣传体系建设,以营造社会氛围为辅,凸显社会舆论导向,在社会上形成一个企业争创新,企业争发展的一种百花齐放的竞争格局和创新发展的文化氛围。

3. 第三层次——企业家精神驱动企业技术创新的再激发

一个得益于企业技术创新所带来丰厚利润而迅速发展的中小企业,更倾向于追加技术创新投资而创造更多的企业价值,同时也面临着故步自封,满足当前的状态。对于中小企业而言,企业的治理结构和组织层级较之于大企业更为简单,所以企业家的作用通常会更加显著。在这个层次上,如何建设一个技术创新支撑体系来再度引擎企业技术的持续创新,更重要的是要有企业家精神,企业家个性对于企业管理执行方式和企业战略行为有直接影响,企业家精神表现为强烈的企业家导向和创新精神。企业家导向的企业相对于保守企业,在技术创新上更加大胆,更加敢于承担风险,更加容易导致创新的发生。企业家精神是由复杂的精神要素组成的,是企业家世界观、价值观、理想、信念、意志、思维方式等精神要素的集成。同时企业家精神与整个社会的文化密不可分,相互关联。注重建立一个系列化企业家培育工程体系,首先要发挥需求拉动效应,一是要向企业家阐述深化创新驱动在企业发展过程中的关键作用,及时为企业家在企业创新研发中存在的各种问题提供智力咨询,帮助企业家提升企业研发管理能力和水平,提高企业家把握市场,抓住商机的敏锐度;二是提升企业家的企业责任感和使命感,树立企业家精神的价值观,树立企业发展信心,树立企业做优、做强、做大的信心;三是塑造企业家前瞻性的视角和独特的洞察力,立足于产业发展的前沿,不断推陈出新,实现技术创新立企,技术创新强企。其次要发挥供给推动效应,以政府项目投入为指导,引导企业积极参与行业共性或产业亟须技术的开发,引导企业家提升创新储备意识,并将其纳入企业整体发展的战略之中,以价值创新为导向,催生企业技术创新的新动力。

从价值链的角度进行分析阐述,建立了基于价值链理论的科技型中小企业技术创新支撑体系,该体系是一个梯度递进整合体系,由三级支撑体系组成一个三级的渐进系统。整个支撑体系以价值链的四个关键环节为切入点,第一级层次重点分析了企业价值创新产生的价值流动,技术创新支撑体系建设的方向和重点,同时强调了二级支撑体系中企业在行业发展中的主观能动性,并提出第三级系统中培育具有企业家精神的企业家作为技术创新支撑的关键一环的重要作用,实现硬件支撑与软件支撑同步,共同构建了环境—企业—富有企业家精神的企业家的由宏观到微观的三级联动科技型中小企业技术创新支撑体系。科技型中小企业技术创新支撑体系建设作为一个系统的研究工程,下一步将采取实证研究的方式,以区域经济为研究对象,系统分析各地区在科技型中小企业三级支撑体系建设中的应用。

四、持续强化企业技术创新能力

企业技术中心作为企业内部具有较高层次、较高水平的技术研究和开发机构,是企业高质量发展的核心引擎之一。中国自 1991 年开始启动企业技术中心筹建工作,经过近 30 年的发展,各个省市企业技术中心建设已经形成规模化和体系化布局,企业技术中心作为区域创新的重要力量已经成为不争的事实。如何更快更好地支持企业技术中心发展,提升企业技术中心创新能级,服务企业技术创新生态体系建设,已经成为政府、产业界比较关心的一个议题。但从现有理论研究上看,大量的研究成果主要集中在 2014 年及以前,随着新型研发机构、国家级产业创新中心、科技创新中心等新研究业态的兴起,关于企业技术中心的理论与实证研究进入了低潮,这与企业技术中心产业层面的快速发展之间形成了不平衡不充分的矛盾。加大对企业技术中心的研究,无疑是有所帮助的。从哪个层面入手研究,在企业技术中心已经形成区域规模和差异化发展的态势下,企业技术中心创新质量无疑是最为关注的。在相同的国家政策和区域产业政策背景下,什么因素会影响企业技术中心的创新质量? 企业技术中心创新质量影响因素的多寡是否存在创新质量强弱的依赖性的特点? 不同创新质量情境下企业技术中心共性影响因素和个性影响因素又是什么? 对于上述问题的科学的回答,无疑对企业技术中心的发展具有积极的指导和借鉴意义。

本小节选取了天津企业技术中心 2014 年至 2017 年年度考核数据作为样本数据。同时,为了数据具有较强的连续性和可比性,以 2014 年数据为基础,剔除了 2014 年至 2017 年新增新申请企业技术中心数据或由于绩效考核调整剔除的企业技术中心数据,共整理收集 432 家企业技术中心数据样本。象限图法源于笛卡尔平面直角坐标系,将横坐标轴 X 与纵坐标轴 Y 形成的区域称作象限,以公共原点为中心,通过 X、Y 轴划为 4 个象限。

采用象限图法,从创新技术产出和创新经济产出两个维度构建象限图,建立企业技术中心创新质量变化区间。在各个象限之间采用相关性分析方法,对影响企业技术中心创新质量的影响因素进行比较研究。本小节在数据处理过程中通过 K-S 正态检验发现样本非正态分布,故采用 spearman 相关系数方法对数据进行处理。它是衡量两个变量的依赖性的非参数指标,利用单调方程评价两个统计变量的相关性。斯皮尔曼相关系数范围+1 或−1。

(一) 技术创新四象限分析

从企业技术中心创新技术产出和创新经济产出两个纬度出发,构建企业技术中心创新质量表征指标。在指标的选取过程中,张铭慎等选取了研发人均专利申请数和专利申请数分别代表创新绩效,陈元志等选取了发明专利申请数和新产品销售收入作为技术创新效率的产出变量。发明专利能够有效地衡量企业技术中心技术创新质量已经成为学者们研究的共识,而有效发明专利从企业的角度更精准地反映了企业对该项技术的重视程度(发明专利的有效性维持需要缴纳一定费用,并有可能受到无效诉讼,而保持有效性),更有利于反映一段时期企业恒定的技术产出实力和水平,故本小节中在象限划分过程中,以 2014 年至 2017 年企业有效发明专利增量((2017 年有效发明专利数至 2014 年有效发明专利数)/2014 年有效发明专利数,定义为创新技术产出增量) 为横坐标;在创新经济产出过程中,新产品销售额占企业产品销售总额的比重作为经济产出指标,更能够体现出企业技术中心创新过程中带来的经济层面的收益,以 2014 年至 2017 年新产品销售额占企业产品销售总额占比增长((2017 年新产品销售额占企业产品销售总额占比至 2014 年新产品销售额占企业产品销售总额占比)/2014 年新产品销售额占企业产品销售总额占比,定义为创新经济产出增量) 为纵坐标,将样本数据划分为 4 个象限,绘制象限图(图 6-3),形成四个象限。第 I 象限是企业技术中心创新经济产出负增长,创新技术产出正增长的象限,涉及企业技术中心 120 家；第 Ⅱ 象限是企业技术中心创新经济产出正增长，创新技术产出也正增长的象限，也是本小节中认为创新质量最佳的象限，涉及企业技术中心 125 家；第 Ⅲ 象限是企业技术中心创新经济产出负增长，创新技术产出也负

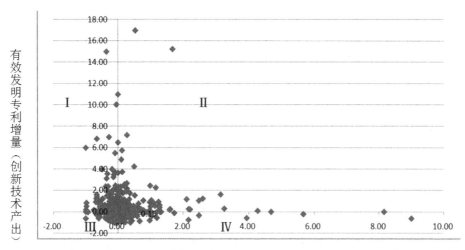

2014年-2017年（新产品销售额/产品销售总额）占比增长（创新经济产出）

图 6-3　企业技术中心企业技术分布图

增长的象限，涉及企业技术中心 100 家；第 Ⅳ 象限是企业技术中心创新经济产出正增长，创新技术产出负增长的象限，涉及企业技术中心 87 家。

同时，对样本企业按照四个象限，以行业领域为分类项进一步划分（表 6-5）。从表中可以看出，在四个象限范围内，排名比较靠前的并且数量占优势的企业技术中心在象限分布基本上没有出现鲜明的行业特征。各个领域大体上呈现了均衡的分布态势。在一定程度上，基于创新经济产出和创新技术产出的两个维度划分，规避了样本数据由于行业领域不同带来的行业创新质量差异，更多地展示了企业技术中心真实的创新质量发展差异，并由此形成的创新质量对应的影响因素的差异性具有普适性和代表性。

表 6-5　各个象限分领域企业数量分布

领域	第 Ⅰ 象限	第 Ⅱ 象限	第 Ⅲ 象限	第 Ⅳ 象限
机械装备	30	29	21	22
轻工	20	16	15	16
石油化工	11	14	13	9

领域	第 I 象限	第 II 象限	第 III 象限	第 IV 象限
电子信息	11	18	13	10
生物医药	10	21	9	11
现代冶金	7	7	7	3
汽车	6	1	7	2
新材料	7	1	4	1
建材	4	3	4	2
建筑	4	8	3	7
农业	2	0	1	0
航空航天	2	0	1	1
纺织	2	4	1	3
电力	1	0	1	0
环保	2	1	0	0
新能源	1	2	0	0

(二)技术创新关联性分析

在上述象限划分的基础之上,围绕各个象限天津企业技术中心,结合天津企业技术中心年度考核数据,构建企业技术中心创新质量相关性分析体系。上面象限研究对不同的创新质量情境做了划分,本部分在象限划分基础之上,进一步探讨不同象限影响因素的异同。在数据处理上采取了最近年度 2017 年的截面数据,因为采用的年度数据,指标选取上也做了相应调整,采取 2017 年专利申请量作为年度创新技术产出作为表征,在经济指标上采用 2017 年新产品销售收入作为创新经济产出表征以更好地迎合年度节点数据的特征(表 6-6)。

表 6-6　企业技术中心创新质量指标

年度创新绩效指标	名称
创新经济产出	Y_1 2017 年新产品销售收入
创新技术产出	Y_2 2017 年专利申请量

在与创新质量关联的指标选取上,为了尽可能多地覆盖可能的相关影响因素,在对样本数据进行初步处理之后,选取可能影响指标与创新质量的指标共计41项。41项指标的选取更多考虑了数据的科学性和可获得性,用于测度企业技术中心创新质量影响因素和企业创新技术产出或企业创新经济产出之间的相关性。

表6-7 企业技术中心创新质量影响因素

指标	名称
X_1	企业营业收入总额
X_2	企业职工总数
X_3	企业研究与试验发展人员数
X_4	企业科技活动人员数
X_5	企业专职研究开发人员数
X_6	高级专家人数
X_7	技术中心职工人数
X_8	来技术中心从事研发工作的外部专家
X_9	博士人数(含在站博士后)
X_{10}	对外合作项目数
X_{11}	企业研究与试验发展项目数
X_{12}	技术中心与其他组织合办开发机构数
X_{13}	技术中心在海外设立开发设计机构数
X_{14}	与大学科研院所合办的开发机构数
X_{15}	获天津市科技进步、技术创新奖项目数
X_{16}	获国家自然科学、技术发明、科技进步奖项目数
X_{17}	国际先进水平以上项目数
X_{18}	通过国家和国际组织认证实验室数
X_{19}	最近三年主持和参加制定的国际、国家、行业标准数
X_{20}	企业获得的中国驰名商标数
X_{21}	企业技术开发仪器设备原值
X_{22}	企业产品销售利润总额
X_{23}	企业利润总额

指标	名称
X_{24}	企业全部科技项目
X_{25}	周期大于等于三年的项目数数
X_{26}	政府资金
X_{27}	企业科技活动经费筹集总额
X_{28}	企业科技活动经费支出额
X_{29}	报告年度上一年企业科技活动经费支出额
X_{30}	科技活动外部支出额
X_{31}	企业研究与试验发展经费支出额
X_{32}	周期大于等于三年的项目经费支出额
X_{33}	技术中心人员培训费
X_{34}	企业拥有的国际发明专利数
X_{35}	主持制定的标准数
X_{36}	技术中心全体职工年收入总额
X_{37}	企业全体职工年收入总额
X_{38}	企业自有品牌产品与技术出口创汇额
X_{39}	去年享受科技投入加计抵扣所得税额
X_{40}	完成新产品新技术新工艺开发项目数
X_{41}	新产品销售利润

各个象限在相关性的选取上,为了尽可能地突出重点,以 0.01 的显著度水平为重要参考,以相关系数 0.4 以上为相关性系数为参照值,作为判断标准,研究过程中形成基于 Y_1(2017 年新产品销售收入)或 Y_2(2017 年专利申请量)为代表性的两组变量的相关系系数,在此基础上选择在显著度和相关性上同时满足 Y_1 和 Y_2 的影响因素,绘制各个象限的相关系数表(表 6-8)。从表 6-8 的结果中可以看出,共涉及 X_1(企业收入总额)、X_2(企业职工总数)、X_3(企业研究与实验发展人数)等共计 15 个指标,相对于创新质量水平存在较强的相关性,并且在各个象限中 15 个相关影响因素略有不同。但 X_3(企业研究与试验发展人数)、X_4(企业科技活动人员数)、X_5(企业专职研究开发人员数)、X_7(技术中心职

工人数)、X_{31}(企业研究与实验发展经费支出额)、X_{36}(技术中心全体职工年收入总额)、X_{37}(企业全体职工年收入总额)等为企业技术中心创新质量水平的共同影响因素,从这个角度可以看出,科技创新人才以及基于人才的待遇水平(工资或薪酬)对于企业技术中心创新产出影响已经成为不同创新质量发展水平下企业技术中心的共同影响因素。同时从相关系数的值上看,在各个象限,涉及的影响因素对于 Y_1(创新经济产出)的相关性要明显高于 Y_2(创新技术产出),也可以看出经济效应作为短期的指标影响,表现更加明显,而技术积累作为一个中长期的指标,需要更长久和持续性的投入。

表6-8　各象限涉及变量之间的相关系数

主要影响参数		X1	X2	X3	X4	X5	X7	X22	X24
第I象限（120）	Y_1 相关系数	.908**	.722**	.621**	.654**	.585**	.544**		
	显著性(双尾)	.000	.000	.000	.000	.000	.000		
	Y_2 相关系数	.472**	.433**	.433**	.471**	.411**	.504**		
	显著性(双尾)	.000	.000	.000	.000	.000	.000		
第II象限（125）	Y_1 相关系数	.947**	.765**	.714**	.787**	.706**	.748**	.671**	
	显著性(双尾)	.000	.000	.000	.000	.000	.000	.000	
	Y_2 相关系数	.496**	.541**	.597**	.598**	.529**	.559**	.402**	
	显著性(双尾)	.000	.000	.000	.000	.000	.000	.000	
第III象限（100）	Y_1 相关系数			.609**	.651**	.586**	.541**		
	显著性(双尾)			.000	.000	.000	.000		
	Y_2 相关系数			.423**	.455**	.518**	.512**		
	显著性(双尾)			.000	.000	.000	.000		
第IV象限（87）	Y_1 相关系数	.935**	.703**	.621**	.630**	.566**	.520**		.447**
	显著性(双尾)	.000	.000	.000	.000	.000	.000		.000
	Y_2 相关系数	.471**	.522**	.557**	.551**	.547**	.543**		.400**
	显著性(双尾)	.000	.000	.000	.000	.000	.000		.000

主要影响参数			X27	X28	X29	X31	X36	X37	X39	X41
第Ⅰ象限 （120）	Y₁	相关系数	.765**	.776**	.739**	.706**	.642**	.738**		
		显著性（双尾）	.000	.000	.000	.000	.000	.000		
	Y₂	相关系数	.415**	.423**	.416**	.445**	.440**	.430**		
		显著性（双尾）	.000	.000	.000	.000	.000	.000		
第Ⅱ象限 （125）	Y₁	相关系数	.887**	.895**	.827**	.869**	.747**	.800**	.448**	.799**
		显著性（双尾）	.000	.000	.000	.000	.000	.000	.000	.000
	Y₂	相关系数	.524**	.508**	.485**	.518**	.513**	.566**	.469**	.480**
		显著性（双尾）	.000	.000	.000	.000	.000	.000	.000	.000
第Ⅲ象限 （100）	Y₁	相关系数				.757**	.543**	.653**		
		显著性（双尾）				.000	.000	.000		
	Y₂	相关系数				.419**	.449**	.406**		
		显著性（双尾）				.000	.000	.000		
第Ⅳ象限 （87）	Y₁	相关系数	.827**	.825**	.780**	.799**	.584**	.753**	.483**	.813**
		显著性（双尾）	.000	.000	.000	.000	.000	.000	.000	.000
	Y₂	相关系数	.537**	.538**	.572**	.542**	.513**	.573**	.540**	.458**
		显著性（双尾）	.000	.000	.000	.000	.000	.000	.000	.000

（三）四象限关联相关分析

结合各个象限的影响因素的基础之上，按照各个象限相同和不同的影响因素为参照，绘制各个象限相互关联图（图6-4）。

从第Ⅰ象限到第Ⅱ象限，2014年至2017年在企业技术中心创新技术产出正向增长的情况下，企业经济产出由负向增长转向正向增长的过程的大环境下，企业技术中心创新质量影响因素呈现出增加的态势。X_{22}（企业产品销售利润总额）、X_{39}（去年享受科技投入研发加计抵扣所得税额）、X_{41}（新产品销售利润）三个影响因素进入新增对企业技术中心创新质量影响因素序列，说明在企业创新投入保持正向增长情况下，企业技术中心创新技术产出可能转化为企业产品附加值，带动了企业产品销售和净利润的提高。同时企业发展的外部政策刺激——研发投入的政策环境（加计扣除），对于创新经济产出正增长的企业技术

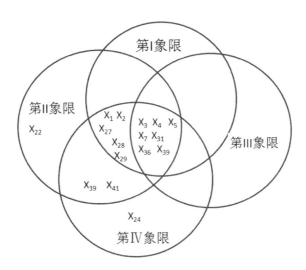

图 6-4　各个象限影响因素相关性情况

中心的影响也开始出现。

　　从第 IV 象限到第 II 象限,在企业技术中心创新经济产出维持正向增长的情况下,创新技术产出由负增长转为正向增长的过程中,影响因素变化最为明显的是 X_{24}(企业全部科技项目)从原有影响因素序列中删除,而 X_{22}(企业产品销售利润总额)新增入影响因素序列,也就是说企业经历了以项目为导向的科技项目技术层面带动转向以销售利润价值为导向技术增值的过程。为了更进一步地分析这两个象限的影响因素的细微变化,本小节对原始数据中的两个象限的创新经济产出和创新技术产出从单个指标的影响因素水平上分别做了进一步的对比,研究发现创新经济产出过程中,第 II 象限比第 IV 象限增加了 X_{21}(企业技术开发仪器设备原值)、X_{26}(政府资金)、X_{33}(技术中心人员培训培训费),而在创新技术产出层面,第 II 象限比第 IV 象限减少了 X_{32}(周期大于等于三年的项目经费支出额)以及 X_{26}(政府资金)。从上述表述中也可以看出从第 IV 象限到第 II 象限,政府资金和科技项目导向的影响因素正逐渐从对创新技术产出层面转向对创新经济产出。也就是说在企业技术中心创新进入创新质量较高的时候,创新质量的经济价值会受到更深层次的影响,进而影响整个创新质量因素发生较大的变化。

　　从第 III 象限到第 I 象限,在创新技术产出从低向高变化的过程中,创新经济产出处于负增长水平状态下,企业技术中心创新质量影响因素呈现出增加的态势。可以看出 X_1(企业营业收入总数)、X_2(企业职工总数)、X_{27}(企业科技活动经费筹集总额)、X_{28}(企业科技活动经费支出额)、X_{29}(报告年度上一年企业科活动支出额)成为新增影响企业技术中心创新发展的重要因素。即在企业新产品经济增量处于负向增长的过程中,在谋求创新技术产出的正向增长,相比之下企业的规模效应如营业收入总额和职工人数,以及企业在科技投入方面的投入力度将成为带动企业技术中心从创新技术产出由低走向高的重要因素。同时也反映出在企业经营创新经济产出下滑态势下,围绕企业的规模适度持续增加企业的科技投入,是企业技术中心逐步提升创新质量的重要路径之一。

从第Ⅲ象限到第Ⅰ象限,在创新技术产出从低向高变化的过程中,创新经济产出处于从低向高变化的状态下,实际上是从一个低质量创新向高质量创新的全面追赶状态。在这个阶段可以看出整个相关影响因素的数量从 6 个上升到 14 个,也是各个象限变化波动范围最大的。从相关影响因素的变化幅度可以看出,低创新质量向高创新质量转变过程中,影响因素的增加相对于前几个象限的变化更为明显。相关影响因素的变化反映了企业创新质量提升过程伴随着影响因素的多元化过程。增加的影响因素大致也可以分为三个重点方向,一个是企业整体规模影响,如 X_1(企业营业收入总额)、X_2(企业职工总数);一个是企业整体产品竞争性影响,也就是产品价值的增加,X_{22}(企业产品销售利润总额)、X_{41}(企业新产品销售利润);一个是企业的整体科技经费投入 X_{27}(企业科技活动经费筹集总额)、X_{28}(企业科技活动经费支出额)、X_{29}(报告年度上一年企业科技活动支出额)等。从三个方向的增长情况来看,一个企业技术中心创新质量的高低,除了人才的激励之外,适度的规模、强有力的持续的科技投入和高的产品净利润的影响还是非常大的。

(四)研究结论与对策建议

本小节从创新技术产出和创新经济产出两个维度构建了创新质量象限图,在象限图分区的基础之上以 2017 年企业技术中心横截面数据,研究了 41 个企业技术中心创新质量影响因素对各个象限不同创新质量情境下的创新质量产出影响。研究认为:

第一,从企业技术中心处于不同的创新质量象限范围内来看,企业技术中心创新质量与企业的行业领域相关度并不是十分显著,并没有出现明显的行业分区现象。从四个象限出发,基于企业技术中心科研技术人员(如 X_3、X_4、X_5 和 X_7)以及企业技术人员的薪酬待遇(如 X_{36}、X_{37})是企业技术中心创新质量共同的相关影响因素。而通常文献中报道的产学研合作、研究机构的数量等因素在企业技术创新中心层面的研究过程中对于企业创新质量的影响表现的直接相关性并不是十分明显。

第二,不同创新质量象限之间企业技术中心创新质量影响因素各不相同,研究发现,在企业技术中心创新技术产出正增长的情况下,推动创新经济产出由负向增长转向正向增长的过程中,通过企业技术投入,提高企业的产品价值对于企业的发展比较重要;在企业技术中心创新经济产出正向增长的情况下,推动创新技术产出由低到高的过程中,加大企业科技项目研发比较重要,在企业技术中心创新技术产出从低向高变化的过程中,创新经济产出由低向高发展过程中,企业规模,企业的产品竞争能力如净利润以及企业的进一步科技投入等成为影响企业发展的重要因素。

第三,企业技术创新中心的创新质量越高,整个企业技术中心的创新质量影响因素越多,研究发现从各个企业创新中心低质量创新象限向高质量创新象限转变的过程中,出现影响因素的增加现象。这一现象在第 III 象限向第 II 象限转变过程中尤为明显(影响因素由 6 个增加到 14 个)。

从企业技术中心创新质量影响因素的变化出发,一是建议针对企业技术中心的创新质量发展阶段和发展水平采取有针对性的企业技术中心发展策略,如对于技术创新产出正向增长,新产品销售占比下滑的企业,可以适当关注技术投入对新产品的支撑以及企业内部对于区域创新环境政策的落实情况(如研发加计扣除政策);二是建议高度重视企业技术中心人才的引进和薪酬激励。人才是技术中心创新的共性影响因素,进一步加大对企业技术中心发展过程中人才薪酬和激励制度的完善优化,有助于提升企业技术中心的创新质量;三是进一步加大营商环境创新,为企业技术中心创新质量能级提升过程中提供强有力的法制环境和公平、公正、容错的创新环境。

党的二十大报告指出,必须坚持科技是第一生产力、人才是第一资源、创新是第一动力,深入实施科教兴国战略、人才强国战略、创新驱动发展战略,开辟发展新领域新赛道,不断塑造发展新动能新优势。

千秋基业,人才为先。重大的发明创造、颠覆性技术创新关键在人才。习近平总书记多次强调"实施人才强国战略",并对培养造就德才兼备的高素质人才作出具体部署。天津高度重视人才的培养,与国家人才发展同向而行,推出以海河英才等一揽子人才新政,推进人才管理体制改革、改进人才培养支持机制、创新人才评价机制、健全人才顺畅流动机制、强化人才创新创业激励机制、构建具有国际竞争力的引才用才机制和人才优先发展保障机制,营造人才活力迸发的双创环境。

本节以天津人才发展为总脉络,系统梳理了天津人才发展40余年的历程与特色,成熟的经验和主要的创新成就。并围绕天津人才发展的实际,深度剖析天津人才发展的瓶颈问题,基于做优做强人才的角度,提出了分层引才、平台聚才、集群育才、改革优才的重要创新举措。

世界科技史表明,综合国力竞争归根到底是人才竞争。哪个国家拥有人才上的优势,哪个国家最后就会拥有实力上的优势。天津市委市政府历来十分重视人才工作,特别是改革开放40年以来,培养造就了一大批优秀的科技人才,对我国现代科学技术发展发挥了重要作用,创造出众多"中国第一"。在这些辉煌的业绩之中,凝聚着以天津科学家群体为代表的一代代科技工作者所付出的艰苦努力和做出的杰出贡献。他们弘扬科学精神、传播科学知识与方法,让现代科学技术扎根中国,成为中国科技事业的奠基人和开拓者。中华人民共和国成立后,特别是改革开放以来,他们积极投身推进科学技术现代化的伟大征程中,努力攀登世界科技高峰,取得了举世瞩目的成就。回顾和展望改革开放以来天津科技人才的发展历程,总结经验和启示,寻找问题和原因,对于天津未来经济发展具有重要意义。

科技人才是劳动者中素质较高的一类群体,拥有创新性思维,具备创新精神,能从事创造性劳动是现代科技人才的典型特征。科技部印发《"十三五"国家科技人才发展规划》指出,科技人才是指具有专业知识或专门技能,具备科学思维和创新能力,从事科学技术创新活动,对科学技术事业及经济社会发展做出贡献的劳动者。主要包括从事科学研究、工程设计、技术开发、科技创业、科技服务、科技管理、科学普及等科技活动的人员。

科技人才不是统计指标,要对科技人才队伍发展情况进行分析,必须借助与其概念相关的"科技人力资源""专业技术人员""科技活动人员""研究与试验发展(R&D)人员"等统计指标。由于这些统计指标建立的时间不同、概念与统计范围不同,对于天津市科技人才40年来的数量和发展情况,本章节主要按照《天津市科技统计年鉴》相应的统计指标情况来进行分析。

一、天津科技人才发展历程

科技人才是经济和科技发展的决定因素。伴随着改革开放 40 年国民经济和科技事业飞速发展,天津科技人才队伍得到迅速发展。回顾天津科技人才发展历程,天津市科技人才发展大致可分为 5 个发展阶段。

(一)国家知识分子政策落实阶段

1978 年至 1985 年是天津市经济社会也是天津人才工作从"十年动乱"中恢复与发展的时期。此时,天津市科技人才工作主要是落实国家知识分子政策。1978 年 3 月 18—31 日,中共中央、国务院在北京隆重召开了全国科学大会。在大会开幕式上邓小平做了重要讲话,方毅副总理做了有关发展科学技术的规划和措施的报告,大会宣读了中国科学院院长郭沫若的书面讲话:《科学的春天——在全国科学大会闭幕式上的讲话》,会上先进集体和先进科技工作者受到了表彰。邓小平在这次大会的讲话中明确指出"现代化的关键是科学技术现代化","知识分子是工人阶级的一部分",重申了"科学技术是生产力"这一马克思主义基本观点。1978 年 4 月 12 日,天津市委召开 5000 人大会,传达贯彻全国科学大会精神。市委领导在讲话中强调要进一步落实党的知识分子政策、切实保证科研人员每周有 5/6 的业务工作时间、加强科技队伍的建设、切实加强技术后勤和生活后勤工作。

表 7-1　1978-1984 年国家有关科技人才开发的主要政策、法规

政策法规	时间
《中华人民共和国发明奖励条例》	1978
《中华人民共和国自然科学奖励条例》	1979
国务院发布《工程技术干部技术职称暂行规定》	1979
《中华人民共和国学位条例》	1980
中共中央办公厅、国务院办公厅发布《科学技术干部管理工作试行条例》	1981
国务院发布《合理化建议和技术改进奖励条例》	1982
国务院发布《科技人员合理流动的若干规定》	1983
《中华人民共和国科学技术进步奖励条例》	1984
《中华人民共和国专利法》	1984

（二）调动科技人员的积极性阶段

以 1985 年 3 月中共中央发布《关于科技体制改革的决定》为标志,天津市开始有计划推动科技体制改革,随之科技人才工作由恢复身份落实政策转向调动科技人才积极性。1987 年 4 月,天津市科技体制改革工作会议召开,会议强调科技体制改革的重点就是:促进科研与生产的结合,调动科研单位和科技人员的积极性,为振兴天津经济做贡献。科技体制改革对科技人员创新创业产生了积极的影响,一大批科技人员下海创业,如中国人民解放军第 254 医院原药械科主任闫希军创办天士力集团、原天津市工业局橡胶厂科研人员张芝泉创办赛象科技等,民营科技企业、乡镇企业迅速发展起来。与此同时,人才市场、人才流动站、技术市场及高新技术开发区应运而生,逐步发展壮大。1985 年,南开大学、天津大学设立全国首批博士后科研流动站;1988 年,经天津市委市政府批准建立天津新技术产业园区(今天津滨海高新技术产业开发区)。

1989 年 10 月,经天津市第十一届人民代表大会常务委员会第十一次会议审议通过,天津市颁布了全国第一部关于科技人员继续教育工作的地方性法规《天津市专业技术人员继续教育规定》,并于 1990 年 1 月 1 日正式实施。这是全国第一部关于科技人员继续教育工作的地方性法规,用地方性法规形式,对专业技术人员的继续教育进行依法管理和促进,属国内首次。对于保障专业技术人员的终身学习、在职教育权利义务,适应时代需要,建设面向现代化、面向世界、面向未来的科技人才队伍起到重要作用。

表 7-2　1985-1991 年国家、天津市有关科技人才开发的主要政策、法规

政策法规	时间
中共中央《关于科学技术体制改革的决定》	1985
国务院《关于技术转让的暂行规定》	1985
《中华人民共和国专利法》	1985
国务院批转国家科委、原教育部、中国科学院《关于试办博士后科研流动站的报告》的通知	1985
国务院《关于成立国家自然科学基金委员会的通知》	1986
国务院《关于实行专业技术职务聘任制度的规定》	1986
国务院《关于扩大科学技术研究机构自主权的暂行规定》	1986
国务院《关于促进科技人员合理流动的通知》	1986

政策法规	时间
国务院《关于推进科研设计单位进入大中企业的规定》	1987
《中华人民共和国技术合同法》	1987
国务院办公厅转发国家科委《关于科技人员业余兼职若干问题意见的通知》	1988
《天津市专业技术人员继续教育规定》	1990
《中华人民共和国著作权法》	1990

(三)科技人事制度改革深化阶段

1992年,党的十四次代表大会确立了社会主义初级阶段理论,提出了建立社会主义市场经济体制的任务,拉开了我国从计划经济体制向市场经济体制转变的序幕。科技体制改革在总体布局上积极有序地推进人才分流、结构调整,进一步强化了市场机制在科技资源配置中的重要作用,天津市科技人事制度改革日益深化。1993年,党的十四届三中全会进一步确立了我国科技体制改革的目标,即"建立适应社会主义市场经济发展,符合科技自身发展规律,科技与经济密切结合的新型体制"。1995年,在全国科技大会上,党中央、国务院提出了科教兴国战略,科技和教育成为国家发展的主要战略之一。上述理论和思路对科技人才开发产生了积极的影响。

表7-3　1992-2001年国家有关科技人才开发的主要政策、法规

政策法规	时间
国务院办公厅转发科技部等部门《关于国家经贸委管理的10个国家局所属科研机构管理体制改革意见》的通知	1999
科技部等12个部委办局《关于促进科技成果转化的若干规定》	1999
关于国家经贸委管理的10个国家局所属科研机构管理体制改革的实施意见	1999
国务院办公厅转发科技部、财政部《关于科技型中小企业技术创新基金的暂行规定》	1999
科技部《关于促进民营科技企业发展的若干意见》	1999
国务院办公厅转发科技部《科学技术奖励制度改革方案》的通知	1999
科技部、国家工商管理局《关于以高新技术成果出资入股若干问题的规定》的通知	1999

续表

政策法规	时间
国家科技部《关于加速国家高新技术产业开发区发展的若干意见》	1999
中共中央、国务院《关于加强技术创新,发展高科技,实现产业化的决定》	1999
国家经贸委《关于加速实施技术创新工程,形成以 企业为中心的技术创新体系的意见》	2000
教育部关于贯彻落实《中共中央、国务院关于加强技术创新, 发展高科技,实现产业化的决定的若干意见》	2000
中共中央组织部、人事部、科技部 《关于深化科研事业单位人事制度改革的实施意见》	2000
劳动和社会保障部《关于大力推进职业资格证书制度建设的若干意见》	2000
科学技术部、教育部、中国科学院、中国工程院、国家自然科学基金委员会 印发《关于加强基础研究工作的若干意见》的通知	2001
科学技术部、教育部关于印发 《国家大学科技园"十五"发展规划纲要》的通知	2001
科学技术部关于印发《科研条件建设"十五"发展纲要》的通知	2001
科学技术部关于印发《"十五"期间国家工程技术 研究中心建设的实施意见》的通知	2001
科学技术部关于印发《国家高新技术产业开发区"十五"和 2010 年发展规划纲要》的通知	2001
科学技术部关于印发《科技部关于进一步加强 国家火炬计划软件产业基地建设的若干意见》的通知	2001
科学技术部关于印发《科学技术部关于加强 院士咨询工作的若干意见》的通知	2001
天津市实施《中华人民共和国科学技术进步法》办法	1994
《鼓励在天津新技术产业园区华苑软件园建立软件企业的暂行办法》	1998

伴随社会主义市场经济发展,天津市人事人才工作在深化改革和制度创新中不断拓展工作领域,由国有经济转到整个国民经济,由国有单位扩展到非国有单位,由传统的国家干部扩大到各类人才。这一时期,天津市科委将"科技干部处"更名为"科技人才处",扩大了人才工作范围。

1999 年《中共天津市委、天津市人民政府关于聚集人才、充分发挥专业技术人员作用的意见》颁布,天津市科技人才工作由行政调配为主逐渐向全方位人才资源开发转变。2001 年,全国第一家人才股份有限公司——天津北方人才港股份有限公司成立,开展高端人力资源服务业务。

表 7-4 1992-2001 年天津市有关科技人才开发的政策法规主要政策、法规

政策法规	时间
《关于聚集人才、充分发挥专业技术人员作用的意见》	1999
《天津市人才流动条例》	2000
天津市"131 人才工程"实施方案	2000
《天津市引进国内外优秀人才来津工作的实施办法》	2000
《天津市事业单位实行人员聘用制实施办法》	2003
《天津市加强知识产权管理和保护促进技术创新的实施意见》	2000
《天津市促进科技成果转化条例》(2001 修正)	2001
《关于建立人才柔性流动机制,进一步做好引进国内外优秀人才智力工作的意见》	2001
《关于鼓励海外留学人员来津工作或为津服务的若干规定》	2001

(四)科技人才队伍快速发展阶段

2002 年,中共中央、国务院制定下发了《2002—2005 年全国人才队伍建设规划纲要》,首次提出了"实施人才强国战略"。2003 年 12 月首次全国人才工作会议召开,并于 2006 年市委"十一五"规划提出"实施人才强市战略"。2006 年,成立"天津市院士科技活动中心",协助市科委开展院士遴选工作。2008 年,随着国务院机构改革,天津市人力社保局组建成立,天津市科委部分人才工作移交市人社局负责。天津市科委科技人才相关工作由基础处负责,后由政策法规处负责。2010 年 5 月,第二次全国人才工作会召开,颁布《国家中长期人才发展规划纲要(2010—2020 年)》,加快建设"人才强国",提出了"实施人才创业扶持政策""实施更加开放的人才政策"等十项重大政策,确定了"创新人才推进计划""青年英才开发计划""海外高层次人才引进计划"等 12 项重大科技人才工程,天津市颁布《天津市中长期人才发展规划纲要(2010—2020 年)》,提出实施新型企业家培养工程、"131"创新型人才培养工程等十项重大人才工程。

表 7-5　2002—2013 年国家有关科技人才开发的主要政策、法规

政策法规	时间
国务院办公厅转发科技部等部门 《关于国家科研计划实施课题制管理规定》的通知	2002
财政部、国家自然科学基金委员会、教育部、科技部关于印发 《国家基础科学人才培养基金项目资助经费管理办法》的通知	2002
科学技术部关于印发《关于重大科技专项启动实施若干问题的意见》的通知	2002
科学技术部关于贯彻落实《国务院办公厅转发科技部财政部关于 国家科研计划项目研究成果知识产权管理若干规定的通知》的通知	2002
《中华人民共和国科学技术普及法》	2002
《中华人民共和国中小企业促进法》	2002
科学技术部、教育部、中国科学院、中国工程院、国家自然科学基金委员会 关于印发《关于进一步增强原始性创新能力的意见》的通知	2009
国家经济贸易委员会、财政部、科学技术部、国家税务总局 关于印发《国家产业技术政策》的通知	2009
科学技术部、教育部关于印发《关于充分发挥高等学校 科技创新作用的若干意见》的通知	2002
科学技术部关于印发《科技部加强与科技相关的知识产权保护和 管理工作的思路和安排》的通知	2002
科学技术部关于印发《可持续发展科技纲要(2001—2010 年)的通知	2002
国务院办公厅转发财政部科技部《关于国有高新技术企业开展 股权激励试点工作的指导意见》的通知	2002
科学技术部关于印发《关于大力发展科技中介机构的意见》的通知	2002
国务院关于修改《国家科学技术奖励条例》的决定	2003
《中华人民共和国知识产权海关保护条例》	2003
《中共中央、国务院关于进一步加强人才工作的决定》	2003
科技部关于修改《国家科学技术奖励条例实施细则》的决定	2004
科技部等 5 部门关于印发《关于进一步提高我国软件企业技术 创新能力的实施意见》的通知	2004
科技部关于印发《关于进一步加快生产力促进中心发展的意见》的通知	2004
关于印发《科学技术部、教育部关于进一步推进 国家大学科技园建设与发展的意见》的通知	2004

政策法规	时间
科技部关于印发《关于加强和推进科技进步 示范市(县、区)建设的意见》的通知	2005
科技部等4部门关于印发《"十一五"国家科技 基础条件平台建设实施意见》的通知	2005
科技部关于印发《关于国家科技计划管理改革的若干意见》的通知	2006
中共中央、国务院《关于实施科技规划纲要增强自主创新能力的决定》	2006
科技部、国资委、中华全国总工会关于印发 《"技术创新引导工程"实施方案》的通知	2006
国资委关于印发《国有控股上市公司(境外)实施股权激励试点办法》的通知	2006
国务院关于印发实施《国家中长期科学和技术发展规划纲要(2006—2020年)	2006
科技部关于印发《关于加快发展技术市场的意见》的通知	2006
国资委关于印发《国有控股上市公司〈境内〉实施股权激励试点办法》的通知	2006
人事部、财政部、科技部发布 《事业单位工作人员收入分配制度改革方案》的实施意见	2006
财政部《关于企业实行自主创新激励分配制度的若干意见》	2006
人事部关于印发《博士后工作"十一五"规划》的通知	2006
科技部关于印发《中国科技企业孵化器"十一五"发展规划纲要》的通知	2006
科技部关于印发《国家"十一五"基础研究发展规划》的通知	2006
科技部关于印发《生产力促进中心"十一五"发展规划纲要》的通知	2006
科技部关于印发《科技企业孵化器(高新技术创业服务中心) 认定和管理办法》的通知	2006
科技部、教育部关于印发《国家大学科技园认定和管理办法》的通知	2006
科技部关于印发《国家大学科技园"十一五"发展规划纲要》的通知	2006
《中华人民共和国海关对高层次留学人才回国和海外科技专家 来华工作进出境物品管理办法》(海关总署令第154号)	2006
人事部关于印发《博士后工作管理规定》的通知	2006
《中央企业负责人经营业绩考核暂行办法》(国资委令17号)	2006
科技部关于印发《关于在重大项目实施中加强创新人才培养的暂行办法	2007
科技部等8部门《关于加强国家科普能力建设的若干意见》的通知	2007

政策法规	时间
财政部、国家税务总局《关于促进创业投资企业发展有关税收政策的通知》	2007
人事部、科技部关于印发《关于科学研究事业单位岗位设置管理的指导意见》的通知	2007
人事部等16部门《关于建立海外高层次留学人才回国工作绿色通道的意见》	2007
教育部《关于进一步加强引进海外优秀人才工作的若干意见》	2007
科技部关于印发《国家高新技术产业化及其环境建设（火炬）"十一五"发展纲要》和《国家高新技术产业开发区"十一五"发展规划纲要》的通知	2007
人事部《关于加强专业技术人员继续教育工作的意见》	2007
教育部《关于进一步加强国家重点领域紧缺人才培养工作的意见》	2007
科技部《关于支持重点科研机构进一步扩大国际科技合作的意见》	2007
科技部《关于加强农村实用科技人才培养的若干意见》	2001
修订《中华人民共和国科学技术进步法》（中华人民共和国主席令第82号）	2007
科技部《关于加大对公益类科研机构稳定支持的若干意见》	2007

表 7-6　2002-2013 年天津市科技人才主要政策、法规

政策法规	时间
关于支持滨海新区人才引进的政策措施	2008
《天津市实施海外高层次人才引进计划的意见》	2009
天津市《引进创新创业领导人才暂行办法》	2009
《天津市中长期人才发展规划（2010—2020）》	2010
《天津市引进人才服务办法》	2010
《关于天津市"131"创新型人才培养工程的实施意见（2011—2020 年）》	2011

（五）人才引领驱动加速发展阶段

2015 年，市科委院士遴选工作由市科协负责，"天津市院士科技活动中心"更名"天津市科技人才活动中心"。2017 年，天津市出台《关于深化体制机制改革释放科技人员创新活力的意见》，是天津市在科技政策、人才政策上的一次重大突破。

2018 年 3 月，根据党的十九大和十九届三中全会部署，中共中央印发了《深化党和国家机构改革方案》。同年 11 月,党中央、国务院正式批准《天津市机构改革方案》,原天津市科学技术委员会、天津市外国专家局(市引进国外智力办公室)职责等整合,组建天津市科学技术局,保留天津市外国专家局牌子,成立科技人才服务处、外国专家工作处。2020 年 5 月,撤销外国专家工作处、科技人才服务处,组建引智育才工作处。

2021 年 9 月,中央人才工作会议召开,这是继 2003 年和 2010 年两次顶级的全国人才工作会议后新世纪召开的第三次人才工作会议,进一步强调党管人才工作原则,提高人才工作权重。会议全面回顾了党的十八大以来人才工作取得的历史性成就,科学回答了新时代人才工作的一系列重大理论和实践问题,明确了指导思想、战略目标、重点任务、政策举措,提出深入实施新时代人才强国战略,全方位培养、引进、用好人才,加快建设世界重要人才中心和创新高地,对加快建设国家战略人才力量提出明确要求。2022 年 2 月,天津市委人才工作会议召开,全面落实中央人才工作会议部署要求,提出全力建设人才强市、打造人才高地。

表 7-7　2013 年以来天津市科技人才主要政策、法规

政策法规	时间
天津市实施高校中青年骨干创新人才培养计划和优秀青年教师资助计划	2013
《天津市"131"创新型人才团队建设实施意见》	2014
《抢抓京津冀协同发展机遇加快集聚高层次人才的意见》	2014
《天津市"千企万人"支持计划》	2014
《天津市引进人才"绿卡"管理暂行办法》	2015
天津市留学人员回国创业启动支持计划实施办法	2015
《支持"双创特区"加快集聚人才率先建成人才改革试验区的九项措施》	2016
《关于深化人才发展体制机制改革的意见》	2016
《加快引进海外高端人才三年推进计划》	2016
《天津市实施杰出人才培养计划暂行办法》	2016
《天津市杰出青年科学基金项目管理办法》	2016
《京津冀人才一体化发展规划(2017—2030 年)》	2017
《天津市青年人才托举工程实施办法(试行)》	2017
《天津市促进科技成果转化条例》	2017

政策法规	时间
《关于深化体制机制改革释放科技人员创新活力的意见》	2017
《关于印发天津市"一带一路"科技创新合作行动计划（2017—2020 年）的通知》	2017
《关于营造企业家创业发展良好环境的规定》（简称"津八条"）	2017
《天津市中长期青年发展规划（2017—2025 年）》	2017
《关于印发天津市关于强化实施创新驱动发展战略　进一步推进大众创业万众创新深入发展的实施意见的通知》	2017
《天津市关于深化职称制度改革的实施意见》	2018
《天津市进一步加快引育高端人才若干措施》	2018
天津市"海河英才"行动计划	2018
《关于深入实施人才引领战略加快天津高质量发展的意见》	2021
《关于加强科技人才队伍建设支撑高质量发展的若干措施的通知》	2021

二、天津科技人才发展特征

(一)科技创新主体变化情况

科技创新活动主体是科技人才创新活动的重要归口,归纳分析 2011 年以来,科技创新 R&D 活动单位数有助于从基础层面深入了解天津科技创新微观主体的发展情况。从图 7-1 中可以看出,2011 年 R&D 活动单位数 1362 家,此后一直呈现上升趋势,2016 年达到峰值 2439 家,随后天津经济转型调整,经历了下滑到上升的一个曲线过程,2021 年达到 2261 家,尽管仍低于 2016 年,但十年间,相对于 2011 年而言,整体增长 51.32%,呈现出了良好的发展态势。

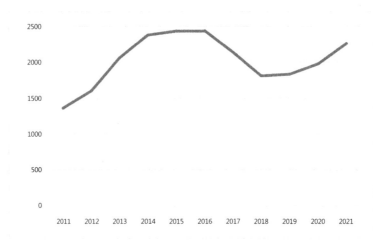

图 7-1 R&D 活动单位数量年度变化图

（数据来源：天津统计年鉴整理）

（二）科技人员数量变化情况

科技人员总量变化上看，2016 年天津科技活动人员总量约为 25.04 万人，比 1996 年增加了 18.53 万人，增长 284.40%；每万人口中科技活动人员数从 2000 年的 71 人增加到 160 人，每万从业人员中科技活动人员数从 1996 年的 127 人增加到 2016 年的 277 人，我市人口中科技活动人员总数和比重都在持续上升（见图 7-2）。

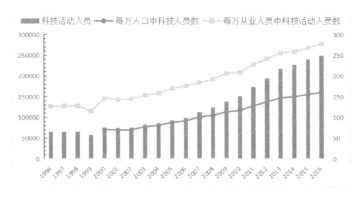

图 7-2 天津市科技活动人员总量

注：2016 年后的统计年鉴中没有该项数据

（数据来源：天津科技统计年鉴、天津统计年鉴）

研究与试验发展(R&D)人员比重不断增加。2020年,天津市R&D人员总数为13.63万人,占就业人员的比重为2.1%,较2019年增长0.5个百分点;在R&D人员中,高等学校R&D人员增长较快,由2016年的23397人增长至2020年的35132人,年均增长15.3%。R&D人员折合全时当量为9.06万人年,其中R&D研究人员全时当量4.84万人年,占比达53.4%。

(三)科技人才结构变化情况

1. 科技活动人员

2016年科技活动人员250403人,其中研究与开发机构人员13717人,占比5.48%,工业企业138104人,占比达55.14%,高等学校39078人,15.61%,其他59504人,占比23.77%。我市工业企业科技活动人员所占比重继续上升。

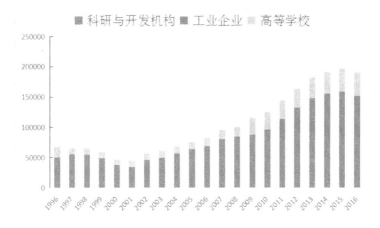

图 7-3 天津市科技活动人员分类与占比

(数据来源:天津科技统计年鉴)

2. 专业技术人员

2017年专业技术人员41.54万,其中自然科学专业技术人员22.43万,社会科学专业技术人员19.12万。自然科学人员比社会科学人员多一些,但是所占比重差别不大。

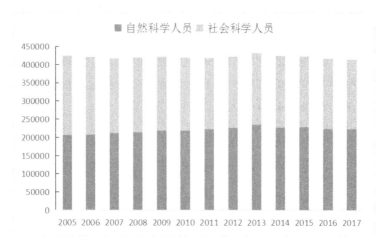

图 7-4　天津市专业技术人员分类与占比

（数据来源：天津科技统计年鉴）

3.研发人员

2020 年的研发人员按照活动类型分为基础研究、应用研究和试验发展，人员折合全时当量分别为 9196、13676、67768 人年；而按照部门分为研究与开发机构、工业企业、高等学校和其他四种类型，人员的折合全时当量分别为 9468、45227、17167 和 18777 人年。试验发展和工业企业研发人员所占比重不断增加。

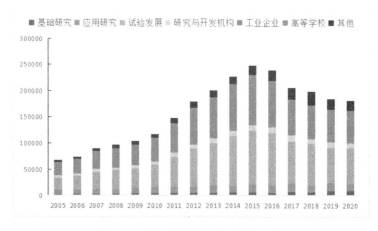

图 7-5　天津市研发人员分类与占比

（数据来源：天津科技统计年鉴）

4.高等教育水平

高等教育毕业生是科技人才的主要来源。2021 年天津市 6 岁以上人口的受教育程度中大学专科、大学本科和研究生学历人口数分别为 9041、12588 和 2033 人,在总人口中所占比重达 33.13%,比 2006 年增长 12.58%。

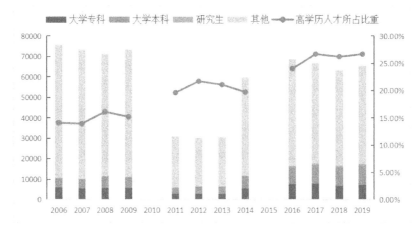

图 7-6　天津市高等教育人才比重

注:2005,2010,2015、2020 年四个年份的统计年鉴中没有该项数据

(数据来源:天津统计年鉴)

三、天津科技人才建设成效

天津市深入实施创新驱动发展战略和人才强市战略,出台了一系列政策措施释放科技人才活力,科技人才创新发展取得显著成效。

(一)天津科技人才发展成效

1.科技人才数量和结构不断优化

天津市科技活动人员总量、研究与试验发展(R&D)人员和 R&D 人员人均经费都保持持续增长。2016 年,天津市科技活动人员总量 24.04 万人,比 2010 年(15.17 万人)增长了 58.47%,年均增长 8.35%。2020 年 R&D 人员折合全时当量为 9.06 万人年,比 2010 年(5.88 万人年),增长了 54.08%,年均增长 4.42%;R&D 人员人均经费投入 2018 年 49.49 万元,比 2010 年(39.06 万元)增长了 26.70%,年均增长 3%。科技人才队伍结构全面优化。2011 年至 2015 年,实施各类科技计划项目 9149 项,我市 51981 名科技人才参与科研工作,其中正高级 8641 人,副高级 12792 人。通过各类科技计划项目实施,共培养研究生 29532 人。其中,从事应用基础与前沿技术研究计划 15229 人中,35 岁以下人员占 69.1%,培育了一批优秀青年科技人才,已经成为科研主力和生力军。

2. 科技人才创新成果日益丰硕

近年来,天津市科技创新成果日益丰富,人才效能不断显现。2020 年,天津市专利申请量为 111514 件,专利授权量为 75434 件,同比分别增长 16.11%、31.51%;发明专利授权量为 5262 件,同比增长 4.72%;专利有效量为 245540 件,同比增长 23.42%。2020 年,天津市签订技术合同数为 9822 项,技术市场成交合同金额为 1112.98 亿元,同比增长 20.63%;2021 年,技术合同成交额达到 1321 亿元,同比增长 18.79%,两年平均增长率近 20%。2021 年,天津市 22 项科技成果获国家科学技术进步奖,创历史新高。2019 年,天津市被国际三大检索系统收录科技论文 22745 篇,其中被 SCI 收录 13127 篇,被 EI 收录 8020 篇,被 CPCI-S 收录 1598 篇。2020 年天津市位列"世界区域创新集群百强榜"第 56 位,"自然指数—科研城市 2020"第 24 位。

表 7-8   2018—2020 年天津市科技成果情况

科技成果	2018 年	2019 年	2020 年
专利申请量/件	99038	96045	111514
专利授权量/件	54680	57799	75434
发明专利授权量/件	5626	5025	5262
专利有效量/件	168879	198946	245540
签订技术合同数/项	11315	13977	9822
技术合同成交额/亿元	725.26	922.63	1112.98
三大检索系统收录科技论文数/篇	26365	22745	27378

数据来源:《2021 中国科技统计年鉴》

天津市在人工智能、装备制造、生物医药、新能源新材料等多个领域取得一系列技术突破,其中银河麒麟操作系统 V10 上榜 2020 年国内十大科技新闻、央企十大国之重器;225MN 重型卧式铝挤压成套装备刷新世界之最;1200 吨蒙皮拉伸机、超大型热轧 H 型钢等打破国外垄断;埃博拉病毒疫苗、人工心脏、创新脑胶质瘤治疗药物等多项成果实现全国第一;智能磁悬浮透平真空泵技术国际首创,27.5kV 高压有源电力滤波器等技术达到国际领先水平;张伯礼院士团队研发的"宣肺败毒方"被列入"三药三方",为全国抗击新冠疫情作出了重要贡献;中国科学院天津工业生物技术研究所实现了实验室内二氧化碳到淀粉的从头合成,是"典型的 0 到 1 原创性突破",具有革命性、里程碑式的意义。

3.科技人才创新环境不断优化

科技人才工作平台日益增多。建设了天津国际生物医药联合研究院、国家超级计算天津中心等大型公共研发平台,引进中国科学院工业生物技术研究所、清华大学高端装备研究院等一批高水平研发机构,全市国家级院所总数达到132家;有机化学、内燃机、现代中药等国家重点实验室、国家部委级重点实验室和市级重点实验室分别达到14家、48家和161家;国家级工程技术研究中心、市级工程中心和市级企业重点实验室分别达到12家、220家和189家。

科技人才政策环境不断优化。为进一步做好新时代人才工作,最大限度激发人才创新创业活力,推动人才引领高质量发展,天津市委、市政府于2021年5月出台《关于深入实施人才引领战略加快天津高质量发展的意见》(津党发〔2021〕20号),作为"海河英才"行动计划升级版,引才政策更开放、育才举措更精准、用才机制更灵活、服务保障更贴心。升级版瞄准外籍人才和留学回国人员各项需求,在创新创业、项目申报、工作居留等方面提供更多便利化措施,着力提升天津对海外高层次人才的吸引力;围绕"一基地三区"定位,聚焦人工智能、生物医药、新能源、新材料等重点产业领域,在实施人才培育专项、建设高端产业平台等方面,出台精准举措;着眼促进人才链、产业链、项目链、技术链、资本链"五链"融合,加快推进十大产业人才创新创业联盟建设,重塑人才创新创业生态体系,使人才创新有平台,技术应用有场景,产品销售有市场;围绕人才发展需求,在住房安居、配偶就业、医疗保健、小客车指标等方面,提出了更有针对性的政策措施。截至2021年12月,"海河英才"行动计划累计引进各类人才42.8万人,平均年龄32岁,大学本科以上学历人员占70.6%,天津人才创新活力和城市竞争力持续增强。

4.科技人才协同发展走深走实

近年来,天津市深入落实京津冀协同发展战略,积极承接北京非首都功能,全面深化与雄安新区交流合作,依据《京津冀人才一体化发展规划(2017—2030年)》,持续推动京津冀三地人才共享和融合发展,实现专业技术人才职称资格互认,高端外国人才办理来华就业手续和审查结果互认。面向京津冀科技人才,实施京津冀基础研究合作专项,促进三地科技人才协同创新。2020年8月,京津冀三地签署《京津冀公共人才服务协同发展合作协议》,建立区域人才公共服务清单,融合三地人才服务标准和信息化建设标准,建立京津冀高层次人才信息库,深入开展专题对接活动,探索建立区域人才培养市场化调节机制。2021年

11 月,京津冀三地身份证首次实现可"跨省通办"。为京津冀科技人才提供全方位服务保障,三地合作成立智慧教育示范区北方联盟,异地就医医保门诊联网直接结算覆盖全市各级各类医院超过千家。

(二)天津科技人才面临问题

在取得积极成效的同时,可以看到天津市科技人才队伍建设距离人才引领高质量发展、打造自主创新重要源头和原始创新主要策源地的要求仍有较大差距,与北京、上海等地区相比,创新型科技人才总量、投入、结构、载体建设等方面仍待加强。

1. 人才结构性矛盾突出,对人才吸引力有待加强

顶尖科技人才不足,高层次和产业急需人才紧缺,据 2019 年数据统计,天津市共有 34 名院士,相当于北京的 4.6%、上海的 20.8%、南京的 46.3%、武汉的 55.1%;2020 年科睿唯安发布的"高被引科学家"名单中,中国内地上榜人数达 770 人次,天津仅入选 18 人。2020 年"天津市高层次和急需紧缺人才引进需求目录"显示,天津市新一代信息技术、生物医药、新能源、新材料等战略性新兴产业对高层次科技人才和急需紧缺人才的需求达 1.8 万个,然而天津市高职称和高学历的人才主要集中在机械、冶金等传统制造业。

人才竞争力还有待进一步加强。《2021 年中国城市人才吸引力报告》数据显示,2017—2020 年天津人才净流入占比分别为 0.1%、−0.1%、−0.1%,0.0%,呈现下降趋势①。2020 年《全球人才竞争力指数报告》(GTCI)显示,在全球城市排名当中,中国有 16 座城市上榜,其中天津市排在第 102 位,国内城市排名第 10 位,在人才竞争力方面与上海(第 32 位)、北京(第 35 位)、杭州(第 67 位)、南京(第 75 位)等城市存在较大差距,有待进一步增强人才竞争力②。

2. 领军后备人才稀缺,现有培养体系支撑力不足

科技领军后备人才稀缺,青年人才储备不够。调研发现天津市个别高校科技领军人才断档较为严重,目前的领军人才大多都是 55 岁以上,而学术地位比较稳固的 45 至 55 岁的人才比较少。从国家杰出青年科学基金资助情况看,"十三五"期间,天津市获资助者仅有 37 人,与北京 415 人、上海 172 人、江苏 80 人、

---

① 数据来源:恒大研究院《2021 年中国城市人才吸引力报告》。

② 数据来源:德科集团(Adecco)、欧洲工商管理学院(INSEAD)、谷歌(Google)发布的《2020 年全球人才竞争力指数报告》。

湖北 66 人存在较大差距①。从青年科技人才储备情况看，"十三五"期间天津市储备博士、博士后等青年人才与国内先进城市的青年科技人才数量差距较大。

人才培养体系支撑力不足，科教资源优势作用发挥不够。近年来，天津市高校传统优势学科排名有所下降，教育部第四次学科评估显示，天津市只有 2 个学科进入 A+档，比上一轮学科评估结果减少 4 个。新兴学科和交叉学科培育进展不快，对人才培养的支撑力不足，学术传承机制尚需完善。此外，天津市国家级优势学科，"双一流"学科偏向于化学化工、机械制造等领域，与天津市重点发展的人工智能、生物医药、新能源新材料等产业布局不够匹配。

3. 人才资源开发利用率不高，体制机制改革仍需深化

天津市科技人才获得国家科技奖、发表科技论文数量、承担国家级项目均较少。2018 年，天津市获国家级科技成果奖系数位居全国第 17 位②；被国际三大检索系统收录科技论文 21933 篇③，占全国收录科技论文的 3.19%，远低于北京（114012 篇）、江苏（72312 篇）、上海（54368 篇）等地。2019 年天津市获国家自然科学基金项目仅占项目总数的 2.69%，位居全国第 12 位④。2020 年天津市新增国家高新技术企业 1314 家，低于上海（4164 家）、杭州（2179 家）、成都（1971 家）、武汉（1842 家）。

制约科技人才发展的体制机制障碍依然存在。调研发现科技人才评价机制还不够健全，对潜在能力、学术道德、职业操守、价值取向和内生动力等隐性和内在方面缺乏有效评价方法，对团队评价缺乏科学指导，顶尖人才发现和评价机制还不完善。人才激励机制还不够灵活，表现为科研人员"持股难"、知识产权归属划分难、股权激励机制存在瓶颈；对青年科技人才的关注度不够，青年科技人才职业发展空间和通道受到限制。

4. 人才服务保障体系不够完善，双创生态有待优化

人才精细化服务水平有待提高，缺少专业服务人员。在针对科技领军人才的调研中，有 76.5%的领军人才反映天津市公共服务效率不高，缺乏公共、权威、统一的信息发布和对接平台；人才服务的社会化程度较低，缺少科研设备进口等个性化、精准化、针对性的创新服务，科技领军人才反映办手续、报项目、找助手，

---

① 数据来源：2016—2019 年度《国家自然科学基金资助项目统计资料》。
② 数据来源：《中国区域科技创新评价报告 2020》。
③ 数据来源：《2020 中国科技统计年鉴》。
④ 数据来源：《2019 年度国家自然科学基金资助项目统计资料》。

需要到科技、教育、人社、公安、外办等多个部门分头办理,占用了大量时间和精力,影响了科研工作的进度。

科技人才配套环境和创新创业氛围有待进一步改善。调研发现由于居民收入水平、基本公共服务水平、生活环境等方面与北上广相比存在显著差距,天津尚未形成对高层次创新型科技人才的集聚优势,住房、子女入学、医疗是超过八成领军人才关注解决的热点问题。天津市在创新密度、创新浓度等方面与先进地区比存在较大差距,表现为现有高端研发平台总量偏少,同时缺少标准化实验大楼或者专业化孵化器;天津市高校、科研院所、企业等各类主体的创新策源能力不足,横向交流借鉴机会少,相互之间的互动还不够。

(三)天津科技人才发展建议

当前,天津市正处在转变发展方式、优化经济结构、转换增长动力的攻关期,要建成全国领先的创新型城市和产业创新中心,需要强有力的科技人才支撑。为此,建议从以下几点推动我市科技人才发展。

1.进一步加大科技人才投入,培育科技创新人才

不断提高天津市人才发展资金规模和科技人才资助比例,用于保障科技人才计划、工程项目持续、稳定实施。全面落实我市对培育和引进高层次科技人才的资助政策,打通政策落实"最后一公里"问题,加强政策落实监督。设立科技人才发展专项资金,保证科技人才工作顺利开展。进一步扩大对青年科技人才的支持面,加大中青年科技人才出国参加学术会议和学术访问的资助力度。

2.建设提升创新载体,吸引聚集高层次科技人才

推动建设一批高水平重大创新平台,加强部市合作、院市合作、国际交流与合作,集聚一批海内外顶尖实验室和创新平台。重点围绕新一代信息技术、人工智能、生物医药等新兴产业技术领域,建设提升重点实验室、工程研究中心、企业技术中心和博士后工作站、院士专家工作站等高端平台,增强对高层次人才和项目的承载能力,集聚吸引海内外高水平科技创新人才。建设一批独立的科学家工作室等新型科研活动组织平台,鼓励建立一批市场化运作、自主经营、自负盈亏的新型科研机构。

3.培育新兴产业集群,优化科技人才发展结构

围绕国家自主创新示范区、经济开发区、高新区、大学科技园等园区载体平台建设和战略性新兴产业发展,以智能科技等高端新兴产业集聚区为载体,优化人才资源结构。对于财政支持的高端产业项目,安排一定比例资金用于培养科技创新人才及团队。绘制产业人才全球分布地图,实施高端产业科技领军人才引进计划,持续引进一批能突破关键技术、引领新兴学科、带动新兴产业发展的战略科学家和创新创业领军人才及团队,促进支撑我市产业发展的高层次科技人才高密度聚集。

4.加强国际科技交流,引进聚集顶尖科学家

通过举办国际性学术交流会、产业大会等方式,邀请诺奖得主、两院院士等顶尖科学家,促进高端科技人才交流,以交流促合作、促引进。吸引海外研发人员参与我市重大科技项目,探索国际联合研究和知识产权分享机制,建立一批国际科技联合研究基地。推动中青年科技人才海外培训工作,支持中青年科技人才到国外一流大学和科研机构接受培养或开展合作研究。

5.加强人才交流,实现区域科技人才一体化

加强京津科技人才合作与流动配置,推动京津两地科技管理人才交流与互相挂职,鼓励驻京高校在我市园区、企业建立实习、实训基地。建立固定的联系首都人才工作机制,在首都科技人才聚集的区域设立人才引进联络站,拓展智力资源的引进方式和渠道,强化人才引进工作的后续跟踪服务。建立科技专家资源开发合作机制,推进京津科技专家的资源共享、政策协调、制度衔接和服务贯通。

6.高度重视科研人员减负,释放科研创新活力

自2018年开始,中华人民共和国科学技术部等部门在全国范围开展减轻科研人员负担7项行动(简称减负行动1.0);2020年,持续组织开展减轻科研人员负担、激发创新活力专项行动(简称减负行动2.0);2022年,减负行动3.0正式开启。进一步对接国家减负政策,积极在天津做好相应政策的落实落地,保障青年科研人员将主要精力用于科研工作,进一步加大力度支持在自然科学领域取得突出成绩且具有明显创新潜力的青年科技人才。

第八章
金融篇

党的二十大报告指出,要坚持把发展经济的着力点放在实体经济上,推进新型工业化,加快建设制造强国、质量强国、航天强国、交通强国、网络强国、数字中国。

习近平总书记强调:"金融是实体经济的血脉,为实体经济服务是金融的天职,是金融的宗旨"。任何时候都要注重市场经济体制前面的定语,积极探索中国特色的金融发展路径。要加大对实体经济支持力度,聚焦高质量发展的重点领域和薄弱环节,为全面建成社会主义现代化强国贡献金融力量。

本章节从科技金融创新出发,围绕科技金融服务实体经济,从体系化创新视角跟踪天津及全国科技金融创新态势,梳理全国先进省市科技金融创新的主要招法,回顾了天津科技金融发展的有益经验,提出了天津科技金融要"立","破"结合,围绕"重资金合力,聚金融机构,强产品供给,抓科创动能"的科技金融发展思路,形成科技金融发展举措的组合拳,推动天津科技金融上台阶,上水平。提出加快财政资金统筹机制,加快引育科技创投机构,加快发展担保机构,加快深化科技信贷创新,加快优化完善上市融资举措等对策建议。

"经济是肌体,金融是血脉,两者共生共荣"。当前世界正处于百年未有之大变局,中美贸易战正逐步转向科技战、金融战,集中打击中国的高科技和高端制造业,科技金融成为助推科技发展的新动能。牢固树立新发展理念,深化金融供给侧结构性改革,增强金融服务实体经济能力,从全局和战略高度引导和配置社会资本向科技领域集聚,大力支持自主创新,打造科技金融创新生态,正在成为国内先进地区科技金融的典型做法。

一、科技金融发展趋势与需求

(一)科技金融发展趋势

1.全球层面,科技金融的服务内涵、服务方式正在发生深刻变革

一方面,新技术对金融的赋能。以人工智能、大数据、物联网、区块链等数字技术为代表的新一轮技术革命,正在全世界范围内引发生产、投资和贸易格局的变化,以数字银行、数字支付和数字投资为代表的数字金融服务正在加速发展成为金融领域的重要组成部分。另一方面,社会自我革新对金融的赋能。低碳经济、智能社会等新理念、新范式催生了绿色金融、智慧金融等新兴产业,正在成为推动未来产业转型升级和可持续发展的重要力量。无论是发达国家还是国内先进城市,对于科技金融的关注度都在显著提升,特别是国内金融科技产业规划的纷纷出台,各个省市都在谋篇布局,抢占金融发展的新高地。

2.国家层面,对于科技金融服务社会经济发展要求不断提升

"十三五"科技创新规划提出,将"形成各类金融工具协同融合的科技金融生态";2017年全国金融工作会议明确"服务实体经济、防控金融风险和深化金融改革"三项任务;2018年中央经济工作会议提出"六稳"要求。党的二十大报

告强调,加强和完善现代金融监管,强化金融稳定保障体系,依法将各类金融活动全部纳入监管,守住不发生系统性风险底线。党中央深化金融体制改革,推进金融安全网建设,持续强化金融风险防控能力的总体部署,为科技金融发展明确了方向。在全球经济下行压力和中美贸易摩擦背景下,迫切需要稳健的科技金融供给能力,强化对重大平台、重大项目、重大改革和产业转型的支撑作用,为提高中国自主创新能力和促进高质量发展提供强大支撑。

3. 区域层面,制定区域科技金融协同政策体系成为通行招法

2020 年,中国人民银行官网正式发布《关于金融支持粤港澳大湾区建设的意见》从促进粤港澳大湾区跨境贸易和投融资便利化、扩大金融业对外开放、促进金融市场和金融基础设施互联互通、提升粤港澳大湾区金融服务创新水平、切实防范跨境金融风险等五个方面提出具体措施。2021 年,"京津冀产业链金融支持计划"发布 125 亿政策资金额度支持小微和民营企业。2022 年,《上海市、南京市、杭州市、合肥市、嘉兴市建设科创金融改革试验区总体方案》出台,设立上海、南京、杭州、合肥、嘉兴五个城市科创金融改革试验区,试点时间是五年,目标是将科创金融改革试验区打造成为科创金融合作示范区、产品业务创新集聚区、改革政策先行先试区、金融生态建设样板区、产城深度融合领先区。可以看出区域科技金融建设已经成为通行招法,成为区域发展的重要着力点。

4. 城市层面,各个省市均致力于营造高能级科技金融创新生态

上海、江苏、辽宁、浙江、安徽、湖南等地区接连发布重磅文件,如制定一系列措施支持经济发展,从科技创投、科技银行、科技保险、科技担保多机构、多要素发力。如,上海市提出用好国家政策性开发性金融工具(基金)、专项债券、制造业中长期贷款、基础设施 REITs 等扩大投资政策和工具;浙江省提出加快推进区域性股权市场创新试点,探索市场化参与拟上市企业辅导规范,支持区域性股权市场推广县域企业服务基地模式;安徽省提出通过政策性金融工具等方式支持重大项目盘活;江苏省提出对发放普惠小微贷款较好的地方法人金融机构,按普惠小微贷款余额增量的2%给予激励资金。中国各个省市金融生态持续优化,据2022 年 3 月第 31 期全球金融中心指数报告(GFCI 31)发布数据显示,中国金融中心国际地位及声誉不断增强。本期 GFCI 中国内地共有 12 个金融中心城市进入榜单,其中上海、北京和深圳均已进入全球十大金融中心行列。

(二)科技金融发展需求

一是落实国家科技中长期发展战略的需要。科技金融助推科技创新,如何调动科技金融更好地服务区域科技创新发展是落实国家创新驱动发展战略、建设创新型国家的需求,更是促进区域协同创新的需求。

二是"一基地三区"建设和京津冀协同创新的需要。天津作为科技金融结合试点、金融创新运营示范区、全国先进制造研发基地,产业转型升级和生态环保的压力大、任务重,大项目、大投资的传统发展模式不可持续,"四新"背景下发展先进制造业、突破关键共性技术、加强重大基础设施建设、打造京津冀区域产学研协同创新共同体,都离不开科技金融的强大支持。

三是促进天津双创发展的需要。融资难融资贵既是全国科技型中小企业发展的难题,更是天津的难题。调查显示,天津科技工作者的创业资金大部分来源于家庭和亲友,天使投资、创业投资、众筹融资发展比较慢;专业化风险投资机构和团队不能满足实体经济和科技型企业发展需求。

四是有效促进天津未来产业发展的需要。创新链的缩短及产业链的协同要求资金链更快地与创新链和产业链进行有效融合,人工智能、大数据、物联网等技术的发展,有利于快速集聚人才、技术、资金等创新要素,构建天使投资、创业投资、产业并购、上市融资等全链条、全过程的科技金融生态系统,为未来产业发展带来新契机。

二、国内各省市做法经验借鉴

(一)各省市创新型招法

——北京中关村全链条综合科技金融服务模式。中关村示范区围绕建设国家科技金融创新中心,着力推动科技金融与双创的无缝链接与融合。中关村科技金融集团围绕促进科技型企业发展,打造了金融去接科技发展的"中关村模式",累计服务40000多家(次)中小微企业,为70%以内的科技中小微企业提供资金支持近3000亿元,支持220多家企业上市,超15家独角兽企业,以及超600家新三板挂牌企业。2019年2月,《中关村国家自主创新示范区促进科技金融深度融合创新发展支持资金管理办法(试行)》出台,旨在促进金融与科技、产业、经济三个方面的深度融合,主要包括金融科技引领发展(《北京市促进金融科技发展规划(2018—2022年)》)、完善产融结合金融支撑体系和深化科技信贷创新等方面内容,打造科技引领、产融结合和低成本科技金融体系。

——杭州"国际金融科技中心"模式。作为全国十大金融科技试点省市之一的杭州,围绕打造国际金融科技中心,于2019年5月30日发布《杭州国际金融科技中心建设专项规划》,明确未来 3 年杭州将致力于建设国际化的金融科技研发与创新策源地、金融科技基础设施先行区、金融科技产业与应用集聚地、金融科技创新生态示范区、金融科技产业集聚首选地、金融科技政策低洼地,努力建设国内领先、国际一流的金融科技"四地两区",把杭州打造为"中国金融科技引领城市"和"全球金融科技应用与创新中心"。明确未来空间布局、重点任务及发展目标。

——上海"高企贷"支持科创企业发展。2019 年 9 月 20 日,人民银行上海总部与上海市科学技术委员会共同举办金融支持科创企业发展工作推进会暨"高企贷"授信服务方案发布会,旨在加大对注册在沪的高新技术企业信贷支持、降低融资成本、优化服务方式。主要内容包括以组合贷等多种方式,支持高企首贷(8 家试点银行拟授信 505 亿元)及中小微高新技术企业;加强风险防控,通过授信机制的健全降低企业融资成本;通过优化制度设计,引导银行信贷"精准滴灌"中小微型高企。

——"南京样本"促进双创发展。2018 年底,南京出台《关于加快科技金融体系建设促进科技创新创业的若干意见》,主要包括六个方面内容:构建覆盖企业全生命周期的全方位金融支持双创发展的政策体系;加强自主创新补齐短板并大力推动"投贷联动"试点工作;强化财政资金对双创发展的精准扶持并安排规模 100 亿元的南京市产业发展基金;通过提前代偿及推广小贷和小微企业应急互助多等方式完善金融支持双创发展的风险共担模式,加强优化信用、人才、科技、保险等环境。

——青岛"科技创新母基金"打造全球创新风险投资中心。青岛聚焦全球创业风险投资,重点支持成果转化及高端科技产业化项目培育;聚焦完善多层次资本市场新设 500 亿元科创母基金以激活风投创投;聚焦国际时尚城建设,吸引集聚全世界的人才尤其年轻人青岛来体验、工作和生活。

——西安"1233"科技金融体系促建丝路国际金融中心。围绕打造具国际影响力的科技金融创新中心,制定出台《西安市科技金融产业发展规划(2019—2021 年)》,提出"1233"科技金融体系(即打造科技金融创新中心,建好科技金融服务平台和区域资本市场融资平台,完善政策体系、机构体系和产品体系,实现"三个 1000"(到 2021 年,聚集各类投资机构 1000 家、各类金融要素和服务平台 1000 家,中小微科技企业融资 1000 亿元)。

——武汉东湖"科技金融新十条"促高质量发展。继 2015 年"科技金融十五条"之后,东湖高新区近期发布了《东湖高新区关于加快科技金融产业高质量发展的若干措施》(简称"科技金融新十条")、中小企业债券融资风险补偿专项资金管理暂行办法及创业投资引导基金管理办法等,打出系列金融创新"组合拳"。主要内容包括三个方面,一是亿元重奖瞄准国家批设机构,二是给予金融高管 50 至 150 万元以上年薪、团队 30% 的奖励,三是设立 10 亿元风险补偿专项资金池解决中小企业融资难题。

——合肥样本开启政府投资新模式。合肥高新区集团作为合肥高新区管委会投融资平台,通过设立参股资金的形式,从 2010 以来,先后设立安徽省第一支政府投资天使基金,率先开启国有基金管理机构市场化改革的探索,发起设立安徽省第一支种子基金,第一支源头创新基金——新兴产业基金,同时开启基金招商模式,"以基金为线,串起产业链"形成产业集群。截至 2020 年 11 月底,共设立基金 28 支,基金总规模近 500 亿元。累计培育上市(含并购)企业 24 家,新三板挂牌企业 25 家,同时已有上市计划或具备上市潜力企业逾 50 家。

(二)典型省市系统招法

"新科技"正不断推动"新金融"走向迭代发展,浙江正逐步实现从金融支撑科技创新,到科技、金融融通创新发展之路,从区域金融创新走向全域金融创新之路。这一部分重点总结浙江科技金融三方面创新经验。

经验一:加强金融机构与科创企业之间供需渠道建设,通过服务机制的"软创新",实现对科技企业融资需求的精准对焦,为科技企业发展提供服务。

抓科技企业,精准化清单化管理。一方面建立科创型小微企业金融服务清单,根据浙江省科技型企业清单,指导银行保险机构建立名单制管理和备选企业库,"一企一档",优先支持国家级高新技术企业、省级科技型中小企业发展。另一方面实行企业帮扶"白名单"制度,量化细化民营企业发债需求清单、上市公司股权质押纾困帮扶清单、困难企业帮扶清单等,着力化解民营企业流动性风险和股权质押平仓风险。

经验二:推动"产学研用金,才政介美云"联动,打造科技金融融合载体,吸引社会资本参与创新,激发创新活力。

抓"金融+"融合,推动成果产业化。浙江省推出了"产学研用金,才政介美云"十联动的创新创业生态系统建设,即把产业、学术界、科研、成果转化、金融、人才、政策、中介、环境、服务十个方面因素融合提升,打造一个创新创业的生态系统。浙江清华长三角研究院"一园一院一基金"模式作为优秀经验,全省推广。"一院",即以浙江清华长三角研究院为主体,"一园",即产业园将围绕研究院,配科创大楼、产业基地、人才公寓、商业配套、交流中心等,助推研究院内优质科创企业发展壮大。"一基金",即发起设立基金管理公司,吸引社会资本参与到产业创新中来,激发产业创新活力。目前又在上述的基础之上升级为"一园一院一基金一峰会",增加产业国际峰会,在产业链上下游项目整体规划和引入集聚产业集群基础上,汇聚行业大咖,共商行业发展大计。

经验三:加强科技金融的有效供给,面向重点支持领域,面向科技资源密集区,面向金融机构,为企业发展的大田注入足量的活水。

抓重点领域,激励性支持。财政科技资金的运用上,改"漫灌"为"滴灌"。设立浙江省中小企业发展(竞争力提升工程)专项资金,采取竞争法分配方式。围绕省委、省政府明确的中小微企业重点工作,选择某一重点领域,以市、县(市、区)为主体,开展竞争性遴选,安排一定资金择优在部分地区开展中小微企业竞争力提升专项激励。新设总规模为20亿元创新引领基金,重点投资对浙江省经济社会发展具有明显带动作用的重大创新项目和创新型企业,科创板重点培育企业,以及种子期、初创期、成长期等创业早期的科技型中小微企业和高新技术企业。

抓科创资源密集区,引导金融机构布局。浙江绍兴鼓励辖内银行机构通过强化市场定位、优化资源配置等方式,在科技资源集聚地区新设或改造分支机构,成为从事科技企业金融服务的专业或特色分支行。鼓励银行机构设立科技金融管理部门,建设专营团队,指导全行科技金融业务管理、渠道建设等工作,打造可持续发展的特色科技金融服务链。

抓信贷投放,提高供给数量和服务水平。浙江推动金融机构持续加大民营小微企业信贷投放,力争三年新增小微企业贷款5000亿元,把银行业绩考核与支持民营经济发展挂钩,以正向激励和反向倒逼,引导银行加大对小微企业信贷投入。推动金融服务有数量更有速度和温度。浙商银行推出了涌金票据池、应收款链平台、大数据风险管理等带有金融科技"气息"的新型业务;浙江农信运用大数据,创新"普惠快车""小微专车""企业直通车"的"三车"信贷模式,通过整合客户信息采集、客户综合评价和信贷业务审批等业务流程,实现"一站式"综合办贷。

经验四:加强科技赋能金融,集聚科技金融创新人才、技术等要素,培育金融科技创新企业,打造移动支付之省和新兴金融中心。

抓重点实验室建设,布局金融科技人才与技术。成立中国人民银行中钞区块链研究院、北京大学信息技术高等研究院、国际电联数字货币(中国)实验室、钱塘江金融港湾金融科技实验室,组建"全球金融科技实验室联盟"与浙江省"金融科技产教融合联盟",搭建高校金融学科改革创新、金融人才教育、覆盖全球的金融数据库、第三方投研和科技成果转化的多个平台。

抓金融科技,培育金融科技企业生态群。浙江省在杭州布局建设国际金融科技中心,以培育金融科技企业为切入点,打造"一超多强+小微企业群"的金融科技生态体系,推进大数据、云计算、人工智能、分布式技术、信息安全技术等综合领域的融合创新,涌现出了蚂蚁金服、恒生电子、同花顺、信雅达、连连支付、同盾科技、邦盛科技、趣链科技等一批新秀企业,形成了消费金融、供应链金融、区块链金融、大数据征信、移动支付、大数据风控等领域的生力军。

三、天津科技金融现状与问题

(一)天津科技金融发展的阶段性特征

1."研发投入+专项基金"的科技资金支持体系

近年来,天津科技财政投入有了大幅提高,从 2006 年的 95.24 亿元到 2018 年的 492.4 亿元,年均增长了 12.9%,13 年间增长了 5 倍。2021 年天津研发强度位居全国第三(3.66%),明显高于全国共投入研究与试验发展(R&D)研发强度 2.44%。并且天津高度重视科技创新产业基金群建设,既有产业引导基金,先后设立了 200 亿的海河产业基金、智能科技产业引导基金、智能科技企业发展引导基金等,在滨海新区也设立了总规模 300 亿元的智能科技产业母基金和集成电路设计产业促进专项资金。又有创投引导基金,先后设立了规模 20 亿元的天使、创投、并购三类引导基金。

2."多元化+平台化"的科技金融机构服务体系

天津银行科技服务较为活跃,金融机构持续创新产品和服务,持续加大对科技企业支持力度。2022 年,人民银行天津分行发布前十个月以高质量金融支持经济稳定发展的最新统计数据显示,到 10 月末,天津高新技术企业、科技型中小企业贷款余额分别为 2215 亿元和 170 亿元,同比分别增长 13.3% 和 26.5%。金融服务平台网络化发展,出台《天津市科技金融对接服务平台认定及考核补贴办法》,累计建成 31 家科技金融对接服务平台,形成了 330 人的科技金融对接服务人员队伍,连续多年开展"金桥之友"和"融洽会"特色服务活动、启动天津 OTC 科创专版,打造"科技金融大讲堂"金字招牌。2022 年已开展科技金融对接活动 130 多场,帮助 435 家科技企业成功。天津设立了规模为 50 亿元的天津融资担保发展基金,并出台天津中小企业融资担保降费奖补政策,与国家融资担保基金签约合作,构建国家、市级、区级三层担保组织架构,发挥再担保增信、分险、引领、规范的作用,引导更多金融活水助力科技企业发展。2021 年,天津市担保中心以"双创贷"批量创业担保贷款业务已在南开区落地投放 5 户 1055 万元。

3. "争试点+创产品"创新科技金融产品供给体系

天津积极开展科技金融试点工作,先后成为全国第一批科技保险试点城市,全国首批促进科技和金融结合试点,全国首批投贷联动试点等多个试点工作,并开展了大量的卓有成效的工作。2019 年以来,聚焦天津科技创新主体培育,天津与光大、浦发、建设等 7 家银行签订合作协议,推出两项科技金融创新政策和27 个科技金融产品(9 种雏鹰、瞪羚企业专属金融产品和 18 种服务创新型企业金融产品),特别针对雏鹰、瞪羚企业设计了银行与担保机构"共担风险、共同尽调"的易复制、可推广的批量化业务模式,梳理总结 27 家金融机构的 132 种科企信贷产品,印制《天津市科技金融——信贷产品手册》。2022 年,天津市金融局会同天津市科技局、天津银保监局面向天津银行、保险、担保、租赁、保理等各类金融机构开展科技金融产品征集。截至目前,共有 13 类 153 项科技金融产品通过线上、线下两种方式,为企业在创新创业、成长成熟、上市挂牌等阶段提供了丰富选择。

4. "股份制改造+上市"拓宽科技企业直接融资体系

天津从 2014 年开始出台科技型企业股份制改造补贴办法,对完成股份制改造的科技企业发生的财务费用、法律费用、评估费用等给予补贴。截至 2019 年第 3 季度,推动 1038 家科技型企业完成股份制改造,发放补贴资金 1.92 亿元,推动 692 家科技型企业实现上市或挂牌,其中,沪深股市上市企业 52 家,占全国比重 1.41%。建立上市重点后备企业库,从 660 家优质企业遴选 110 家企业作为重点培育对象,推动 OTC 探索设立科创专板,推动赛诺医疗、久日新材 2 家科技型企业登录科创板融资发展。目前,据天津滨海柜台交易市场发布的《天津资本市场报告》显示,截至 2022 年 12 月,天津新三板挂牌企业 125 家,在全国各个省市排名第 15 位;上市企业 70 家,在全国各个省市排名第 17 位,上市企业融资 267.64 亿元,在全国各个省市排名第 16 位。

(二)天津科技金融发展存在主要问题

1.整体投入不足

一方面表现为财政引导资金的合力效应不足。天津财政引导基金相对比较多,但是基金的方向和定位各异,各个科技基金之间缺乏系统性的规划,没有发挥出基金的合力效应。另一方面表现为天津科技研发投入总量略显不足,2018年天津科技研发总投入不足 500 亿元、研发强度 2.62%,总量仅相当于京沪深的26%、36%、48%,强度分别低 3.55、1.54、1.58 个百分点;地方财政科技拨款占地方财政支出的比例为 3.74%,与京沪深等相比分别低 1.28%、0.65%、2.35%,甚至低于全国整体的 4.31%,总量位居全国第 15 位,增速位居全国第 28 位。2021年天津科技研发投入总量 574.33,增速 14.8%,但整体上与上述省市相比,仍有很大增长空间。

2.创投机构少,担保机构弱

创业投资或是风险投资不活跃。围绕科技企业全生命周期的金融服务体系尚未完善,一方面创投机构数量偏少,2018 年,天津有效创投机构 48 家,排名全国第 12 位,远远低于北京(592 家)、浙江(560 家)、江苏(536 家)、上海(115家)。2022 年天津有效创投机构 112 家,仍与上述省市存在很大差距,并且天津对于新型研发机构、众创空间等机构的配套性创投基金覆盖明显不足(浙江全省推广一院一园一基金),限制了天津创新创业载体在项目孵化、企业培育方面的能力发挥。另一方面,天津科技担保体系偏弱,天津担保公司 21 家,业务量偏小,如天津市中小企业信用融资担保中心成立 20 年以来,累计担保户数 2700 余户,相比于天津主体数量明显不足。天津科技担保公司更为匮乏,主要为 4 家,其余各区担保公司部分兼具科技担保属性,但大部分处于业务收缩状态,担保发挥的作用十分有限。以某单位为例,担保本金 2 个亿,户均余额 500 万,按照行业能够放大 5 倍的资金量,仅能满足 200 余家企业的融资需求,尚不足天津 10余万科技型中小企业的 2‰。

3.银企对接供需存在堵点

虽然银行机构提供了丰富的产品,但大型商业银行仍然热衷于为大项目大企业优先提供贷款融资服务,以科技型企业和小微企业为代表的多元化经济结构信贷需求难以得到满足,具体表现为一方面,银行信贷额度的不足,传统产品200 至 300 万的贷款额度整体偏低难以满足科技企业发展需求,而 2000 至 3000

万的这种普遍需求,银行决策时间往往长达半年以上,又无法满足科技企业的燃眉之急;另一方面,现有新产品的手续复杂,时间长,以知识产权质押贷款为例,仅仅专利国家知识产权局查新时间需要10-20天,付费查新,又会造成企业成本的增加,又如瞪羚贷、雏鹰贷,并不是每家企业入选瞪羚企业或是雏鹰企业就能马上享受贷款,银行还需要去逐一进行考察,以确定是否能够给予有需求的企业放款,最后可贷款成功率低。天津银企对接活动比较丰富,但是整体上对接的项目比较少,其关键的原因在于科技企业自身没有分析清楚如何才能满足银行的信贷要求,往往因为资质不够难于被金融机构认可,形成"望梅难止渴"现象,很难获取金融机构的贷款。

(三)天津科技金融发展的对策与建议

针对天津科技金融当前产业发展的问题,要"立""破"结合,围绕"重资金合力,聚金融机构,强产品供给,抓科创动能"的科技金融发展思路,形成科技金融发展举措的组合拳,推动天津科技金融上台阶、上水平。

1.加快财政资金统筹机制,形成科技创新的联动合力

一是加强对科研类市级科技计划(专项、基金等)的优化整合。建立科技计划(专项、基金等)管理联席会议制度,对各类基金的功能定位、区域布局以及行业发展中的重大政策问题进行协调,形成市、区联动,相互衔接的政府引导基金管理体系。二是建立企业研发导向的激励机制。各类财政扶持资金优先支持研发投入强度大的企业,对高于天津研发投入平均水平的企业,优先支持申报国家、省级重点研发计划项目和重大创新平台载体。鼓励企业加大基础研究投入,各级财政根据企业投入情况,视财力状况给予相应支持。三是积极向上争取科技金融政策资金支持,力争参与国家重大基金布局,借鉴青岛基金参股引进行业龙头企业的经验,引进天津优势产业相关重点企业。探索设立科学研究基金,支持专注基础性研究的私人基金会设立与发展,允许此类基金会使用创始人人名命名,并在主流媒体、公开场合给予正面宣传。

2.加快引育科技创投机构,厚植创投机构发展的土壤

一是逐步增加对天津市创业投资引导基金、天使投资引导基金的财政投入,加强高校、科研机构、产业集团与创业投资企业的联动合作,支持天使投资与创新载体的有效嫁接,积极鼓励"基金加基地、孵化加投资"等各类创新型基金运作模式,为众创空间、产业技术研究院提前配置产业化基金,用于重大项目的产业化,提升产业研究院的项目引育孵化影响力。二是加快构建创投集聚区,立足天津区域产业结构调整布局,探索在条件成熟的市内六区或是滨海新区建设创业投资集聚示范区,让投资人、创业团队、基金管理人形成规模集聚效应。三是加大对创投投资的企业扶持,对创业投资企业投资培育的本市新兴产业领域创业企业所提供的新业态、新技术、新模式,鼓励各部门和国有企事业单位积极使用。

3. 加快发展担保机构,有效降低企业间接融资门槛

一是不断充实政策性担保机构资本金,持续加大财政投入。通过新设、控股、参股等形式以及联合担保、再担保业务合作方式,发展一批政府出资为主、主业突出、经营规范、实力较强、信誉较好的政策性融资担保机构。推动政策性担保机构共享担保创新经验,降低或取消对政策性担保业务的盈利要求,进一步扩大担保服务对象,放大担保倍数。二是支持商业性融资担保机构错位发展。以落实外地企业在天津新设立的融资担保机构资金补助政策为抓手,在风险可控的前提下,支持商业性融资担保机构创新发展模式,提供多样化的增信服务、信息服务,与政策性融资担保机构形成适度错位、适度竞争的良好格局。三是提升天津科技金融服务平台的能力。形成联通科技创新项目、各类基金以及科创板等市场板块的纽带,加强与创业投资企业的联动,探索发展集科技券商、科技贷款、科技担保等为一体的全功能科技投资服务平台。借鉴北京经验,探索设立科技小微企业续贷中心,实现"首贷、续贷"一站式服务,解决企业二次贷款难题。

4. 深化科技信贷创新,提升科技信贷产品供给能力

一是抓产品创新,构建中长期银企合作关系,加快针对科技企业特点的科技信贷产品创新,如聚焦知识产权为核心资产;高研发投入、高成长;需求急、资金链压力大等特点的科技信贷产品,为天津市智能科技产业、生物医药、新能源、新材料、装备制造、基础设施等领域转型升级和重点项目提供多元化投融资服务。二是抓风险补偿,强化风险补偿机制建设。逐步完善风险补偿资金池建设,通过与银行等金融机构合作,对金融机构为科技型中小企业提供科技信贷服务形成的损失给予风险补偿。推动设立科技保险"共保体",形成支持科技型企业发展的合力。三是抓信息渠道,降低融资时间成本。依托天津科技企业培育 3.0 计划,以雏鹰、瞪羚、领军企业为清单,在企业授权的前提下,将企业知识产权、研发投入、产品服务、财务运营等相关信息进行整合,建立科技数据库,探索科技企业白名单制度,向符合条件的金融机构免费开放,缓解融资信息不对称问题。四是

抓考核引导,建立健全金融机构服务实体经济考核体系,引导金融机构回归本源,设立金融创新产品奖和创新机构奖,对优秀的产品和机构给予奖励。

5.服务国家战略,加快构筑金融服务企业政策体系

一是加快建立与"科创板"同频共振的政策支持体系,其一,加快优化完善天津企业登录"科创板"的政策文件和实施细则,积极引导天津瞪羚、领军企业上市融资。其二,充分发挥天津金融科技服务中心在打造金融机构交流方面的作用,构建企业家和金融机构"上市融资俱乐部",形成常态化的沟通联系机制。其三,实施"科技园区金融画像工程",推动科技金融机构定点入驻,拓宽优秀企业的发现机制,推动金融机构早介入、早服务,助推企业上市便捷化。二是打造津企"抱团出海"合作平台,加强政策性风险保障和防范综合服务体系建设。加强"一带一路"国家互联互通,扩大外贸出口等方面加大金融支持力度,推动央企带动地方国企和民营企业,深化产业链供应链优势互补合作,帮企业由单打独斗向借船出海转变,推动单一企业"走出去"向产业链"走出去"转变,借重中国(天津)跨境电商综合试验区建设,打造金融外贸生态圈。

第九章

赛道篇

党的二十大报告中指出,要深入实施科教兴国战略、人才强国战略、创新驱动发展战略,开辟发展新领域新赛道,不断塑造发展新动能新优势。

发展新赛道需要载体布局。新型基础设施建设("新基建")是关键,5G网络、人工智能、工业互联网、物联网、数据中心等新一代信息基础设施对数字经济等新经济和新业态提供了城市创新的载体。发展新赛道需要主攻方向。城市新赛道的选取要充分考虑城市发展基础,优势产业未来化,未来产业优势化,是塑造新赛道的发展主线,更是发展新赛道、培育新动能的落脚点。发展新赛道需要场景创新。场景创新作为引领未来科技创新和新兴产业发展的一种新范式,重新经济企业场景创新需求、前沿科技产业应用需求等角度出发挖掘场景机会。发展新赛道需要规避风险。新赛道,新治理。既要有赛道发展孕育的制度环境,更要有赛道发展的治理制度环境,二者双管齐下,方能促进新赛道的健康成长。

时间窗口已经打开,创新赛道正在铺就。如何把"愿景图"转化为"实景图",唯有实干,才能深耕。本章节从"新基建"建设切入,围绕打造城市创新综合赛道,重点分析了天津"新基建"建设面临的国内外形势和未来"新基建"建设的风险和治理。围绕打造城市创新产业赛道,从智能科技产业和生物医药产业天津两个优势产业导入,聚焦产业发展方向,辨析产业发展思考,明晰产业发展路径,提出产业发展策略。

一、"新基建"新机遇

（一）区域"新基建"谋划思考

2020年4月20日，国家发改委召开4月份例行新闻发布会，首次就"新基建"概念和内涵作出正式的解释。"新基建"是以新发展理念为引领，以技术创新为驱动，以信息网络为基础，面向高质量发展需要，提供数字转型、智能升级、融合创新等服务的基础设施体系。目前来看，"新基建"主要包括三个方面的内容：一是信息基础设施。主要是指基于新一代信息技术演化生成的基础设施，比如，以5G、物联网、工业互联网、卫星互联网为代表的通信网络基础设施，以人工智能、云计算、区块链等为代表的新技术基础设施，以数据中心、智能计算中心为代表的算力基础设施等。二是融合基础设施。主要是指深度应用互联网、大数据、人工智能等技术，支撑传统基础设施转型升级，进而形成的融合基础设施，比如，智能交通基础设施、智慧能源基础设施等。三是创新基础设施。主要是指支撑科学研究、技术开发、产品研制的具有公益属性的基础设施，比如，重大科技基础设施、科教基础设施、产业技术创新基础设施等。

中国工程院院士邬贺铨认为，"新基建"可以理解为集约高效、经济适用、智能绿色、安全可靠的现代化基础设施，其中，以5G等为代表的新一代信息基础设施，既是"新基建"也是战略性新兴产业，更代表信息消费市场，同时也是其他领域"新基建"的通用支撑基础，还是传统产业数字化新引擎，赋能传统基建领域提质增效。工业和信息化部原部长、中国工业经济联合会会长李毅中认为"新基建"是基于信息技术和制造技术的深度融合，是基于电子信息产业和垂直行业的跨界融合，它既包含社会公共领域，又包含行业和企业商用层面，本质上是"产业数字化"和"数字产业化"。中国信息通信研究院副院长王志勤指出：

"新基建"本身就是新一代信息技术的代表,也是数字经济发展的代表。恒大研究院任泽平认为除了硬的"新基建"还应该包括软的"新基建",强调加强舆论监督和信息公开透明、补齐医疗断保、改革医疗体制、加大汽车金融电信电力等基础行业开放、加大知识产权保护力度等。

这部分聚焦"新基建"核心概念和"新基建"衍生产业关联概念两个层面进行分析研究,核心概念就是以国家发改委提出的"新基建"的范围,包括信息基础设施、融合基础设施、创新基础设施。除此之外,还要统筹考虑核心概念之外的衍生产业关联概念,一方面聚焦于创新应用的前端与产业应用的后端,可以说是产业创新基础设施所承载的应用,比如5G设施完善所带来无人驾驶技术实现的智能网联车公共服务,诸如长沙最近推出的无人出租车,也可以是智能算力开源平台,平台上软件和应用,更可以是智能工厂等等在独立单元的智能化应用场景。另一方面聚焦于产业发展的要素供给能力,即创新主体、资金、人才等要素的市场化流动供给,通过创新要素的有序供给,形成支撑"新基建"发展的强大动力。最后,将"新基建"放入一个产业生态的维度,去统筹考虑"新基建"整个产业平台及产业链的构建。

在此基础之上,对于国内"新基建"上呈现出了几个鲜明的特点进行了系统归纳梳理:

一是"新基建"建设需要统筹规划一揽子工程。调研发现,2020年4月起,包括上海、广州、重庆、山东、云南、江苏、吉林等地在内,全国已有至少十个省或城市出台了"新基建"的落地举措。规划先行,政策支撑,本轮"新基建",要避免走大水漫灌、盲目刺激的老路,防止"一拥而上"和重复建设,或"新瓶装旧酒"。有必要通过"规划+政策"组合拳的形式,提升"新基建"规划的系统性和完备性,保证"新基建"规划精准落地。

二是"新基建"建设需要强化硬环境支撑作用。调研发现,上海选择了新网络、新设施、新平台、新终端四大重点投资领域,广州选择围绕5G、人工智能、工业互联网、充电基础设施四个领域实施专项行动,青岛则选择在5G产业链、集成电路、人工智能等领域投资布局一批战略性新兴产业重点项目。未来"新基建"建设要注重"联接"和"计算",强化5G、工业互联网、算力与数据领域优势,痛点在哪,"新基建"就向哪发力,依托新型技术设施的布局和高标准建设来丰富产业场景供给,提升高质量发展能力。

三是"新基建"建设需要关注产业链供给能力建设。当前,产业链内生化发展得越来越明显,自湘潭市在湖南省全省首推"链长制"以来、辽宁盘锦市、浙江省、广西壮族自治区等越来越多的省市以"链长制"的形式将产业链的发展作为产业工作的重要部署。"链长制"的提出，是政府在掌握与顺应产业发展自身规律的前提下，对区域产业发展和结构调整的精准化引导和调控的重要转变，也是国家强链、补链、稳链，切实维护产业链供应链安全稳定的重要抓手。在此背景下，有必要围绕"新基建+"强化优势产业链条和供应链条，提升自给能力，汇聚产业资源、创新资源，提升产业链条与创新链条要素供给能力，增强产业链的韧性。

四是"新基建"建设需要抓实龙头企业的带动作用。调研发现，各地均把龙头企业作为"新基建"建设的重要抓手。近日，广州先后与包括来自华为、百度、京东等全国300多家企业及"鲲鹏+昇腾"生态伙伴举行了集中签约仪式，总投资规模近1800亿元，开展"新基建"。借重龙头企业在"新基建"建设中的引领作用，引育并重，提升区域"新基建"产业能级和建设发展水平，应作为区域"新基建"高质量发展的重要考量因素。

五是"新基建"建设需要打造一个良好的产业软环境。"新基建"建设，涉及的产业链条比较多，能够撬动城市大变革。以5G为例，据中国信通院预测，到2025年，中国5G网络建设投资累计将达到1.2万亿元，并将带动产业链上下游以及各行业应用投资超过3.5万亿元。除了面对"新基建"给予"硬"支撑外，也注重通过制度创新给予"软"保障，要进一步做好新基建的软环境建设，以多场景创新、营商环境和产业发展文化多方面着手。

（二）天津"新基建"发展策略

当前，天津"新基建"建设在智慧城市、能源互联、网络安全等领域已经取得了阶段性的成果。"新基建"作为践行"新发展理念"、强化六稳工作、全面实现高质量发展的重要支撑，是未来15年厚实产业基础、孕育科技创新、畅通经济循环、带动新消费、促进数字化转型的基石，需要进一步科学谋划，适度超前部署。

1.高度重视"新基建"建设战略意义

（1）贯彻落实中央高层关于"新基建"重要论述

2018年底中央经济工作会议首次提出"新基建"概念，并写进了2019年两会工作报告。2020年2月份，中央为"新基建"建设按下"快进键"，2月3日到3月4日，30天时间内，仅中央层面就至少5次部署与"新基建"相关的任务，平均不到一周，就谈一次。4月17日中央政治局会议强调加强"新基建"投资，扩大战略性新兴产业投资。2023年2月，中共中央、国务院印发了《数字中国建设整体布局规划》,明确数字中国建设按照"2522"的整体框架进行布局,即夯实数字基础设施和数据资源体系"两大基础",对"新基建"提出了新要求。天津要加快从理论上武装头脑,要贯彻落实党中央在"新基建"重要部署,从战略高度认识"新基建"的必要性、紧迫性,主动作为、布局谋势。立足于天津的实际,与党中央同频共振,贯彻落实党中央工作部署转化为天津的创新实践。

(2)切实增强"新基建"建设责任感和紧迫感

无论从全国经济发展还是区域经济建设,都要求开展大规模的"新基建"。近期,国家层面多部委"新基建"相关政策频出,国家发改委、科学技术部、工业和信息化部等11个部门,联合印发《智能汽车创新发展战略》;工业和信息化部公布了《2019年工业互联网试点示范项目名单》;教育部、国家发展改革委、财政部印发《关于"双一流"建设高校促进学科融合加快人工智能领域研究生培养的若干意见》;全国上下已经掀起了"新基建"建设浪潮。截至2020年3月11日,已公布的29省政府工作报告中,已有26个省市的政府工作报告提及"新基建"建设。其中5G建设成各地政府2020年推进"新基建"主要抓手,河南省在政府工作报告中表示,2020年要推进实现县城以上城区5G全覆盖,启动全省5G规模化商用。甘肃省表示,2020年要基本实现地级市城区5G全覆盖。重庆市提出,要实施5G融合应用行动计划,2020年新建5G基站3万个。天津要深度把握各个省市"新基建"建设布局力度之大、速度之快,切实增强"新基建"建设的紧迫感和使命感,要切实围绕天津产业发展特色和城区发展特色,系统谋划,超前布局一批优质的好项目。

(3)牢牢借重"新基建"培育内生动力源

一是加快"新基建"建设,是天津对冲新冠疫情不利影响的必然要求。今年天津面临的外部环境压力有可能进一步加大,外需增长有可能遇到更多困难。这样的背景下,更要依靠内需发力,需要通过狠抓以"新基建"为代表的领域,给予总需求一个回弹力,推动经济平稳发展。二是加快"新基建"建设,是助推天津赢得发展先机的必然要求,"新基建"有利于高端要素投入,为推动天津供给侧结构性改革创造新动能。"新基建"可以拉动新一代信息技术、高端装备、人才和知识等高级要素的投入,为天津战略性新兴产业、现代服务业提供需求载体,为天津以创新为驱动的经济转型提供动力。三是加快"新基建"建设,是提升天津产业经济能级的必然要求,新基建"有利于提升天津经济的结构优化效应和投资带动效应。以5G为例,中国5G产业每投入1个单位,将带动6个单位的经济产出,溢出效应显著①。"新基建"建设直接为线上经济、无人经济等新兴经济业态的发展提供了强大的城市硬件支撑,将成为了天津未来发展的基础性动能。

2.深度挖掘"新基建"建设机会窗口

(1)从对比市场潜力角度挖掘"新基建"机会

"新基建"代表的基础创新的突破发展成为保障新时代高质量发展的重要诉求,催生中心城市致力打造突出基础创新的创新策源地。市场是"新基建"投资的重要风向标,也是未来城市赛道能否持续发展的重要衡量标准。据研究机构预测 2020 年 5G 基建、特高压、城际高速铁路和城际轨道交通、新能源汽车充电桩、大数据中心、人工智能、工业互联网等 7 大领域投资上看,工业互联网(10000 亿)、铁路(6000 亿)、轨道交通(7549 亿)位于前三,数据中心(4167亿),5G(2457 亿),人工智能(1500 亿),特高压(1128 亿),充电桩(268 亿)等依次排序②。从策略上讲,天津在整个"新基建"建设过程中,要充分考虑运营成本和本地市场需求,从区域层面看,天津能否在轨道交通方面有所作为,在智能网联车应用先导区建设基础之上,率先完成智能网联车等智慧交通建设;从城区建设层面,目前数字经济的贡献还是以消费和渠道赋能为主,如果能够从生产端提供强大能量,推动生产方式变革,数字经济对制造业的贡献潜力才能真正被激发。天津还应结合当前数字经济的自身优势,加大算力、数据等平台部署,优化5G 基站部署,关注工业互联网和人工智能产业在工业领域的发展机会。

(2)从补齐创新短板角度挖掘"新基建"机会

"新基建"将带来相关产品市场的爆发式增长,产业资本将加速向相关领域集聚,需警惕资本逐利属性带来的企业"短视"行为,要高度重视产业背后的技术瓶颈问题。"新基建"产业的关键技术、关键环节、关键产品等方面如果没有自己的核心技术与产品,没有强大的研发创新能力、产业创新能力,那么这个产业自主可控的产业生态风险依然很高。以工业互联网为例,当前国内领先的工业互联网平台仍建立在国外基础产业体系之上,94%以上的高档数控机床、95%以上的高端 PLC、95%以上的工业网络协议、90%以上的高端工业软件被欧、美、日企业垄断③。再看高端计算机领域,采用进口处理器芯片的高端计算机占据

①　数据来源:《中国 5G 经济报告 2020》。
②　数据来源:Wind、华创证券。
③　数据来源:《中国各省区市"新基建"发展潜力白皮书》。

国内市场90%以上的份额,80%芯片都靠进口,使中国高端计算机在产业链供应方面存在较大的安全隐患①。天津应抓住此次"新基建"机遇,编制技术发展路线图,为工业互联网和自主信息系统提供更充分的市场空间与试错机会,加速补齐软实力方面的短板,培育技术领域的制高点。

(3)从释放应用场景角度挖掘"新基建"机会

"新基建"是多项技术的综合集成和群体性应用,"新基建"最重要的一点就是赋能,其快速发展不仅吸引信息技术产业领域大规模投资,还会创造大量新产品和新服务,带动信息消费等新型消费快速增长,新兴产业、新兴技术创新、新兴技术创业面临重大机遇。"新基建"的赋能体现在三个大的方面,一个是城市赋能,通过智慧城市建设,智慧政府、智慧交通、智慧医疗、智慧教育等提升城市的科技感和便民化水平,实现新型智慧城市升级;一个是产业赋能,中国将迈入后工业化时代,工业结构不断优化,高端制造产业投资占比将不断提升。通过5G、人工智能等关键载体、重大平台、重大项目的建设,提升产业在生产、流通、研发制造等单一环节或多个环节的能力,形成产业生态的闭环,产业创造的个性化,实现"新工业化"升级;一个是消费赋能,在消费升级的背景下,以科技创新为内核的消费基建将成为满足民众消费升级需求的关键,而消费基建的代表产业如医疗、电力设备与新能源和汽车等加速演进为无人经济、线上经济、宅经济等为代表的消费新兴业态。未来,城市综合体将是方向,天津要立足于产城融合发展的角度,补短板,强优势,发挥其赋能作用,激发更多新技术、新应用、新业态,全面提升整个天津发展的综合能级,形成一批新兴的示范区。

(4)从构建产业闭环角度挖掘"新基建"机会

"新基建"的一个显著特征就是"新基建"所涉及的产业链比较长。以5G为例,一张5G网,可以打造从通信设备厂商、通信运营商、互联网服务提供商,到各行各业实体的上下游产业链闭环,支撑起一个庞大的新一代信息产业,还能够渗透到其他各个领域,形成强大的溢出效应和牵引效应,建立起良好的5G产业生态圈,真正让5G助力数字化、网络化、智能化转型,满足消费者需求和经济转型升级需要,从而创造更大的综合效益和社会价值。以新能源车为例,从能源到充电设施,可以建立一个以数据中心能源、通信能源、智能光伏和智能电动为链条的产业闭环,打造高品质、高标准的汽车电动化解决方案,提供充电供电、电控及电池管理等零部件的新兴产业集群。对天津而言,更多的机会在于围绕5G、

---

① 数据来源:《二十国集团国家创新竞争力黄皮书》。

工业互联网、人工智能等产业,进一步构建数字经济闭环的产业生态,由龙头引领的产业生态向"龙头+狼群"簇拥发展的生态转变,延链、展链、补链,加快形成产业链条的闭环生态。

(5)从引育创新主体角度挖掘"新基建"机会

当前"新基建"建设正处在一个全球化的公共卫生事件"新冠肺炎"时期,"新冠肺炎"大概率会给全球经济带来全球化合作退潮、全球供应链紧张、总需求萎缩等现实问题,"新基建"建设过程可能面临资源集聚难度加大、产业链韧性弱化等现实问题。在这个大背景下,挖掘存量资源,用好京津冀和国内资源可能是当前天津最好的选择。一是挖掘天津产业存量,通过现有的企业自身的裂变、平台的企业孵化以及产学研合作等多种途径,形成新的企业数量增量,通过工业互联网等助推企业升级,实现企业壮大发展带来的企业经济规模增量;二是挖掘天津应用场景,通过场景的持续开发开放,来吸引更多的相关场景应用成果落地转化,相关场景服务供应商来天津发展,引进一批优质的项目和一批龙头的企业。

(6)从发展总部经济角度挖掘"新基建"机会

国内"新基建"产业的浪潮,对于企业而言,形成了强劲而有吸引力的市场,市场是全国性的,给企业的发展创造了巨大的产业机会。以工业互联网为例,中国工业互联网增加值 2020 年将达到 3.1 万亿,对 GDP 增长贡献将超过 11%。[①]以 5G 为例,据中国信通院预测,到 2025 年,中国 5G 网络建设投资累计将达到1.2 万亿元,并将带动产业链上下游以及各行业应用投资超过 3.5 万亿元。庞大的市场,为天津发展总部型经济发展提供了良好的产业机遇。天津的发展,要鼓励企业立足天津,面向全国开展"新基建"服务,加大天津企业承接本市及全国各省市项目的支持力度,制定竞争性的产业政策,在企业项目资质准入等方面给予企业必要的技术服务与指导。对于快速发展的企业给予相应的资金奖励性支持。

(7)从城市配套升级角度挖掘"新基建"机会

"新基建"与"旧基建"相比,"新基建"的特点在于支持科技创新、智能制造的相关基础设施建设以及针对"旧基建"进行的补短板工程。传统基础设施进行数字化、网络化、智能化升级,是构建新型智慧城市的重要组成部分。近年来,城市公共开敞空间、公共绿地的发展,越来越受到政府的重视和社会的关注。上

---

① 数据来源:《工业互联网产业经济发展报告 2020》。

海世纪公园、北京奥森公园、朝阳公园,广东的绿道、古驿道、碧道、云道建设,成都的"198绿地"等都产生了很好的效果。城市公共开敞空间、公共绿地智能化提升,通过"新基建"让原有的公共设施拥有"新灵魂"。这对于一个曾经工业园区围城的天津而言是一个很大的机遇。天津要加快利用"新基建"的机遇,既要加快补足四区公共服务的内部差距,又要补足天津与北京、深圳、上海、苏州等兄弟省市在园区公共服务方面的差距。通过统筹数量和密度,提升改造天津现有公共敞开空间,建设突出智能承载城市特质、人性化尺度、多元消费场景,新建、改建、扩建一批富有科技感、时代感的"后街经济"商圈、智慧公园群,提升整个城区的生活舒适度水平、打造一个宜居宜业宜游宜创的科技新城。

3.精准施策推进"新基建"建设

(1)总体思路

抓"新基建"的核心在于提升城市的区域承载力和发展增长极,把"新基建"看成是未来30年,区域发展赛道调整的重大窗口。以"新基建"为契机,整合天津产业发展既有优势,抢抓"新基建"关联产业发展的重大机遇和时间窗口,超前谋划重点方向,系统布局重大工程,优化"新基建"产业链条,抓短板、补断点、育动能、优生态,构建起高效、稳固、富有弹性的网链结构,打造标志性的产业链和产业集群,推动天津产业生态由1.0版向3.0版升级,率先在天津建成有温度、有速度、有效度的"新基建"产业示范城区,有效支撑天津建设全国先进制造研发基地,辐射带动"天津智港"人工智能先锋城市建设。

(2)基本原则

整体优化。要立足市场需求和发展实际进行周密规划和科学论证,同步提升数字化硬件与软件的布局能力,通过加强战略性、网络性基础设施建设,催动产业升级、消费升级的新引擎,催生无数新的应用场景,提升城区科技感,夯实产业发展能级,刺激新型经济消费。

精准滴灌。要避免走大水漫灌、盲目刺激的老路,防止"一拥而上"和重复建设,或"新瓶装旧酒"。痛点在哪,"新基建"就向哪发力。要根据财力和债务的承受情况有序推进,要注重调动民间投资的积极性,发挥平台型龙头公司的引领作用,创新发展政府和社会资本合作模式,聚焦天津优势领域,将资金投到符合天津发展的重要领域。

协同融合。"新基建"建设要聚焦产业链条化、网络化,更要聚焦跨界融合,智能科学技术对于传统领域的赋能升级,形成新经济业态。同时要做好相应规划、标准、法律等监管和服务建设的协调同步推进,形成一盘棋。

（1）重点策略

第一，推动"新基建"基础硬件环境系统升级。

立足于占先机、补短板，布局网络、数据和算力基础设施建设，提升天津城市承载能级，确保天津在新一轮产业赛道中保持竞争优势。一是率先推进 5G 网络、下一代互联网信息网络等"新基建"建设，实现 5G 网络在重要交通干线与交通枢纽场所、重点产业园区、公园景区、商务楼宇、大型企业集团等重点区域的深度覆盖。二是突出算力基础设施建设，加快建设"新基建"重大创新平台，围绕"天河三号"百亿亿次超级计算机等重大平台建设，布局建设一批国家或天津重点实验室、技术中心、创新中心，形成以智能算力、自主可控基础软硬件兼容适配平台为代表的智能重大科技基础设施集群。三是加快数据基础设施建设，发展公共数据资源开放平台，制定发布公共数据开放标准、开放目录和开放计划，明确开放范围和领域。加快公共数据资源有序开放，实现地理信息、道路交通、公共服务、经济统计、资格资质、环境保护等数据资源开放。鼓励企业牵头，通过产业联盟，建设软件、新能源行业大数据中心。

第二，增加"新基建"核心产创链条发展韧性。

围绕产业链条布局"新基建"重大公共服务平台建设，汇聚产业资源、创新资源，提升产业链条与创新链条要素供给能力，增强产业链的韧性。一是抢抓产品公共服务平台建设，围绕在信息安全、大数据与云计算、物联网、北斗产业等细分产业链条上，布局"新基建"，发挥龙头企业，特别是科技领军企业、科技龙头企业和平台型企业在带动产业链发展，加快建设一批数据开源开发、检验检测、试验验证、信息安全维护工程中心等为代表的公共服务平台，拉长做粗产业链条，实现产业联动发展。二是抢抓产业孵化平台建设，全面推动创新创业载体升级，重点打造安全大脑"双创"服务平台、奇虎 360 天津创业平台、360 协同创新安全基地、鲲鹏生态创新中心等一批人工智能创新创业平台，培育创新种子业态。三是加快科教重大平台建设，依托毗邻高校集聚区的学科集群优势，探索"学科+产业"的学科建设新模式，联合开展关键共性技术攻关，解决"新基建"所涉及行业的众多"卡脖子"问题，打造一批跨学科的交叉学科研究中心。大力推动产教深度融合发展，通过整合"政、产、学、研"合作机制，构建智能化的产业人才培训、招聘公共平台，打通创新链、产业链，输送具有 AI 思维与动手能力的新兴产业人才。

第三，抓实"新基建"产业关键节点企业培育。

发挥龙头企业在"新基建"建设中的引领作用，发展综合性的新兴产业研发机构、总部型企业,打造天津未来发展的主力军团。一是以"新基建"带动关键企业培育,以技术创新促进企业高质量发展,在重大"新基建"领域创新问题活动上,明确"非禁即入"的"负面清单"原则,从政府角度为企业创新产品的示范应用给予更多的支持。二是以"新基建"强化新型研发机构扩容升级,建设产业生态微系统,鼓励联盟、产业技术研究院建设"一园一基金一峰会"的新兴产业平台微生态系统,形成产业联盟或产业技术研究院引领,专业化中小企业产业园配套,基金投资促进创新,峰会聚集企业影响力的新发展格局,提升产业链的温度与黏性。三是以"新基建"培育总部型经济模式,抢抓天津总部经济引育政策,重点疏解北京非首都资源,引进一批总部经济;同时,鼓励重点企业抓好"新基建"发展机遇,加快承接国内项目,形成以天津为中心,辐射全国的总部经济新模式。

第四,聚焦"新基建"产业重大应用场景释放。

推动不同层面的应用场景示范工程,打通"企业—园区—社区—商圈"创新应用环路,构建"新基建+"产业体系,推动天津经济调结构,消费上水平。一是面向智能化转型升级需求,推动"企业首个示范工程",鼓励智能制造集成供应商企业在细分领域率先探索智能制造示范,并给予探索性示范奖励。鼓励天津传统企业工艺技术智能化升级,对于天津实现的首个领域智能化升级,给予一定的示范性奖励。二是面向园区精细化发展需求,加快园区信息网络、平台、标准等智能制造发展基础建设,推动"园区首个示范工程",制定智能制造园区培育指南,打造一批有主题、有灵魂的智能制造示范产业园区;发挥天津国家自主创新示范区在对接北京资源的制度和政策优势,打造开放性服务型智能制造窗口型园区,形成京津冀协同发展天津的新桥头堡,带动经济规模和效应,促进区域产业新增长极的形成。三是面向全社会重点领域发展需求,推动"领域首个示范工程",合理布局教育、医疗、商业、休闲等重点发展的社会民生领域,开展重大应用场景的示范,补齐各项社会事业短板。加快车联网、智慧城市、医联网等创新发展,加快发展前沿的经济业态。

第五,打造"新基建"复合型产业引领示范区。

推动天津综合生态整体能级的提升,以数据智能、工业互联、城市物联为牵引,打造复合型的"新基建"生态圈群。一是构建智能算力数据生态,加大智能算力数据对产业、经济的支撑能力建设,加快人工智能、物联网、芯片等领域关键技术攻关,以国家新一代人工智能创新发展试验区建设为契机,推动飞腾 CPU、麒麟操作系统等项目产业化,提升天津自主可控的"PK 系统"技术生态和产业生态系统发展的能级,由"数据中心"升级为"数智中心",率先在天津信创谷形成国产软件系统应用的示范区。二是构建工业互联网创新生态,优化互联网数据中心的布局和建设,支持企业内部生产管理系统、控制系统、财务管理和数据平台等各类系统的集成整合、互联互通,开展企业生产经营全流程网络化协同试点示范,实现人与人、机与机、人机物互联的纵向集成。鼓励骨干企业通过互联网平台整合制造商、供应商、销售商、物流服务商和客户资源,推动企业间生产制造、客户管理、供应链管理、营销服务等系统的横向集成。努力打造全国新一代信息技术工业互联网发展示范区和能源互联网新业态新经济试验区。三是构建城市管理智能生态,加快推动区块链技术、量子技术等新技术在天津的应用,天津智能商事环境示范区;推动无人驾驶技术应用发展,在重点领域规模部署蜂窝车联网(C-V2X)网络,打造天津重点通勤路线智能网联车示范区。提升天津原有基础设施智能化改造升级,重点服务场所的数字化、智能化改造,智能服务终端的建设,用好文化地标,打造天津富有时代感"网红打卡区""后街经济区"。

(三)天津"新基建"风险分析

近年来,天津"新基建"不断提速,随着生态城智慧城市大脑、腾讯天津高新云数据中心、天津信创安全中心等一大批"新基建"相继投入使用,显著提升了城市治理水平、工业发展水平、科技创新水平。课题组先后走访了天津部分数据中心、行业协会、供应服务商及高校专家学者,研究发现"新基建"在天津城市高质量发展中的作用愈发重要,但其发展背后的科技安全问题尚未引起足够的重视。

"新基建"风险来源主要来自三个方面,即"新基建"运营过程中的共性风险、国际形势外部风险以及天津"新基建"的个性化风险。

1."新基建"运营共性风险分析

当前,"新基建"运营过程中主要面临网络攻击、技术迭代等方面的风险。在网络攻击层面,近年来天津"新基建"受到网络化攻击频率不断加大,仅超算天津中心年受攻击总量达上亿次。360 信创安全中心自成立以来至 2022 年 9 月,已检测勒索、木马、蠕虫、挖矿、恶意攻击等各类攻击告警 7500 万余次,处置安全事件 79000 余条,修复高中低危漏洞 2067 个。频繁的网络攻击将会造成数据"新基建"泄漏,算力"新基建"计算资源被非法挤占,生产类"新基建"生产停摆,轻则产生经济效益损失,重则产生生产安全事故和重大舆论隐患。在技术迭代方面,快速的技术迭代,对"新基建"形成了运营成本压力,同时也导致"新基建"不得不面对因技术不成熟所带来的不稳定性风险。如目前天津西青、中心生态城等多地布局智能驾驶测试道路,其对 5G 网络的稳定性和延迟性要求非常高,一旦出现中断,都会造成生产安全事故,诱发社会舆论风险。

2."新基建"外部风险挑战分析

中美贸易摩擦和俄乌冲突的发生,将对现有的经济格局、地缘政治格局产生重要影响,一系列潜在的"灰犀牛""黑天鹅"时间的发生概率加大,一定程度上加剧了"新基建"供应链的不稳定性。如,2022 年 8 月,美国出台《芯片和科学法案》,推动芯片产业回流,并先后封杀 EDA 软件、禁止英伟达和 AMD 销售高端GPU 芯片,短期对天津数据中心算力造成冲击,增加企业运营成本。又如俄罗斯和乌克兰是世界上重要的半导体原材料稀有气体供应国,其中乌克兰占全球氖气总供应量的 70%,地区不稳定将对天津信创产业为代表的"新基建"形成冲击。

3.天津"新基建"个性风险分析

天津"新基建"个性化风险主要集中在四个方面。一是科技安全投入有缺位,天津"新基建"比较注重技术层面科技安全防护,但内部规章制度不健全,管理执行不严格,科技安全教育培训不到位,关键数据信息泄露、研发项目计划泄露等潜在科技风险突出。二是网络防控自主性差,主要来自购买技术服务,除电力、金融领域外,大多没有自有专业人才,后续运维过程中,安全的水平主要取决于运维供应商,可控程度差。三是根植性差,与天津创新、产业等发展联系不紧密,对本市产业服务带动性不足。四是人才环境有待加强,受天津科研资金偏少的推力和兄弟省市人才政策拉力的双重作用使人才呈现外流趋势,"新基建"关键核心技术人员流动性风险加大。

4.强化天津"新基建"风险管理建议

主动应对复杂多变的国际形势,以科技安全为"新基建"高质量发展护航为主线,补短板、固优势、强能力,加快"新基建"的组织统筹指导,加快提升从政府到市场主体的科技安全意识,加快形成"五力"联动的工作局面(机制合力、制度合力、治理合力、研发合力和人才合力),打出"新基建"科技安全"组合拳"。

(1)建设"链长+链主"机制,形成机制合力

借鉴天津链长制建设的成功经验,在各条产业链专班的基础之上,增设"新基建"建设推动专班,统筹天津市相关委办局力量,将"新基建"建设主体纳入天津重点产业链重点服务对象范围;优先聚焦天津信创、算力等重点领域,设立

"新基建"链主制度,加快打造"新基建"产业链,串联上下游企业,做优做强制造研发端,提升"新基建"产业链韧性。

（2）加强"法规+政策"协同,形成制度合力

优化完善"新基建"配套法规建设,加快出台《数据安全法》《个人信息保护法》等配套法规和政策文件,加快出台数据要素基础制度及配套政策,加快开展无人驾驶、人工智能等与天津经济发展密切相关的新兴领域区域性科技安全法规研究制定工作。推动"新基建"运营主体,对标国家、天津法规文件要求,优化科技安全保密制度规章文件,制定相应的工作流程,以科技安全为主题开展职工教育培训,提升科技安全意识,筑牢科技安全红线。

（3）加强"监管+评估"协同,形成治理合力

抓好"新基建"科技安全监管,做好安全审查和监督工作,建立检查通报机制,加强"新基建"运营主体监测监管和应急响应,监督指导"新基建"建设和运行主体提高科技安全意识和能力,指导企业纳入国家数据安全风险单位库。强化运营评估工作,按照网络安全等级保护、关键信息基础设施安全保护等制度要求,强化"新基建"网络、数据等安全保障体系建设,鼓励"新基建"联合高校、智库和科技公司等开展自身阶段性诊断评估,重点进行安全等级评估,"早发现、早治疗、早升级",预防新技术在场景应用中存在的潜在风险,防止技术手段在实际运用中可能出现的故障、失效、被入侵等隐患。

（4）加强"资源引聚和研发攻关",形成技术合力

系统摸查天津"新基建"在软硬件方面存在的卡脖子技术和产品清单,并梳理形成技术分级清单,按照技术轻重缓急程度和可获得程度,制定相应的应急预案;成立天津"新基建"建设联盟,对标国家"东数西算"发展战略,绘制天津"新基建"发展线路图,按照产业需求紧急程度,分批、分次布局建设"新基建",适度提升孵化器、众创空间等传统科技基础设施能级;组建创新联合体,与国家重点实验室、海河实验室、产业技术研究院、主题园区等共建、联建,对标技术分级清单,开展基础研究、应用研究,以揭榜挂帅制,联合开展"卡脖子"技术攻关。

（5）加强人才引进和培育并重,形成人才合力

建设"新基建"高层次人才数据库,纳入天津重点工作和人才工作目标管理考核,优化完善人才安全预警机制,建立人才专员,做好高层次人才服务工作;制定"新基建"紧缺人才清单,实行更加开放便利的境外人才引进和出入境管理制度,靶向引进一批"高精尖缺"创新人才和团队,提升引才精准度和产业适配度;发挥天津职业教育优势,加快推动产教融合培养,推动"新基建"加大自有专业

人才培养。

二、"新智能"新未来

(一)区域人工智能创新发展思考

近年来,人工智能技术创新如火如荼,中国人工智能产业正经历着由技术跟随者向创新积累者转变。受益于国家战略、市场需求和转型升级三重驱动,各地纷纷出台人工智能产业支持政策,人工智能产业的争夺战已经成为各个区域未来"科技+产业+经济+民生"竞争的重要抓手。在这样的背景下,各个地区如何发展人工智能产业,既避免同质化竞争又体现区域发展特色,值得深入思考。

精准识别人工智能发展之势,科学谋划人工智能开篇之局。从当前看,中国人工智能发展已经呈现出四个典型的格局。一是区域格局,人工智能产业呈现北上广深等城市主导,沿海和皖川渝贵等地区跟进的局面。二是企业格局,以中国互联网三巨头简称 BAT 等互联网巨头为代表的平台企业通过投资或是孵化的直接或间接关联企业占据人工智能产业半壁江山,平台企业的资源积聚和人才汇集能力表现得日益突出,新兴人工智能企业正在细分领域快速成长。三是技术格局,人工智能产业在基础层、技术层和应用层均有布局,应用层比重相对比加大。四是人才格局,人工智能产业的快速发展与人才供应的不充分不平衡已经成为当前产业发展的共性问题。各地区人工智能的发展,要立足于各地人工智能产业发展的实际,全面评估自身发展人工智能产业现有水平和实力,谋篇布局人工智能产业的快速发展。

明晰区域产业禀赋,以"行业应用"切入,推人工智能经济腾飞。人工智能产业既要关注人工智能企业,更要关注人工智能赋能,通过"人工智能+",实现经济的转型升级与增量发展,这是人工智能经济的起步点。一个略欠成熟的区域发展人工智能产业,初期建议面向区域产业发展的未来,结合区域自身的产业和科技资源优势,优先瞄定一批有基础、有潜力的易于人工智能场景落地的优势产业。在技术、市场、资金和产业前景综合评定下,推动人工智能应用落地,以存量经济的增量化发展为主,形成示范带动效应,进而带动整体人工智能经济发展。对于有优势的地区可以通过超前布局人工智能产业的前沿领域,以增量化创新为主,打造一批新型的平台或机构、企业,在未来人工智能经济发展保持持续竞争力。

规避产业发展陷阱,以场景落地为导向,培育硬科技创新企业。当前,人工智能产业的快速发展、人工智能产业的融资规模与人工智能产业的获益之间还存在着很大的不对称性。从投资风险偏好上看，IT 桔子数据显示，从 2014 年至 2022 年，AI 早期投资呈现了显著下降的趋势，且波动范围最大，从占比最多 60% 下降到 2022 年的占比 25%；成长期投资占比相对固定，变化幅度在 7% 以内；而战略投资和中后期投资有一定的增加的趋势。从某种程度上讲，一个地区人工智能产业的发展更多还是要关注硬科技人工智能企业，以及有需求的商业场景落地企业，而不是拿着技术找市场的企业，以及一些过度估值企业，合理规避一些伪商业模式和伪需求企业。

聚焦技术创新方向，鼓励开源平台发展，营造技术丛林发展环境。尽管人工智能取得了突破性进展，但目前来看，人工智能发展仍有很大的技术障碍，并且算法等技术的重大理论突破可能会对当前已有的企业、应用场景产生颠覆性的影响。一方面，要建立技术的持续研发跟踪机制，关注国际人工智能的最新方向，持续为新技术搭建应用场景落地的平台；另一方面，数据和资源的开源开放，一是从政府的角度，要开发开放特定产业和行业的数据资源，有针对性地解决行业技术相对成熟但数据资源可获得性差的难题；二是要借力四个国家级平台①或积极培育区域平台企业，打造一批有竞争力的开源开放软件平台、硬件平台，以及专业化的众创空间；二者可以降低人工智能技术的开发门槛，为人工智能开发注入新鲜的创新要素资源，大大加速人工智能技术的"丛林式"发展。

发力智能生态宣传，塑造标志性品牌，推动城市智慧新名片。一个地区人工智能产业的发展，不光是要形成产业生态和经济业态，更要注重发挥宣传对产业集聚发展的重要作用。人工智能建设先进区域往往在产业生态宣传上也走在了全国前列，形成了区域性品牌，为人工智能产业发展汇聚资源起到了非常重要的作用。如杭州的"云栖大会"、贵阳"中国国际大数据产业博览会"、合肥"1024 开发者节"以及天津的"世界智能大会"。通过适度宣传，提升区域的创新活力、区域的创新生态影响力，形成一个区域特色的人工智能发展产业文化，形成一个智慧城市的特殊名片，进而为一个地区人工智能产业发展注入活力。

人工智能产业的发展既需要政府层面的宏观引导，也需要市场的有序发育。前面我们从产业定位、产业引育和产业品牌宣传的角度谈到了区域人工智能产

---

①　1. 依托百度公司建设自动驾驶国家新一代人工智能开放创新平台；2. 依托阿里云公司建设城市大脑国家新一代人工智能开放创新平台；3. 依托腾讯公司建设医疗影像国家新一代人工智能开放创新平台；4. 依托科大讯飞公司建设智能语音国家新一代人工智能开放创新平台。

业如何发力的问题,这部分将在上述研究的基础之上,对人工智能产业的发展分享一些新的看法。

在人工智能产业发展的过程中,技术驱动、数据驱动和场景驱动可以称为人工智能产业发展的三驾马车。区域人工智能产业的发展,要围绕应用这条主线,从技术、数据和场景驱动三个方面发力,优先从场景发力着手,通过市场引导、辐射带动产业发展,进而形成产品优势、产业优势,进而激发形成人才集聚优势,形成技术优势,最终形成区域人工智能特色产业生态优势,形成区域人工智能产业发展新动能。

看法一:加快培育区域优势产业应用场景。

要抓住人工智能产业大部分场景应用处于孕育期或探索期的历史性产业机遇,加强应用场景的示范引导,打造行业的示范性标杆。对于示范引导,围绕区域优势的产业,如电子信息、先进制造、生物医药等具有智能制造应用基础或是电子化信息化水平相对比较高的产业,加快建设一批智能应用示范工程,通过示范效应,形成带动效应,带动有条件的企业加速实现产业的数字化、智能化升级。二是拓展场景应用,积极培育人工智能应用新业态。打通政策和数据壁垒,积极推动在研发创新优势比较雄厚、产业成熟度比较高的领域,如智能网联车、无人机物流等。通过开放试点政策,引入国内外人工智能巨头资源,汇聚国内人工智能产业资源,形成区域国际化人工智能应用产业集群。聚焦和面向未来产品和应用场景,重点瞄准未来人工智能消费级产品开发、巨大社会公益效应场景开发,精准扶持。

看法二:加快补齐区域人工智能产业短板。

人工智能产业的发展,应该是一个产业生态圈的概念。区域人工智能产业发展存在共性和个性的短板问题,要进一步对标区域产业问题进行梳理,因地制宜地提出快速解决方案。区域个性问题,如有的区域因为地理位置因素等,导致本地企业存在常规半导体芯片等工艺水平和成本问题。有的先进区域正在着手解决未来人工智能芯片的问题,特别是在人工智能的特定领域如语音识别、机器视觉,形成自主的芯片。区域的共性问题,又如京津冀区域,环保限产导致区域内配件的采购及加工问题对区域内人工智能企业的采购和运输成本上升。是否可以尝试搭建区域人工智能产业的采购平台,探索建立区域环保限产耗材交易区来调动全国的资源,解决产业链和供应链的短板。

看法三:积极谋划布局人工智能技术创新资源。

依托区域人工智能产业的既有优势,打通产业链条,让产业要素资源在人工智能产业链上自由流动,全面提升产业链的韧性。一是重点解决基础研发优势强、产业应用环节弱问题,充分发挥研发优势科研院所资源整合能力,鼓励建立以院所为核心,企业参与应用创新产业联盟或其他新型研发组织/机构/联合体,推动由基础应用研发向下游成果转化和创新创业延伸;二是重点解决应用场景强、技术研发弱问题,充分发挥企业的市场化服务中的核心作用,建立以企业为主体,项目联合攻关为主的科研创新产业联盟,推动资源流向高校与研发,发挥学科和基础研究对企业的反哺作用,形成协同创新的网络。

看法四:打造以企业为主导的人才引育模式。

改革以政府主导项目评审和人才评审/评价的方式为企业主导的用人育人模式。实施政府对企业人才引进过程中的补贴制度,发挥企业在人才引进中的主体作用。对于人工智能领域重要的技术、管理人才,以企业的实用性、可用性为根本,突破年龄、学历、身份等的限制,政府依据人才对企业的贡献度,对企业人才引进提供相应的补贴费用。同时,可尝试建立人才存量、人才增量、人才效应、人才培养等指标进行百分制考核,对考核排名靠前的人工智能科技企业给予相应的奖励。人工智能产业的崛起时间太短,国内外没有足够的人才积累,2020年,人社部的报告显示,中国人工智能人才缺口已超过 500 万,国内供求比例为1∶10,供求严重失调。虽然近两年已有不少技术人员成功转型,但从整体上讲,人工智能产业人才处于稀缺状态。需要进一步推动企业成为用人的主角,积极推动开展校企联动的大学教育和职业教育,建设人工智能产业学院,为区域发展储备一批实用性强的研发工匠人才。

(二)天津人工智能产业发展策略

1. 天津人工智能产业发展现状

天津市着力打造人工智能产业高地,人工智能企业规模也快速增长。第五届世界智能大会,天津发布《天津市智能科技产业发展年度报告 2021》,报告显示天津智能科技产业体系日趋完备,形成了信息技术应用创新、大数据与云计算、智能网联汽车等九大优势领域。2020 年,天津智能科技产业占规上工业和限额以上信息服务业比重达到 23.6%,同比提高 6.9 个百分点,打造了高质量发展的新引擎。

(1)天津人工智能产业政策正进入优化密集期

紧紧围绕天津"天津智港"建设发展和构建智能科技产业发展高地需要,2017 年 12 月,天津出台了《天津市加快推进智能科技产业发展总体行动计划》

和《天津市智能制造发展专项行动计划》等十大专项行动计划。2018 年又出台了《天津市关于加快推进智能科技产业发展的若干政策》,设立了百亿智能制造财政专项资金和千亿级智能科技产业基金。围绕落实相关政策,出台"智造十条"政策实施细则,从 10 个领域、22 个方向为企业提供应用场景和市场空间。《天津市人工智能"七链"精准创新行动计划(2018—2020 年)》《天津市新一代人工智能产业发展三年行动计划(2018—2020 年)》《天津市建设国家新一代人工智能创新发展试验区行动计划》《天津市关于进一步支持发展智能制造的政策措施》等政策的陆续出台,天津正形成以智能科技为核心的大智能体系。

(2)天津人工智能产业发展正进入快速上升期

从产业数据上看,天津国家超级计算中心、清华大学天津高端装备研究院、中国汽车技术研究中心等一批从事人工智能产业研发的高水平科研机构 20 余家,初步形成了自主可控信息、智能安防、大数据、先进通信、智能网联车、工业机器人和智能终端等七条产业链,产业链共聚集近 300 家高新技术企业,2017 年实现主营业务收入超过 1000 亿元①。2022 年以来,作为国家人工智能创新应用先导区建设主战场,天津滨海新区人工智能企业数量超 500 家,带动产业规模超 3000 亿元。从专利创新数据上看,天津人工智能专利整体态势呈现出逐步上升的态势,特别在 2010 年以后,天津人工智能专利在数量上有一个较快的攀升,2016 年年均专利申请量突破 1600 件,近五年整体发展态势持续向好。

(3)天津人工智能企业正成为领域创新的生力军

前期调研数据显示,天津高校院所占据人工智能领域专利申请总量的 52.3%。其中,天津大学、天津工业大学、中国民航大学、南开大学是高校人工智能领域专利申请的主力军,天津大学的表现最为抢眼,占据了专利总量的 22.12%,成为高校人工智能领域创新的重要策源地。企业占据专利创新资源的 42.5%,天津南大通用数据技术股份有限公司等优质龙头企业表现突出,各个细分领域人工智能企业正加快成长。以集成电路设计制造为例,天津芯片制造领域聚集了中芯国际、恩智浦、展讯通信、唯捷创芯等多家集成电路行业领军企业,涌现出飞腾自主设计的首款 64 核通用处理器、展讯 28nm 多核智能手机芯片、瑞发科 USB 3.0 移动硬盘控制芯片、华海清科 12 英寸"干进干出"铜制程抛光机、中芯国际世界上单体规模最大的 8 英寸集成电路生产线、恩智浦虚拟测试等一大批具有国际水平的关键技术和产品实现突破。

---

① 数据来源:天津市《天津市人工智能"七链"精准创新行动计划》。

（4）天津人工智能产业应用场景正不断打开

天津人工智能应用场景加速发展。在智慧工厂领域,大力推动制造业高端化、智能化、绿色化发展,推动产业链与产业集群协同发展,加快制造业数字化转型和智能化升级,实施智能制造赋能工程。仅 2022 年,共遴选出 17 个智能工厂和 83 个数字化车间。在智慧交通领域,设施建设、技术创新、测试验证、标准制定、应用示范能力显著提升,在感知单元、计算芯片、决策算法、智能线控、边缘计算等领域实现新突破,形成了较完备的智能网联汽车整车及关键零部件技术研发制造产业体系。培育了一批实力较强的龙头企业,搭建了包含虚拟测试场、封闭测试场、开放测试道路在内的三级测试服务体系,形成了智能网联汽车研发测试完整闭环。在智慧医疗领域,远程诊断技术、智能可穿戴医疗设备应用日益广泛,手术机器人、辅助诊断、人工智能、基因测序、三维(3D)打印等新技术也在科研、临床中得到初步应用。九安医疗借助图像识别、数据分析技术等智能技术开展了在线诊疗业务,信鸿医疗应用大数据分析、GIS 等技术,打造医疗器械供应链智能一体化服务系统。天津医疗机构开始探索智慧急救调动指挥、远程心电监测、慢性病远程健康管理、区域远程医疗新型服务模式,人工智能技术与优质医学资源正在加速融合发展。

2. 天津人工智能产业发展存在的问题

从应用场景上看,天津人工智能产业的快速发展与天津先进制造研发基地的潜在需求还存在结构性不匹配问题,人工智能产业的场景尚未充分打开,缺乏全国示范效应的标志性应用场景。从产业链上看,天津缺少人工智能领域头部企业,上下游企业之间的联系还不够紧密,产业链式整合能力还没有充分发挥出来,在一些关键核心零部件的生产上,配套缺失的现象依然存在。从科技创新上看,南开大学、天津大学、天津师范大学等天津高校陆续成立人工智能类学院,但高校和企业之间的技术需求与合作对接渠道还没有完全打开。从人才梯队上讲,相比于深圳、杭州、北京,天津人工智能领域缺乏国际化视野的顶级创新创业人才和团队。

3. 未来人工智能产业发展前景预测

（1）人工智能产业体系雏形已经开始形成

从全球范围看,人工智能产业化特征越来越明显,各国为了在这场技术竞争中占据主动权,纷纷谋篇布局、统筹规划,围绕人工智能作出了战略部署;从领域范围看,外国企业更多地集中在技术研发和理论创新层面,国内企业在数据优势下更关注于应用场景优化与商业模式布局;从国内区域发展看,以北京、上海、杭州、深圳为第一梯队的人工智能产业聚集城市已经形成规模化效应;从细分产业领域看,成体系的产业生态已经开始形成,如机器视觉识别领域已经有成规模的自主品牌 100 多家,代理商 300 多家,专业机器视觉系统集成商 100 多家①

(2)人工智能应用正从互联网向实体经济迁移

无论全球人工智能先行机构上看,率先进行人工智能研究的基本上都是互联网公司,如谷歌的阿尔法围棋、国内的 BAT 为代表的互联网公司。经过多年的发展,人工智能应用开始从消费互联网向工业互联网发展,拥抱实体经济。从全球人工智能战略布局上看,各个国家都在推动其与实体经济的融合。国际上,美国非常注重人工智能基础技术研发以及在军事等高端应用上对全球的引领;日本政府非常注重将人工智能与机器人产业相结合,倡导超智能社会时代;德国将人工智能纳入"工业 4.0"框架中,旨在通过人工智能进一步提升德国制造业的智能化水平。国内,则是以制造强国、数字中国和网络强国等国家战略为抓手,推动人工智能赋能实体经济,与实体经济深度融合,推动整个产业系统性提升能级。

(3)特定技术平台的企业正呈现多元化的发展态势

底层技术的通用性,将催生产业和行业的融合发展,形成泛人工智能的大智能体系。拥有人工智能核心技术的企业,将随着应用场景的多元化,迅速构建企业自身以核心技术为依托的智能产品生态体系,推动企业发展呈现多元化的趋势,以适应未来市场。如以图像识别见长的码隆科技(深圳独角兽企业)从零售行业的商业搜索直接跨向了纺织行业的精密检测,以智能交通见长的纳恩博(北京独角兽企业),其利用成熟可靠的平衡车作为机器人的"代步工具",先后推出自动泊车助理、快递机器人等不同领域人工智能机器人产品。

(4)人工智能技术的突破有可能产生颠覆性的影响

人工智能技术经历了和经历着计算智能、认知智能到感知智能的技术转变。任何一项新技术都有可能对原有的技术产生颠覆式的影响,进而改变原有技术的演进方向,对原有的人工智能应用场景为主的企业产生重大的商业生存影响。目前几乎所有的智能应用都越来越离不开图形处理器(GPU),很多企业直接把智能应用架构在基于数据流编程的符号数学系统(TensorFlow)之类的系统上,而这两者都是基于深度神经网络模型。此外最近比较火热的 ChatGPT,本质上

---

① 数据来源:兴业证券《机器视觉行业深度报告》。

是一个由浮点数参数表示的深度神经网络大模型。如果在非神经网络模型的深度学习算法方面取得突破，那么基于深度神经网络模型的基础硬件和系统就会自然消失。

4.天津人工智能产业发展思路与对策

围绕天津人工智能产业的发展，既要有立足国际产业发展的大趋势，更要看到国内人工智能产业所处的历史性发展阶段，最重要的是破解天津人工智能产业起步发展期表现出来的场景应用亟须拓展、龙头带动不足、产学研合作弱、顶级人才匮乏等现实问题。以解决问题、提升优质化发展为方向，天津人工智能产业要在场景开发、龙头培育、链式整合、技术创新和人才引育上进行五重破题，塑造综合生态圈。

（1）率先打开先进制造研发应用场景

抓住先进制造研发领域的市场应用处于孕育期的"窗口"，加强应用场景的示范引导。一方面，要重点推优势产业现有场景智能化升级，围绕电子信息、先进制造、生物医药等智能制造应用基础较好的产业，加快大智能应用示范的支持力度，扩大支持范围，带动有条件的企业加速实现产业的数字化、智能化升级。另一方面，要以市场主体为牵引，开拓未来场景的智能化升级。借鉴外省市做法，打造城市机会清单，推动智能网联车、智能电网、无人物流等场景应用，开放试点政策，汇聚全球人工智能创新资源，形成产业场景应用为核心的人工智能产业集群。

（2）积极引育人工智能产业链上下游企业

发挥天津人工智能产业链优势，聚焦产业链的关键环节发力。一是以链招商。引入产业链关键节点企业，通过产业链关键节点企业，加快补足产业链中的薄弱环节，提升产业链的韧性；二是平台孵化。加快发挥龙头企业的平台生态效应，支持龙头企业设立产业孵化基金，建设专业孵化器，加快孵化龙头企业上下游中小企业，形成以龙头企业为核心的雪球式生态圈层。三是赛事招引。发挥世界人工智能大会优势，增加人工智能创新赛事设置规模，加速推动一批优质创新创业团队"带土移植"。

（3）加快补齐产业发展中的共性短板

围绕产业发展的共性配套短板问题，加快出台有针对性的举措。一是解决常规半导体芯片等工艺水平和成本问题，通过科技重大项目研发等形式，重点提升工艺水平，降低成本。二是解决未来人工智能芯片的问题，通过引进和培育本土智能芯片企业，在语音识别、机器视觉等人工智能特定领域形成"自主"芯片。

三是解决环保限产的配件采购问题,搭建天津人工智能产业的采购平台,探索建立京津冀环保限产耗材交易区。

(4)积极推动人工智能技术创新策源

创新策源能力建设是人工智能产业发展的不竭动力。一是要发挥天津高校创新资源优势,支持高校人工智能学院和企业联合建设现代产业学院,提升人工产业的人才培养和学科培养,形成"人才+学科+产业"良性循环。二是要发挥天津龙头领军企业的带动作用,支持龙头企业建立创新联合体,建立以市场为导向的技术创新策源机制,推动大中小企业融通发展,形成人工智能创新微生态。三是要发挥天津重点平台的辐射带动作用,支持人工智能公共服务平台集群建设,瞄准科技研发、检验检测等领域,形成功能性创新平台产业集群。

(三)天津人工智能风险识别规避

1.人工智能技术发展的潜在风险识别

(1)社会舆情风险

一是虚假新闻问题。通过人工智能技术能够虚构物体或是人物的运动轨迹,比如非法的视频剪辑制作,可能导致谣言快速地扩散,对天津城市建设产生不良的影响。二是数据的非法使用问题,如当前大数据分析应用的持续拓展,让获取数据的过程变得更加轻松,人们可以通过抓取网络数据对个人的偏好进行数据分析,从而对社会形成非常不良的影响。如2018年剑桥分析利用公司数据进行分析,操纵选民的情绪,为其背后的支持公司服务,对于被操纵国的政治生态产业了非常大的影响。

(2)公众信息风险

一是数据泄漏引发的隐私安全。个人的数据的采集与利用过程中,不可避免地会造成信息的传播或泄露,由此会引发信息泄漏、侵犯隐私的风险。如当前我们正进入一个手机软件(App)大规模应用的时代,各种各样的App都会根据需要获取个人信息,但每个App背后的信息保护程度千差万别,个人信息泄露时有发生,又如疫情期间,天津某区发生一起居民涉及疫情信息采集过程中的人为泄漏事件,患者数据的泄露有可能对未来的就业和生活带来社会歧视性风险。二是数据伪造引发的隐私安全,人工智能图像识别、语音合成技术的发展,使人工合成一个人的声音和外貌成为可能,将会产生非常大的影响,比如利用上述技术通过网络进行诈骗活动,将会对居民的人身财产产生威胁。三是数据偏好应用诱发社会治理风险,人工智能技术对于个人偏好的数据化处理,在购物网站,通过捕捉消费者浏览网页的习惯来获取消费者购买特定商品的意愿,进而有针对性地进行广告的营销和宣传,这种方式容易诱发过度消费,而过度消费对于经济条件尚不成熟的人群(如大学生和刚刚就业的人群)容易引发背后的社会犯罪行为,形成社会治理的隐患。

(3)生产安全风险

人工智能在生产安全上的双刃剑效应之一就是技术不合理应用以及新技术发展所诱发的深度网络安全风险。一是政府管理服务方面。据有关数据统计,地方政府网站正在成为黑客攻击的"重灾区",一旦遭受攻击,将造成重大数据的损失,甚至会在政府网站上发布不实消息,引发舆论风险。二是数据中心智能化网络设备被劫持诱发的安全风险。作为"东数西算"京津冀国家枢纽节点的重要城市,天津加紧建设布局,引进大型数据中心落地,据天津市工业和信息化局数据披露,2020 年 6 月,纳入统计的数据中心机架数已达 42615 个,在建数据中心机架 61000 个。数据中心内部生产管理数据、生产操作数据以及工厂外部数据等各类数据一旦遭网络劫持,将给企业带来严重的安全问题,轻则停产停业,重则会造成安全事故。三是社会民生领域智能化网络失常诱发的风险,如智能网联车正开始进入大规模示范和应用阶段,2020 年 6 月底,上海首批智能网联汽车率先在滴滴 App 上开放服务,天津也计划在部分地区开始测试,如果车辆发生网络劫持,或车辆本身计算问题将产生重大的安全事故。在智慧医疗方面,天津大力发展互联网医院和线上医疗,一旦发生医患纠纷就会存在责任主体无法明确的问题。

(4)结构性失业风险

人工智能与实体经济融合步伐逐渐加快的背景下,部分职业将被取代已经成为必然趋势,传统"饭碗"的破碎将伴随新产业革命和经济结构调整,在这种程度上讲,个别可替代性强的产业的失业风险将会加剧。如住房和城乡建设部同意深圳市开展建筑工程人工智能审图试点工作,以住宅工程作为试点工作切入点,探索人工智能在审图方面的应用,在节省人力成本的同时,提高相应工作的效率和质量,为该行业的改革与发展提供可复制可推广经验。对于天津而言,在智慧交通方面,天津在无人驾驶领域得到进一步发展,天津(西青)国家级车联网先导区建设稳步推进,有可能形成未来出租车行业、网约车行业的结构性失业风险,在智能制造方面,大量的智能工厂的诞生,对天津职业院校的发展,如招生的规模、人员的需求、未来的就业都将产生非常大的影响。

（5）招商引资风险

一是部分人工智能技术重复投资过剩的风险。中国人工智能企业发展呈现出不均衡性的特点，重点表现在底层技术领域创新创业企业数量少，应用领域企业数量多，同质化竞争激烈，企业存活率低。过度注重引进处于应用层面的企业很可能因为同质化竞争，造成后期投资的损失。二是人工智能技术知识产权不清晰的风险。一种是项目和团队的人工智能产品和技术的知识产权存在严重的不清晰、不明确现象，给政府投资带来极大的发展隐患。如天津某人工智能芯片企业因与美国存在技术和知识产权纠纷导致企业停滞发展的案例。三是伪人工智能企业的风险，项目团队借助于人工智能招牌，从事非法的经营活动，比如在金融领域，利用人工智能和区块链等技术从事非法集资。

2.人工智能技术风险防范的思路

人工智能产业风险的防范要秉承"技术+制度"双向发力的原则，以加快产业的发展来解决产业当前的存在问题。通过人工智能新技术的开发来解决技术发展的问题；通过人工智能新技术的发展来增加新的社会就业问题；通过制度的约束来解决技术发展过程中参与者的合法合规问题，通过制度的评价和治理来研判和预防技术发展过程中的风险点问题。

3.人工智能技术风险防范策略

（1）加快人工智能技术的前瞻性研究

一是强化科技智库对人工智能技术的支撑。充分发挥天津市智能科技产业专家咨询委员会、天津市信息技术应用创新工作委员会等专家力量强化对新兴人工智能技术如区块链技术、数字孪生技术，C-VX2通信技术等进行安全性和潜在风险进行安全等级评估，形成技术风险等级与安全防护对应的方案清单，有力保障技术应用过程中的安全性、有序性。二是探索建设安全前瞻性研究天津实验室。利用"技术制约技术"的理念，以技术发展解决技术问题，通过人工智能先进技术的应用解决当前人工智能技术存在的问题。发挥天津信息安全产业优势，整合高校、科研院所资源，探索成立具有国家战略高度的人工智能风险防控系统与实体研究机构，谋划安全领域的海河实验室，加强人工智能技术安全性研究。

（2）要强化人工智能技术的法治化建设

一是加快探索人工智能产业技术法律规章制度建设，充分发挥天津国家新一代人工智能试验区建设优势，先行先试，聚焦人工智能技术，如云计算、大数据、区块链等,加快开展人工智能社会实验。推动人工智能技术的立法工作,以约束技术的研发与使用等多个环节的参与者,明确人工智能应用过程中重大责任权属划分(如智能网联车伤人事故责任划分)等多方面入手,构建技术良性发展的法治化环境。二是探索人工智能产业和技术的"双负面清单"制度,强化底线思维,加大对高度不确定性领域的行政性监管力度,加大对产业、科研闯红区行为的执法力度,立法从严,执法从严,特别是强化网络入侵、网络窃密、制作和传播网络病毒、高技术污染等技术型犯罪的治理。三是健全精准务实的政策支撑体系,通过政策的引导,促进人工智能先进技术的开发,推动人工智能技术朝着更有利于产业和社会经济发展的方向加快发展。

(3)强化人工智能技术的全流程与重点领域监管

一是强化人工智能全流程技术管控,加快开发面向人工智能技术全流程监管体制机制,重点面向人工智能行业数据采集以及人工智能行业重点领域应用两大环节,推进行业安全标准和行业应用安全预案的部署,保障技术安全、产品安全、数据安全和应用安全。二是高度重视网络安全监控,加快天津 360 态势感知与安全运营平台建设,打造集网络安全态势感知、风险评估、通报预警、应急处置和联动指挥为一体的新型网络安全运营服务平台。三是强化工业互联网网络接入安全管理,聚焦天津智能制造重点的领域,发挥天津建设信创产业的先发优势,推动信创产业重大创新应用与工业互联网平台建设深度融合,试点推行工业互联网接入产品的安全评测和等级认证制度,打造一批示范性的工程,形成自主可控的工业互联网解决方案,形成"天津样本"。

(4)强化人工智能技术诱发风险的主动疏导

一是建立风险疏导机制,形成重点领域系统的风险解决方案(如研究制定在线教育信息安全整体方案),并建立动态的解决方案更新机制和相应的处置联动机制,确保在突发事件发生时能够第一时间处置。打造多层次、全方位的发声阵地,建立权威信息发布制度,在突发事件发生时,有效引导舆情。二是建立风险应对机制,一方面以技术发展解决职业问题,推动天津人力资源有关部门对"互联网营销师""在线学习服务师"等人工智能新职业开展宣传和技术培训,鼓励符合条件的再就业人员向新职业转型,扩大社会的就业机会。另一方面,针对新一代人工智能可能引发的在重点领域和重点人群的结构性失业等风险,形成风险级别目录,根据优先顺序,有计划地推动重点领域和人群的在职培训和再就业培训,打好劳动力转型的主动仗。

(5)强化人工智能产业引育过程中的精准识别

一是强化招商引资工作队伍的人工智能技术知识培训。鼓励天津各个园区根据园区发展实际,制订人工智能技术重点培训计划,提升招商人才队伍对人工智能技术发展趋势、动态的了解,提升对人工智能项目的甄别判断能力。二是强化人工智能企业引育过程中的调研与研判。鼓励引入第三方机制,在重大人工智能项目引进过程中做好企业的背景调查工作,特别关注人工智能企业本身的技术场景应用情况,财务状况和知识产权情况。三是强化对人工智能产业引进过程的决策咨询管理。鼓励天津人工智能产业聚集园区充分发挥园区已有人工智能企业家的人力资源优势,在项目引进和分析评判过程中,鼓励企业家参与到项目的引进过程中来,为项目的引进提供建议。

三、"新医药"新机会

(一)区域生物医药产业发展思考

后疫情时代,生物医药产业迎来了全新的创新发展机会,各个省市抢抓发展重点领域布局,如何构建生物医药产业创新体系,提升产业创新发展的内在动力,探索后疫情时代生物医药产业创新突破机会点,时不我待。这部分在区域层面,对《中共中央关于制定国民经济和社会发展第十四个五年规划和二〇三五年远景目标的建议》(以下简称《规划建议》)中涉及生物医药产业部分进行梳理,挖掘各个省市创新部署和举措。

1.中医药成为各地生物医药创新发展战略共识

中医药在抗击新冠疫情的突出表现,尤其是"三药三方"等实践应用,再度在国内掀起中医药研发的浪潮。国内各个省市在《规划建议》中明确提出要加快中医药传承创新发展。从宏观尺度上看,湖北、江苏、江西、广东提出中医药强省建设,其中江苏明确提出中医药传承创新工程,实施名医、名科、名院建设行动计划的支持举措。从中观尺度上看,国家级中医药示范区备受关注。甘肃提出建设国家中医药产业发展综合试验区;江西提出建设国家中医药综合改革示范区;陕西提出创建国家中医药综合改革试验区。从微观尺度上看,科技创新研发中心备受关注,北京明确提出设立市级中医医学中心;海南提出建设国际中医药交流中心;河南提出建设国家中医医学中心;西藏统筹研究整合建设国家高原医学研究中心和国家高原病区域医疗中心、国家藏医医学中心和藏医区域医疗中心。

2. 产业链群工程成为各地生物医药创新发展战略抓手

各个省市均将生物医药产业作为战略性新兴产业、战略前沿产业或是未来产业加以系统性布局。在产业发展过程中，"核心技术＋产业链＋产业集群"成为各个省市发展生物医药产业的三大层次。从核心技术尺度上看，湖北明确提出推动生物医药等卡脖子技术发展，推动"临门一脚"关键技术产业化，增强产业核心竞争力；山西开展合成生物学基础研究和生物基高分子新型材料，打造合成生物产业国家级研发制造基地。从产业链尺度上看，河北明确将生物医药纳入重点发展的十八个产业链；河南将生物医药列入十大战略新兴产业链，湖南将生物医药列入产业链供应链提升、产业基础再造工程。从产业集群尺度上看广西将生物医药产业定位为"蛙跳"产业，给以大力度支持培育；海南提出壮大海口药谷产业规模，高水准规划建设海口美安生态科技新城"美安新药谷"；江苏提出生物经济概念，实施"互联网＋""智能＋""区块链＋"行动，提升生物经济发展能级；山东省以"雁阵形"产业集群为依托，重点培育生物医药等产业。

3. 特色化发展成为各地生物医药创新发展战略考量

充分发挥区域生物医药创新资源的优势，多省市在《规划建议》中明确打造特色化的生物医药产业创新发展格局。从区域尺度上看，福建、广东、广西、山东、上海、河北等城市高度重视发展海洋生物医药产业，其中福建提出支持有条件的地区建设"海上牧场"，山东实施"蓝色药库"开发计划，鼓励发展海洋生物医药和生物制品。从贸易便利化尺度上看，黑龙江大力发展对俄罗斯的服务贸易，建设中医药等服务出口基地；海南提出加快实现博鳌乐城国际医疗旅游先行区医疗技术、设备和药品与国际"三同步"，培育具有国际竞争力的医疗集团。从细分领域尺度上看，生物育种受到国内重要粮食产区省市的关注。安徽、河南、贵州、海南、河南、山西等多个省市将生物育种纳入规划，其中河南提出加快推进国家生物育种产业创新中心，建设国家级小麦种质资源库。生物防治也开始受到重视，广西、云南等省市强调加强有害生物防治和外来物种管控。

4. 品牌化发展成为各地生物医药创新文化战略定位

产业熟化之后的品牌发展，已经成为各个省市在《规划建议》中生物医药产业文化发展的重要定位。从中医药尺度上看，广东提出坚持中西医并重，大力发展中医药事业，建设中医药强省，打响南药品牌；湖北提出创建中医药湖北品牌；山东提出打造"齐鲁中医"品牌；上海提出，打响"海派中医"品牌；陕西提出推进"长安医学"传承创新，做大做强"秦药"品牌。从民族医药尺度上看，西藏推广

"地球第三极"农牧特色优势产品、藏医药、旅游文化、体育赛事等系列品牌。广西大力发展中医药事业产业，推动中医药壮瑶医药传承和创新。从资源整合尺度上看，海南积极推进中医药、现代康复技术和海南气候资源融合发展，打造中医药健康旅游品牌。浙江大力培育生命健康产业，推动信息技术与生物技术融合创新，打造全国生命健康产品制造中心、服务中心和信息技术中心。吉林鼓励医疗器械与化工、材料等学科的融合创新，建成国内外知名的北药基地。

5. 新业态成为各地生物医药产业创新发展战略支点

生物医药产业的发展是一个系统的工程，特别是人工智能、区块链等技术对于产业的赋能，产业进入新旧业态交叉融合发展的新时期，催生了新的业态机会。从前沿探索尺度上看，精准医疗、生物治疗、疫苗等进入陕西等地规划，吉林提出发展生物医药服务衍生产业，江苏定位于智慧医疗，青海关注建立医学科技协同创新机制。从创新应用尺度看，"互联网+"成了高频词，福建、江苏提出扎实开展"互联网+医疗健康"示范省建设；青海、陕西等发展"互联网+医疗健康"服务，推广远程医疗；四川加快推进全民健康信息平台建设和"互联网+医疗健康"发展。从社会治理实践尺度看，生物安全治理覆盖各个省市，北京提出提升生物安全治理能力，维护新兴领域安全；福建提出了构建国门生物安全综合治理体系；广东省提出支持广州创建国家生物安全治理试验区。

(二)天津生物医药产业发展策略

1. 后疫情时代天津生物医药产业现状

(1)天津生物医药产业在新冠疫情防控展现新作为

一是专项引领，成果丰硕。天津启动实施"新型冠状病毒感染应急防治"科技重大专项，在检验检测领域，天津金匙医学科技、金麦格生物、丹娜生物、华大基因(天津)等多家公司研发出检测新型冠状病毒试剂盒，科炬生物成功研发微流控检测芯片。在疾病诊疗领域，天津怡和嘉业医疗科技有限公司自主研发新型呼吸机进入市场，康希诺与军事科学院军事医学研究院生物工程研究所在国内率先开发重组新型冠状病毒疫苗，九安医疗旗下新冠抗原检测试剂盒在美获得 FDA 授权。二是优势领域，持续发力。作为天津传统优势领域，在此次疫情中，发挥了重要作用，红日药业的独家品种血必净应用于重症患者，纳入"三药三方"；由天津中医药大学校长张伯礼院士领衔的中医药团队在武汉江夏方舱医院以中医为主救治轻型、普通型病人方面发挥了巨大的作用。三是新兴业态，服务民生。天津微医互联网医院率先成为天津抗击疫情的"第二战场",汇聚全国近 4 万名医生参与,提供针对新冠肺炎的免费义诊等多项服务,打造了天津"微医模式"。

（2）天津生物医药产业全面加速发展呈现新优势

一是综合性优势。生物医药作为天津的优势产业,拥有 1900 余家企业,涵盖医药产品早期发现、临床前研究、临床研究、上市审批服务、医药外包等方面。同时,《天津制造业高质量发展"十四五"规划》中明确提出到 2025 年,天津生物医药产业规模突破 1000 亿元,成为国内领先的生物医药研发转化基地。科技部中国生物技术发展中心发布"2021 年中国生物医药园区发展竞争力排行榜"显示,天津滨海高新技术产业开发区、经济技术开发区两个园区入围全国生物医药产业园区综合竞争力 50 强。二是结构性优势。当前,天津生物医药企业在国内上市 10 家,海外上市 1 家,总量接近天津上市企业总数的 1/7,涌现出了九安医疗、津药药业、红日药业、天士力、凯莱英、康希诺、中源协和、赛诺医疗等一批生物医药细分领域内的龙头创新型企业。同时,又聚集了国际生物医药联合研究院、中英医疗健康产业基地、合成生物国家专业化众创空间 BIOINN 等为代表的小微企业孵化载体。三是研发性优势。"十三五"时期,天津市拥有 1 个国家合成生物技术创新中心、19 个国家和部委级重点实验室、6 个国家级工程（技术）研究中心、7 个国家级企业技术中心、48 个天津市重点实验室、34 个天津市企业重点实验室、27 个天津市工程技术研究中心。同时又拥有以天津总医院、天津肿瘤医院、泰达国际心血管病医院等为代表的 32 家三甲医院,聚集了药物临床试验机构 68 家,建有 3 个国家临床医学研究中心、25 个市级临床医学研究中心。

（3）天津生物医药产业政策体系不断创新新招法

系列化的医药产业政策是天津生物医药长期以来健康发展的重要法宝。一是精准化政策。2015 年以来,天津启动了新药创制、中高端医疗器械、精准医疗、临床医学研究中心等四个涉及医药行业的重大专项与工程。2018 年出台《天津市生物医药产业发展三年行动计划（2018—2020 年）》,2019 年出台《关于进一步支持市生物医药产业高质量发展的若干意见》,2021 年出台《天津市生物医药产业发展"十四五"专项规划》,2022 年天津滨海新区出台《天津滨海高新区关于促进生物医药产业高质量发展的鼓励办法》《天津滨海高新区关于促进细胞和基因治疗产业高质量发展的鼓励办法》,不断优化产业发展环境。二是应急性政策。新冠疫情的发生,导致了部分医药企业出现现金流紧张、员工无法返岗、产能受限、无法正常出口等问题,对企业发展造成了不利影响。天津针对企业阶段减免税费、促进就业稳岗、降低要素成本、强化金融支持、优化服务保障等方面出台了中小企业扶持政策,这些措施是针对疫情影响下企业面临的实际困难的精准施策,带动医药企业科技创新发展"逆势而上"。

（4）天津生物医药集群培育区域化发展呈现新特点

一是区域化集群发展齐头并进。天津生物医药产业已经形成了 5 个区域化、特色化的产业集群,其中滨海高新区形成了涵盖医疗器械、医药健康、医疗服务等领域的产业集群;天津经济技术开发区形成了生物制品及制剂、化学制剂、中药和天然药物、医疗器械,以及医药研发外包领域为主的生物医药产业集群;北辰经济技术开发区形成了医疗器械研发生产、医药包装、医药物流等多个板块的产业集群;武清经济技术开发区初步形成了以基因测序、中药颗粒、医疗器械、诊断试剂为主的产业体系;西青经济技术开发区形成了以心脑血管、抗菌和抗癌三大类药品为主的医药研发、药品生产、医疗器械、医药服务平台的产业集群。二是品牌化产业集群日见端倪。天津泰达高端医疗器械产业集群被科技部确定为 2017 年度国家创新型产业集群试点（培育）,目前已经集聚诺和诺德（胰岛素笔试注射器）、瑞奇外科、赛诺医疗、哈娜好、邦盛医疗等医疗器械领域相关企业 130 余家。滨海新区 2019 年出台《滨海新区细胞产业技术创新行动方案》将致力于促进细胞与基因技术创新发展,打造京津冀特色"细胞谷",建成集存储、研发、生产、制备、流通、应用为一体的细胞治疗创新链和产业链,攻坚癌症、早衰等重大疾病。

2. 后疫情时代天津生物医药产业面临的问题与挑战

2020 年 3 月 11 日,世界卫生组织官宣新冠病毒进入全球大流行状态,海外众多国家出现疫情暴发及流行,疫情已上升为国际公共卫生事件。2022 年 12 月 26 日,国家卫生健康委员会发布公告,将新型冠状病毒肺炎更名为新型冠状病毒感染。经国务院批准,自 2023 年 1 月 8 日起,解除对新型冠状病毒感染采取的《中华人民共和国传染病防治法》规定的甲类传染病预防、控制措施。疫情过后,生物医药产业作为直接受益产业,面临着发展的重大机遇,也面临着发展的重大挑战,加快克服产业发展短板,天津生物医药产业方能百尺竿头,更进一步。

（1）重视后疫情时代对于天津生物医药产业的机遇与挑战

一是产业资源集聚空间打开。据 2019 年天津发布的高新技术企业发展报告显示,天津生物与新医药领域共有高企 424 家,占天津高企数量的 8.48%,做多做强生物医药高企数量已经成为医药产业新动能培育的重要挑战。随着全球疫情的稳定可控态势,新冠疫情给全球经济带来全球化合作退潮、全球供应链紧张、总需求萎缩等现实问题有可能得到部分的缓解。同时,《2022 中国海归就业调查报告》显示,2022 年应届留学生规模同比增长 8.6%,回国求职留学生数量再创新高,中国企业对海外人才的需求亦呈上扬态势。这对天津生物医药产业在人才引进、投资跟进、市场拓展等方面将产生一定的积极影响。二是产品创新市场窗口打开。后疫情时代,客观上推动了生物医药技术创新和产业快速发展,疫苗、血液制品、单抗、基因工程药物和体外诊断等多个领域都将迎来发展新浪潮。同时,随着俄乌战争等国际地缘冲突影响,中国将成为产业投资和发展的避风港,国内医药消费升级将加快,高质量国产代替进口的产业发展空间将拓展,更有利于国内医药产业加快抢占国内市场。

(2)重视后疫情时代天津所暴露出来的产业发展短板

一是防疫治疗产品较少。天津防疫重大专项立项产品主要集中在检测试剂、呼吸机等产品,在优势领域如小分子药物、大品种中药方面表现较弱。并且天津参与科技部防疫重大专项研发项目过少。二是产业链条存在断点。新药研发模式,正转向 VIC 的轻资产模式,既"VC(风险投资)+IP(知识产权)+ CRO(研发外包)"相结合的方式。但天津在生物医药产业资本投入方面相比于上海、北京有很大差距,并且从委托研究机构(CMO)角度看,天津尚缺乏代表前沿抗体药物的大型委托研究机构 CMO 企业。三是国际化参与不足。从新冠疫情上看,美国吉利德公司的创新抗病毒药瑞德西韦在中国开展临床试验,从原料药中间体的供应到临床试验的开展,整个过程涉及博腾股份、泰格医药等数十家机构,但鲜有天津企业涉足。

(3)重视后疫情时代生物医药产业发展的模式与业态转变

一是智能化场景需求强劲。对于传统生物医药产业而言,重大疫情更加催生产业的智能化和无人化应用需求,天津在化学原料和化学制品制造业、医药制造业技术改造需求将进一步释放。二是智能化应用强劲。智能化诊疗作为未来产业发展的方式,智能化、网联化为代表的智能可穿戴医疗产品、在线医疗业态将进入一个加速爆发的元年,人工智能赋能医药产业的发展将对天津生物医药产业发展形成强大的产业冲击和产业重塑。

3.后疫情时代天津生物医药产业创新发展的对策与建议

按照《天津市生物医药产业发展"十四五"专项规划》愿景,未来天津生物医药产业总产值预计将以 10%以上的速度增长,到 2025 年,全市生物医药产业总规模将突破 1000 亿元,将聚集 200 家规模以上生物医药企业,在基因、免疫、疫苗等细分领域形成一批隐形冠军。天津要秉承危中有机,择机而动,抢抓京津冀协同创新"创新围裙"[①]塑成期以及医药产业的协同趋势,充分把握新冠疫情对天津生物医药产业发展的产业提振窗口期,同频共振,全面提升天津生物医药产业综合能级,打造世界级生物医药产业集群,为"三个着力"建设提供民生支撑,为全国先进制造研发基地建设提供领域支撑,为人工智能先锋城市提供产业支撑。

1. 加快强化天津生物医药资源集聚能力

一是开展前瞻性政策研究。加快制定后疫情时代天津生物医药产业人才、资金发展政策,建设全球企业及资源精准画像,动态跟踪企业发展阶段、企业需求、企业成果、企业资源对接情况等,加速资源向天津集聚。二是推动产学研深度融合。围绕天津生物医药产业的重点领域及技术需求,加快高校优质资源向企业输入,鼓励企业联合高校、科研院所共建一批开放式、全要素的产业技术创新中心、交叉学科研究中心。三是推动产业联盟引企补链,加大在生物医药细分领域产业联盟建设,加快发现、补足产业发展链条中的关键短板,吸引、培育创新型、龙头型、互补型企业落户天津,提升产业链的韧性。

2. 建立重大传染病防治领域战略力量培育机制

一是启动一批重大工程,在生物监测、生物传感、病原物快速检测、广谱性疫苗与药品、防护与救治设备、免疫增强与抗体、移动式生物安全医院、病源快速消杀等方面,开发一批"国之重器"。二是打造一批区域性的独立医学实验室。加快发展第三方医学检验实验室、第三方影像等服务中心,鼓励社会资本流入,共建实验室。三是助力推动现有产品市场化步伐,推动现有新冠病毒检测产品、化学药、中药、生物制品等产品在天津加快进入临床应用评估,制定有力的政策措施,鼓励企业承接海内外订单,拓展海内外重大传染性疾病防控市场。

3. 加快补齐天津生物医药产业短板

一是聚焦研发,加快天津创新链条平台基础设施集群化建设,围绕国家级创新平台建设、滨海新区细胞谷建设,布局开发临床资源及新药筛选、安全性评价等关键技术平台、哺乳动物细胞中试及质量控制平台,打造生物医药基础设施集群。二是聚焦生产,推动天津提升医药生产智能化水平,开展生物医药产业智能

---

① 提法来源:赵绘存,北京日报,加快形成支撑京津冀"创新围裙"(2019)。

化示范工程,对细分应用领域的首个创新示范项目给予奖励性政策支持。三是聚焦临床试验,搭建国际化的研发新平台,发挥天津临床平台资源优势,加快推动支持药物临床试验机构发展,鼓励机构、企业参与多中心临床试验,参与国际化的药物研发。

4.加快培育天津生物医药产业新业态

一是加快推动建设智慧医院,加快智能手术机器人,智能影像诊断系统、药品分发系统等为代表的新一代智能化系统应用,提升医院的诊疗的效率和水平。二是探索发展"在线医疗"服务模式。鼓励搭建互联网信息平台,加强对不同人群的分级分类精准管理,支持开展线上诊疗、健康咨询、健康管理等服务。支持建设和运营药事服务平台,鼓励医药电子商务OTO发展。第三,利用大数据、人工智能等技术构建医药监管体系,建设智能传染病预测平台,在重大传染病预警、医疗机构运行效率、居民健康档案数据库等方面提高医药监管效率,增强重大疾病防控和突发公共卫生事件应对能力。

5.加快塑造天津医药产业质量新名片

一是注重企业高质量发展,培育更多类似"泰达芯"的天津品牌,制定有竞争力的支持政策,率先围绕新型冠状病毒疫情相关医药资源培育一批优势品牌,带动天津生物医药产业整体品牌化发展。二是注重集群高质量发展,加快培育生物医药产业集群品牌,加快建立天津生物医药产业集群培育竞争性政策,鼓励各个区根据自身产业特点,加快发展特色集群,做大做强集群产业规模。三是注重环境高质量发展,加快打造生物经济先导区。加快出台生物医药先行先试政策,在合成生物、细胞治疗等领域集聚创新资源,推动国内首发产品上市应用,打造国内首个生物经济先导区。

参考文献

[1]展望 2023：全力拼经济，天津凭什么？［EB/OL］.（2022-12-22）［2022-12-21］. https://baijiahao. baidu. com/s？id＝1752830809521320995&wfr＝spider&for＝pc.

[2]天津加快培育数字经济新动能 打造数字经济示范区［EB/OL］.（2022-12-22）［2022-11-09］. https://baijiahao. baidu. com/s？id＝1748989409964033600&wfr＝spider&for＝pc.

[3]李云山.金融助力天津打造国家租赁创新示范区［J］.中国外汇，2022（13）：52-54.

[4]创历史新高！天津全社会研发投入强度达 3.66% 居全国第 3 位.［EB/OL］.（2022-12-22）［2022-09-13］. https://baijiahao. baidu. com/s？id＝1743781818866985243&wfr＝spider&for＝pc.

[5]天津滨海新区推动新型研发机构改革成效凸显 创新人才"科技梦"在这里起航.［EB/OL］.（2022-12-22）［2022-05-04］. https://baijiahao. baidu. com/s？id＝1731868608522122805&wfr＝spider&for＝pc.

[6]肖刚，杜德斌，戴其文.中国区域创新差异的时空格局演变［J］.科研管理，2016，（37）：42-50.

[7]U Schmoch，F Laville，P Patel，etal. Linking Technology Areas to Industrial Sectors［R］，Paris：final report to the European Commission，2003.

[8]吴群刚，杨开忠.关于京津冀区域一体化发展的思考［J］.城市问题，2010（01）：11-16.

[9]赵巧芝，闫庆友.中国技术创新分布的空间非均衡特征及动态趋势测度［J］.中国科技论坛，2020（7）：160-169.

[10]藤蔓，王昊，杨慧波.基于 DII 检索数据的智能手机 Wi-Fi 技术专利分析［J］.情报杂志，2013，（1）：33-36.

[11]2022 中国城市软实力巡礼:天津价值 6157.72 亿元 排序第 12 名 指数 0.5701.[EB/OL].(2022-12-22)[2022-10-14].https://business.sohu.com/a/592779221_120946572.

[12]佟铃.天津华苑软件园——天津园区管委会主任庞金华访谈[J].中国科技产业,1999,(06):30-31.

[13]谢佳婷,贾旭,李兰芳.从"铺天盖地"到"顶天立地"——天津滨海高新区扶持科技型中小企业成长纪实[J].中国高新区,2010,(12):74-78.

[14]牛司凤,郄海霞.高校与区域协同创新的路径选择——以美国北卡罗来纳州"三角研究园"为例[J].高教探索,2014,(6):5-10.

[15]侯斌.三角园,仅次于硅谷的科技园[J].中国高新区,2011(08):128-131.

[16]李海涛.《波士顿"128 科创走廊","生物经济"发展教科书》[EB/OL].(2022-12-22)[2022-05-16].https://new.qq.com/rain/a/20220523A079AP00.

[17]陈鑫,沈高洁,杜凤姣.基于科技创新视角的美国硅谷地区空间布局与规划管控研究[J].上海城市规划,2015(02):21-27.

[18]一条 128 公路,抗衡硅谷 50 年[EB/OL].(2022-12-22)[2020-07-03].https://www.ennobay.com/article/9140.html/.

[19]王敬华.德国大科学装置运行服务及管理评价机制[J].全球科技经济瞭望,2016,31(10):23-28.

[20]蒋玉宏,王俊明,徐鹏辉.美国部分国家实验室大型科研基础设施运行管理模式及启示[J].全球科技经济瞭望,2015(6):16-20.

[21]杨雅南.高端创新:来自英国弹射创新中心的实践与启示[J].全球科技经济瞭望,2017,32(06):25-37.

[22]樊潇潇,李泽霞,宋伟,等.德国重大科技基础设施路线图制定与启示[J].科技管理研究,2019,39(08):15-19.

[23]寇明婷,邵含清,杨媛棋.国家实验室经费配置与管理机制研究——美国的经验与启示[J].科研管理,2020,41(06):280-288.

[24]董璐,李泽霞,王郅媛,孙月琴.国外大型科研仪器设备共享措施研究及启示[J].世界科技研究与发展,2019,41(05):524-533.DOI:10.16507/j.issn.1006-6055.2019.10.003.

[25]黄敏聪.国内外重大科技基础设施知识产权保护模式研究[J].科技与法律,2020(01):38-45.

[26]朱相丽,李泽霞,姜言彬,等.美国强磁场国家实验室管理运行模式分析[J].全球科技经济瞭望,2019(02):24-33.

[27]周岱,刘红玉,赵加强,等.国家实验室的管理体制和运行机制分析与建构[J].科研管理,2008(02):154-165.

[28]李宜展,刘细文.国家重大科技基础设施的学术产出评价研究:以德国亥姆霍兹联合会科技基础设施为例[J].中国科学基金,2019,33(03):313-320.

[29]许鑫.依托大科学设施群推进国际科技合作[J].科学发展,2019(07):5-14.

[30]王雪莹.未来产业研究所:美国版的"新型研发机构"[J].科技智囊,2021(02):12-17.

[31]马丽丽,陈晓晖,吴跃伟,等.依托大科学设施的生物安全国家实验室建设经验与启示[J].科技进步与对策,2019,36(02):20-27.

[32]南方,杨云,邵昊华.欧盟"欧洲科研人员网络"平台对中国的启示[J].全球科技经济瞭望,2020,35(08):36-40.

[33]冯虎.美国国家实验室平台集聚外国人才的机制及做法[J].全球科技经济瞭望,2019,34(08):23-27.

[34]冯伟波,周源,周羽.开放式创新视角下美国国家实验室大型科研基础设施共享机制研究[J].科技管理研究,2020,40(01):1-5.

[35]李泽霞,曾钢,李宜展,等.重大科技基础设施联盟的功能定位及建设路径[J].科技管理研究,2020,40(06):49-53.

[36]谷峻战,高芳,张波.美国国家实验室推动地方经济发展的经验与启示[J].全球科技经济瞭望,2018,33(07):19-27.

[37]刘润生,姜桂兴.美国国家科学基金会科研资助与管理动向研究[J].全球科技经济瞭望,2018,33(07):33-41.

[38]朱巍,程艳,田思媛.国内重大科技基础设施建设经验及启示[J].安徽科技,2020(10):4-8.

[39]西桂权,付宏,刘光宇.中国大科学装置发展现状及国外经验借鉴[J].科技导报,2020,38(11):6-15.

[40]王婷,蔺洁,陈凯华.面向2035构建以重大科技基础设施为核心的基础研究生态体系[J].中国科技论坛,2020(08):7-9.

[41]崔宏轶,张超.综合性国家科学中心科学资源配置研究[J].经济体制改革,2020(02):24-30.

[42]陈娟,周华杰,樊潇潇,等.重大科技基础设施的开放管理[J].中国科技资源导刊,2016,48(4):6-13.

[43]赵绘存,高田.基于制造业专利空间计量的京津冀协同创新演进研究[J].创新科技,2021,21(08):35-44.

[44]中国科学院文献情报中心空间光电与重大科技基础设施团队,中国科学院成都文献情报中心数据计算平台团队.趋势观察:国际重大科技基础设施布局特点及发展趋势[J].中国科学院院刊,2021,36(04):514-516.

[45]中国科学院重大科技基础设施发展概述[EB/OL].(2022-12-22)[2020-04-15].http://ydyl.china.com.cn/2020-09/21/content_76725391_2.htm.

[46]曹方,王楠,何颖.我国四大综合性国家科学中心的建设路径及思考[J].科技中国,2021(02):15-19.

[47]王婷,陈凯华,卢涛,等.重大科技基础设施综合效益评估体系构建研究——兼论在FAST评估中的应用[J].管理世界,2020,36(06):213-236.

[48]李国平,杨艺.打造世界级综合性国家科学中心[J].前线,2020(09):69-71.

[49]童爱香.美、德、日中小企业技术创新经验与借鉴[J].信息化建设,2011,No.156(08):55-57.

[50]卢巧玲.发达国家服务于中小企业技术创新的体系建设及对我国的启示[J].科学管理研究,2010,28(05):71-75.

[51]梁小青,唐兴杰,秦德清.论科技型中小企业支撑体系的架构[J].全国商情(经济理论研究),2009,No.1792-40(20):26-29.

[52]高闯,关鑫.企业商业模式创新的实现方式与演进机理——种基于价值链创新的理论解释[J].中国工业经济,2006(11):83-90.

[53]盛世豪,谢瑞平.试论中小企业技术创新支撑体系[J].中共宁波市委党校学报,2000(01):19-22.

[54]张承友,王淑华.建立激励体系,推动企业技术创新[J].科学学研究,1999(02):38-45.

[55]孙冰,王弘颖.企业异质性对技术创新扩散影响分析[J].技术经济与管理研究,2016,(2):25-29.

[56]何艳频,孙爱峰.Spearman等级相关系数计算公式及其相互关系的探讨[J].中国现代药物应用,2007,1(7):72-73.

[57]张铭慎,王保林.创新后进地区产业技术特征、强弱关联与创新绩效——来自河南省企业技术中心的数据[J].科学学与科学技术管理,2013,34(4):44-51.

[58]陈元志,朱瑞博.不同所有制企业技术创新效率的比较研究—面向大中型工业企业和高新技术企业的实证分析[J].管理世界,2018,8:188-189.

[59]新华网.新基建,是什么?[EB/OL].(2020-04-26)[2020-04-30].http://www.xinhuanet.com/2020-04/26/c_1125908061.htm.

[60]新浪网."新基建"包括哪些领域?国家发改委权威解读.[EB/OL].(2020-04-26)[2020-04-30].https://news.sina.com.cn/c/2020-04-20/doc-iirczymi7321296.shtml.

[61]新华网."新基建"都有啥 官方解释来了![EB/OL].(2020-04-20)[2020-04-30].http://www.xinhuanet.com/2020-04/20/c_1125880271.htm.

[62]搜狐网."新基建"大爆发前夕,库叔请来了李毅中、邬贺铨……提出警示![EB/OL].(2020-05-18)[2020-04-30].https://www.sohu.com/a/395853849_100084567.

[63]腾讯网.中国信通院王志勤:以5G领跑"新基建"[EB/OL].(2020-04-12)[2020-04-30].https://new.qq.com/omn/20200412/20200412A0KO2M00.html.

[64]任泽平,熊柴,孙婉莹,等."新基建",不是四万亿重来[EB/OL].(2020-04-12)[2020-04-30].https://new.qq.com/omn/20200412/20200412A0KO 2M00.html.

[65]今年AI投资哑火,但仍有24家AI公司获得1亿+美元融资[EB/OL].(2022-12-22)[2022-12-22].https://xueqiu.com/9919963656/238428112.

备注:除已经标注的参考文献外,还有部分网页数据采取标注形式,如有引用不当之处,欢迎批评指正。

后 记

本书在编写过程中得到了诸多帮助。从策划出版到书稿成稿，零零散散，用了整整两年半时间。坦诚而言，这期间有犹豫、徘徊，但最终还是坚持占了上风，使得书稿得以顺利完成。从内心深处来讲也算是对自己近 10 年的工作，有了一个小小的交代。

感谢父母、妻子和女儿，在我忙碌于工作之际，给予莫大的理解和支持，让我能够有足够时间投身于书稿写作。

感谢单位同事们，日常的交流碰撞，激发了写作的火花，更感谢同事们日常工作的大力支持。

感谢单位的领导，在本书的出版之际，给予了很大的支持。

感谢天津市科技战略研究计划项目、天津市大学科技园专项工作的前期资助和支持，让本书调研工作做得更加扎实，提出的对策建议更具针对性。

感谢天津社科院老师的专业支持和热情帮助。

感谢天津，这座我为之奋斗的城市。从南开大学毕业以来，经历了不同职业的轮换，从医药项目管理招商岗位走向科技创新咨询岗位，无论从专业还是工作内容上，可以说跨度很大。我从来没有想过自己会进入科技咨询行业，并深深爱上这个行业。

谨以此书，作为我过去科技咨询行业第一个 10 年的回忆与总结，也作为下一个 10 年的新开端。

赵绘存

2023 年 6 月 30 日